아름다움과 악

3권

화이트헤드의 미학과 신정론

손호현

한들출판사

아름다움과 악 제3권 화이트헤드의 미학과 신정론

지은이   손호현
펴낸이   정덕주
펴낸곳   한들출판사
        서울시 종로구 연지동 136-46 기독교회관 710호
        등록 제2-1470호 1992

발행일   2009년 7월 10일 초판 1쇄 발행

E-Mail   handl2006@hanmail.net
홈페이지 www.ehandl.com
전화   편집부 741-4068~69
        영업부 741-4070 FAX 741-4066

ISBN 978-89-8349-482-5 94230
ISBN 978-89-8349-479-5 94230 (세트)

* 잘못된 책은 바꾸어 드립니다.

머리말

아름다움은 악을 극복하는가? 얼마 전 이창동 감독의 영화 「밀양」은 신의 섭리와 인간의 고통 사이의 화해될 수 없는 상처를 집요하게 다루었다. 원래 이청준의 소설 《벌레 이야기》를 원작으로 만든 것이다. 소설에서 알암이라는 소년은 자신이 다니던 학원 원장에게 경제적 이유에서 살해당하게 된다. 공황상태에 빠졌던 엄마는 새롭게 가지게 된 기독교 신앙의 힘으로 다행히 정상적인 모습으로 되돌아온다. 아들을 죽인 살인범을 어렵게 용서하리라 마음먹고 사형을 앞둔 그를 교도소로 찾아갔을 때, 엄마는 그가 이미 기독교인이 되어 자신의 죄를 하나님으로부터 용서받았다고 말하는 것을 듣는다. 그녀는 절망한다. 자신이 아직 용서하지 않았는데 하나님이 이미 살인자를 용서했다는 것이다. "나는 새삼스레 그를 용서할 수도 없었고, 그럴 필요도 없었어요. 하지만 나보다 누가 먼저 용서합니까. 내가 그를 아직 용서하지 않았는데 어느 누가 나 먼저 그를 용서하느냔 말이에요. 그의 죄가 나밖에 누구에게서 먼저 용서될 수 있어요? 그럴 권리는 주님에게도 있을 수 없어요. 그런데 주님께선 내게서 그걸 빼앗아가 버리신 거예요. 나는 주님에게 그를 용서할 기회

마저 빼앗기고 만 거란 말이에요. 내가 어떻게 다시 그를 용서합니까. … 아내의 심장은 주님의 섭리와 자기 '인간' 사이에서 두 갈래로 무참히 찢겨 나가고 있었다." 소설에서의 결말은 영화와는 달리 알암이 엄마가 자살하는 것으로 끝난다. 도스토예프스키는 아름다움이 하나님과 악마가 인간의 마음을 두고 싸우는 전쟁터라고《카라마조프의 형제들》에서 말한다. 그러나 신문과 방송을 통해 보는 우리의 지극히 산문적인 일상에서는 악마적 아름다움만이 그 어둡고 장엄한 위엄을 자랑하고 있는 듯하다. 하나님은 이제 부재하는 아름다움인가? 아름다움은 악을 극복하는가?

《아름다움과 악》제1권은 신학과 미학 사이의 대화로서 '신학적 미학'(神學的 美學)이 가능한가라는 물음을 묻고 있다. 1장은 폰 발타자와 리차드 빌라데서의 신학적 미학과 폴 틸리히와 유동식의 예술신학을 분석한 후에 그러한 대화가 철학적 차원의 기초신학적 미학, 교리적 차원의 조직신학적 미학, 행동적 차원의 실천신학적 미학이라는 세 가지 차원에서 가능하다고 제안한다. 2장은 이러한 신학적 미학의 일반적 가능성을 아름다움이 악을 극복한다고 보는 '미학적 신정론'(美學的 神正論)은 가능한가라는 물음을 통해 보다 구체화시키고 있다. 그런 의미에서 나머지 세 권의 책이 제공하는 아우구스티누스, 화이트헤드, 그리고 헤겔의 신학적 미학과 미학적 신정론 분석을 이해하는데 1장과 2장은 중요한 방법론적 토대를 제공한다. 3장은 중세의 서방 교회에서 성당 벽에 그려진 성화가 글을 모르는 가난한 자의 성서라고 옹호한 그레고리우스 1세의 기독교 예술교육론을 실천신학적 미학의 예로 분석한다. 4장은 보이지 않는 하나님의 로고스가 성육신을 통해 눈에 보이는 하나님의 이콘이 되셨다는 중세 동방 교회의 이콘의 신학을 일종의 조직신학적 미학으로서 제시한다. 5장은 몰트만의 놀이의 신학을 기초신학적 미학과 조직신학적 미학을 동시에 결합한 다중차원적 접근의 예로서 연구한다. 6장은 한국적 문화신학의 방법론으로 예술신학을 제시한 유동식의 사상을 조직신학적 미학의 예로서 살펴볼 것이다.

제2권은 기독교 신학의 아버지라고도 할 수 있는 아우구스티누스(Aurelius Augustinus)의 미학과 신학, 미학과 신정론을 분석한다. 악에 대한 그의 신학적 순례의 길을 시대 순으로 저작들을 통해 더듬어보면서, 자유의지(自由意志 free will)의 도덕적 신정론이 그의 대표적인 입장이라는 통상적인 해석을 비판적으로 반대하면서 그것조차도 포괄하는 보다 근본적인 조화(調和, harmony)의 미학적 신정론이 존재하였다고 제안할 것이다. 여기서 악을 극복하는 아름다움의 논리는 추함과 아름다움이 함께 조화를 이루고, 그렇기에 섭리의 전체적인 아름다움을 위해서는 인간 자유의 상처라는 악조차도 필요하다는 대조적 조화의 논리이다. 하나님의 아름다운 "우주-만들기 신정론"(cosmos-making, cosmogenetic theodicy)이라고 필자가 부르는 아우구스티누스의 입장은 전체 우주의 풍경을 한층 돋보이게 하는 미학적 효과를 위해서 천사와 악마, 현재의 인간 육체와 부활한 인간 육체, 괴물민족과 정상민족, 아담의 첫 번째 자유와 부활 후의 두 번째 자유, 구원받은 자와 유기된 자, 천국과 지옥, 그리고 궁극적으로는 선과 악이라는 대조를 예술가 하나님이 사용하신다고 본다. 인간이 이러한 섭리의 조화를 세계에서 발견하지 못하는 이유는 그가 천사적인 존재로 선재하던 때의 범죄로 인해 추락해서 시간이라는 거대한 우주적 직물(織物) 여기저기에 조그만 헝겊조각처럼 꿰매어져 더 이상 전체의 아름다움을 볼 수 없게 되었기 때문이라는 것이다. 하지만 시간의 끝에 도래하는 영원한 안식일에는 하나님의 우주 만들기 과정에서는 지옥조차도 그 아름다움을 가진다는 것을 보게 될 것이라고 한다. 마지막으로 이러한 지옥의 아름다움에 대한 비평가들의 논의도 살펴보게 될 것이다.

제3권은 과정신학의 창시자인 화이트헤드(A. N. Whitehead)의 미학과 모험(冒險, adventure)의 미학적 신정론을 연구한다. 수학적 아름다움과 가을적 아름다움에 기초한 그의 이중적 미학이론을 먼저 살펴본 후에, 여기에 기초하여 그의 미학적 신정론이 지닌 세 가지 논리를 구체적으로 분석하게 된다. 첫째는 모험의 선택이다. 태초에 하나님은 우주를 아메바와 같이 저속한 형태의 사소한 조화에 그대로 남겨둘지, 혹은 위험한 모험을 통해 보다 높고 진화된 미학적 완성을 향해 아름다움의 유혹을 제공할지의 선택 상황에서 후자를 선택하셨다. 이 때문에 발생하게 될 악의 가능성에도 불구하고, 우주의 목적론적 구조는 아름다움의 생산을 지향하게 되었다는 것이다. 둘째는 보편적 자유의 창조성이다. 화이트헤드는 전통적으로 하나님에게만 돌려졌던 자기 원인자(causa sui)의 칭호를 인간만이 아니라 자연의 모든 존재에게도 적용함으로써 창조성의 형이상학적 민주화를 가져오게 된다. 이는 고전적인 자유의지 신정론을 존재론적으로 확장시킨 것으로 이해될 수 있다. 셋째, 시간의 산물로 실현된 자유로운 창조의 가치는 하나님의 기억 혹은 존재 속에서 객체적인 영원불멸성을 획득하게 된다. 가을적 아름다움이 다시 수학적 아름다움으로 전환되는 것이다. 이러한 과정을 통해 하나님의 존재는 미학적 확장의 진보를 한다. 아우구스티누스의 "우주-만들기 신정론"과는 정반대의 논리로서, 화이트헤드는 모든 현실적 존재들의 "하나님-만들기 신정론"(God-making, theogenetic theodicy)이라는 것을 제시하는 것이다. 악이 극복되는 이유는 우주가 아니라 하나님이 아름답게 만들어지기 때문이라는 것이다.

제4권은 하이데거가 서구 형이상학의 완성자라고 부른 헤겔(G. W. F. Hegel)의 미학과 테오드라마(theo-drama)의 미학적 신정론을 연구한다. 필자는 헤겔의 신정론이 아우구스티누스의 "우주-만들기 신정론"과 화이트헤드의 "하나님-만들기 신정론"을 하나의 영(靈)의 테오드라마라고 하는 "존재신학-만들기 신정론"(ontotheological making, ontotheogenetic theodicy)을 통해 구조적으로 중재하는 가능성을 조심스럽게 살펴보고자 한다. 아름다운 우주 만들기와 아름다운 하나님 만들기는 둘이 아니라 하나의 존재신학적 만들기 과정의 두 얼굴일 수 있는 것이다. 이러한 중재의 필요성은 기독교 신정론이 두 가지 필수불가결한 요소를 요구한다고 보기 때문이다. 첫째는 철저한 유일신론의 원칙이다. 악은 모든 존재하는 것들의 최종적 기원으로서 하나님의 형이상학적 궁극성을 훼손시키지 않는 방식으로 설명되어져야 한다. 둘째는 휴머니즘의 원칙이다. 인간의 행동이 단지 하나님의 섭리의 플롯을 그림자처럼 기계적으로 반복하는 것이 아니라, 우주의 과정에 그것이 방향성을 잃게 만들지 않는 한도 내에서 무언가 중요한 공헌을 할 수 있다는 사실을 통해 인간 존재의 품위와 가치가 옹호되어야 하는 것이다. 이처럼 섭리와 창조성, 드라마의 정해진 플롯과 배우의 자유로운 행동, 조화의 아름다움과 모험의 아름다움이 영의 역동적이면서도 구조화된 즉흥성에 기초한 테오드라마의 아름다움이 지닌 필수불가결한 두 측면으로 해석될 수 있는지를 보고자 한다. 헤겔의 존재신학(onto-theo-logy)이란 존재(on), 신(theos), 학(logos)이 공동으로 연출해 나가는 포괄적 삼위일체 혹은 세계적 삼위일체를 가리키며, 이러한 존재-신-학의 사회적 무한성의 전체를 그는 하나님이라고 부르는 것이다. 물론 헤겔의 신정론이 실제적으로 이들을 성공적으로 중재할 수 있는지의 여부는 여전히 질문으로 남게 될 것이다.

《아름다움과 악》에서 우리는 악을 극복하는 아름다움의 세 가지 "만들기" 방식을 생각해보고자 한다. 세계를 구원하는 아름다움이 이중에서 어떤 것인지 우리는 알지 못한다. 혹은 이중에는 없을 수도 있을 것이다. 신정론은 대답하기 위해서라기보다는 묻기 위해서 존재한다. 하지만 이제 분명한 것은 아름다움이 결핍된 신학은 결코 아무도 설득하지 못할 것이라는 사실이다. 아름다움의 깊이를 결핍하는 신학은 이미 기독교 신학의 중심적 영역을 벗어나 있다. 발타자가 말한 것처럼 "아름다움과 그리스도 사이의 사건의 유비"(analogia eventus pulchri et Christi)가 있었기에, 신학은 "아름다움의 유비"(analogia pulchri)라는 좁은 다리를 건너야 하는 것이다(《주님의 영광》 vol. 1, 61-65).

이 책들이 출판될 수 있도록 연구비를 보조해주신 한국학술진흥재단에 감사드린다. 그리고 전문적인 학술서적임에도 관심을 가지고 기꺼이 출판에 동의해 주신 한들출판사의 정덕주 목사님에게도 감사를 드린다.

마지막으로 사유의 길에 들어서도록 이끌어주신 선생님들, 나를 있게 해주신 부모님, 그리고 가족에서의 부재를 견디어준 처와 산유와 인우에게 감사드린다.

아름다움과 악

《1권》
신학적 미학 서설

1장 신학적 미학: 세 가지 차원들 ·················· 15
   I. 신학적 미학의 의미 / 17
      1. 미학 / 18
      2. 발타자와 빌라데서의 신학적 미학 / 21
      3. 틸리히와 유동식의 예술신학 / 27
   II. 신학적 미학의 세 가지 차원들 / 33
      1. 기초신학적 미학 / 39
      2. 조직신학적 미학 / 57
      3. 실천신학적 미학 / 65

2장 아름다움은 악을 극복하는가: 미학과 신정론 ·················· 71
   I. 신정론 담론의 공동체 / 75
   II. 신정론 변증의 목적 / 79
   III. 신정론 성공의 척도 / 85
   IV. 미학적 신정론 / 96

3장 그림은 가난한 자의 성서인가: 서방 교회의 예술교육론 ·········· 109
   I. 그레고리우스 I세와 "가난한 자의 성서" / 111
   II. 종교개혁과 칼빈의 반(反)예술교육론 / 122
   III. 신학적 예술교육론을 향하여 / 128

4장 이콘의 신학: 동방 교회의 성상파괴 논쟁 135
    I. 성서와 이콘 / 137
    II. 반이콘 신학들과 이콘의 신학들 / 139
    III. 동방 정교회 성상파괴논쟁의 역사적 전개 / 146
    IV. 이콘의 승리: 성상파괴논쟁의 신학적 분석 / 148
        1. 성서와 전통 / 148
        2. 기독론 / 151
        3. 성만찬 / 154
    V. 계시와 예술 / 155

5장 몰트만의 놀이의 신학 159
    I. 놀이의 현실 전복성: 노동의 인간에서 놀이의 인간으로 / 163
    II. 놀이의 창조론: 왜 하나님은 세계를 창조하셨는가? / 170
    III. 놀이의 기독론: 왜 하나님은 인간이 되셨는가? / 174
    IV. 놀이의 종말론: 역사의 궁극적 목적은 무엇인가? / 178
    V. 놀이의 신론: 하나님은 아름다우신가? / 180

6장 한 멋진 삶의 풍경화: 유동식의 예술신학 연구 187
    I. 한국 최초의 예술신학자 유동식 / 187
    II. 서양의 논리적·과학적 마음 바탕,
       동양의 예술적·미학적 마음 바탕 / 191
    III. 예술 기독론과 기독 예술론 / 195
    IV. 삼위일체 하나님과 한·멋·삶 / 201
    V. 최초의 예술가 하나님 / 204
    VI. 예수와 예술 / 206
    VII. 행위예술로서의 성례전 / 209
    VIII. 악에 대항하는 저항의 힘으로서의 예술 / 211
    IX. 나오는 말: 성령의 피리가 되어 / 214

참고문헌 / 216

《2권》
아우구스티누스의 미학과 신정론

I부 선악의 풍경 17

  1. 마니교도 수사학자 아우구스티누스: 악으로부터의 순례 / 21
  2. 《아름다움과 적합성에 관하여》(380): 고대 미학론이 끼친 영향들 / 22
  3. 카시키아쿰의 피정과 행복한 책읽기: 플로티누스 / 29
  4. 《아카데미우스 학파를 반박하며》(386-387):
     필로소피아와 필로칼리아 / 38
  5. 《질서에 관하여》(386-387): 아름다움은 악을 필요로 한다 / 41
  6. 개종 후 초기 저작들: 신앙의 미학 / 54
  7. 《음악에 관하여》(387-391): 음악의 6단계 사다리 / 74
  8. 《자유의지론》(388-396): 악의 저자는 하나님인가 인간인가 / 90
  9. 《고백록》(397-401): 아름다운 지옥 / 110
  10. 《신국론》(413-427): 그리스도의 아름다움과 칸티쿰 그라두움 / 119

II부 지옥의 아름다움 139

  11. 아우구스티누스 미학의 해석자들:
     영적 아름다움과 성례전적 아름다움 / 141
  12. 데이비드 그리핀: 아무도 자유로울 수 없는 우주 / 144
  13. 폴 리쾨르와 존 힉: 도덕적 하나님과 미학적 하나님 / 149
  14. 도스토예프스키와 아돌프 폰 하르낙:
     미학적 낙관주의를 거부하는 죄 없는 공포들 / 159
  15. 한스 우어스 폰 발타자: 악의 도덕적 우연성과 미학적 필연성 / 163
  16. 아서 러브조이: 풍부함의 미학 비판 / 166
  17. 아름다울 수 없는 지옥 / 168

18. 사적 에필로그 / 175
약어표 / 14
참고문헌 / 179

《3권》
화이트헤드의 미학과 신정론

1장 서론: 아름다움의 전진 ·· 15

2장 화이트헤드의 미학: 수학적 아름다움과 가을적 아름다움 ······· 29
   Ⅰ. 형이상학으로서의 미학: 철학, 과학, 미학 / 32
   Ⅱ. 미학으로 본 선악의 풍경 / 52
      1. 《과정과 실재》의 미학적 상황 / 53
      2. 《관념의 모험》의 미학적 상황 / 59

3장 화이트헤드의 신정론 ·· 91
   Ⅰ. 《과학과 근대세계》에서의 신정론 / 92
   Ⅱ. 《형성과정에 있는 종교》에서의 신정론 / 97
   Ⅲ. 《과정과 실재》에서의 신정론 / 110
      1. 신정론 Ⅰ 혹은 형이상학적 일원론의 거부 / 111
      2. 신정론 Ⅱ 혹은 존재론적 자유의지 신정론 / 124
      3. 신정론 Ⅲ 혹은 객체적 불멸성 / 128

4장 화이트헤드의 비평가들 ···147
   Ⅰ. 심판대에 선 전능자: 신정론은 일원론의 문제인가 / 148
      아니면 힘의 문제인가
   Ⅱ. 나는 과연 살아남는가: 개인의 개별적인 삶 속에서의 / 154

     악의 극복
     III. 주사위를 던지는 하나님: 우주 전체 속에서의 악의 극복 / 169
     IV. 아름다움의 복음: 악에 대한 균형 잡기와 승리 / 177

5장 결론 181
     I. 일곱 가지 명제들을 통한 요약 / 181
     II. 사적 에필로그 / 191
참고문헌 / 201

◀4권▶
헤겔의 미학과 신정론

들어가는 말 / 15

1장 헤겔의 악 개념 분석 19
     I. 실제적 악이 아닌 자연적 악 / 19
     II. 허영 혹은 아이러니로서의 도덕적 악 / 25
     III. 자기중심성으로서의 사변적 악 / 30
     IV. 악의 기원과 테오고니 / 42

2장 헤겔의 신정론 53
     I. 철학 혹은 학문으로서의 신정론 / 56
     II. 역사로서의 신정론 / 70
     III. 존재신학으로서의 신정론 / 82

3장 헤겔의 신학적 미학 105
     I. 철학의 미학적 토대 / 108

    II. 역사의 이콘으로서의 예술 / 123
    III. 테오드라마의 미학적 신정론 / 131

4장 헤겔의 비평가들 ··· 155

5장 아름다움과 악, 그 결론에 어정쩡하게 서서 ················ 171

참고문헌 / 204

1장 서론: 아름다움의 전진

우리는 이 책에서 알프레드 노스 화이트헤드(Alfred North White-head, 1861-1947)의 미학과 신정론 사상을 살펴보고자 한다.[1] 보다 구체적으로는 악의 문제에 대한 그의 미학적 접근, 이른바 미학적 신정론(美學的 神正論, aesthetic theodicy)에 주목하고자 한다. 아름다움을 이야기하는데 왜 하필 악의 문제를 통해서인가? 신학적 미학이 이빨 없이 유순한 신학이 되는 것을 피하기 위해서다. 아름다움의 술에 취해 인간 실존의 처절한 추함을 물고 늘어지는 집요한 슬픔을 잊지 말아야 하기 때문이다. 또한 동시에 고통과 악의 절망적인 현실을 끝끝내 버텨낼 수 있는 희망이 오직 신성한 아름다움에서 온다는 것을 믿기 때문이다. 아름다움이 전진하여 나가기에 우리도 견뎌낼 수 있는 것이다. 필자는 이미 악의 문제를 미학적 차원에서 해결하려고 시도한 아우구스티누스를 《아름다움과 악》 2권에서 살펴보았다. 아우구스티누스에서 시작하여 토

---

[1] 이 글은 필자의 《하나님, 왜 세상에 악이 존재합니까: 화이트헤드의 신정론(神正論)》 (서울: 열린서원, 2005)을 개정하고 보충한 것이다. 특히 화이트헤드의 미학에 대한 부분이 수정되었다.

마스 아퀴나스와 라이프니츠로 이어지는 고전적인 형태의 미학적 신정론은 하나님의 세계 섭리를 거대한 예술작업에 비교하며 악이 존재하는 도구적인 이유를 예술적 유비를 통해 설명한다. 마치 한 폭의 그림이 전체적으로 아름답기 위해서는 부분 부분에 어두운 "검정색 물감"을 사용할 수 있는 것처럼, 우주 전체의 조화를 위해서 비극적 악이나 지옥 같은 어두운 부분도 하나님이 허락하실 수 있다. 선과 악의 강렬한 미학적 대조의 효과가 전체를 보다 선하고 아름답게 만든다는 논지이다. 따라서 전체 우주에 드러나는 하나님의 합리적이고 아름다운 정의에는 흠이 있을 수 없다. "비록 그 부분이 불완전하더라도, 전체가 완전하기 때문이다."[2] 이처럼 악조차도 도구적인 암흑의 색깔로 이용하는 하나님의 아름다운 '우주-만들기'(cosmos-making)의 예술 과정이 곧 섭리라고 아우구스티누스는 본다.

반면 여기 《아름다움과 악》 3권에서 살펴보게 될 화이트헤드의 미학과 신정론은 전통적인 신학적 패러다임을 벗어나는 과정사상의 유신론 패러다임에 기초하고 있다. 전지·전능·전선한 하나님 개념에 기초한 고전적 유신론은 악의 문제라는 암초에 부딪쳐 커다란 구멍이 나고 결국에는 침몰하는 배와도 같다고 화이트헤드는 생각한다. "종교적 교리의 모든 단순화 작업들은 악의 문제라는 암초에 걸려 난파되었다."[3] 아름다움이 어떤 방식으로든 악의 문제를 대답한다는 신념에서는 아우구스티누스와 마찬가지이나, 화이트헤드는 하나님의 아름다운 '우주 만들기'가 아니라 "아름다움과 악의 뒤엉킴"을 통해 모든 존재하는 것들의 아름다운 '하나님 만들기'(God-making)라는 과정신학의 새로운 미학적 신정론을 제시한다.[4] 이는 신학에 있어 일종의 코페르니쿠스적인 전환이라고

---

2) Augustine, *De vera religione*, 40.76.
3) A. N. Whitehead, *Religion in the Making* (New York: Macmillan Company, 1926), 77. 이하 *RM*. 화이트헤드/ 정강길 옮김,《형성과정에 있는 종교》(서울: 동과서, 2003), 82. 이하《종교》.
4) Alfred North Whitehead, *Adventures of Ideas* (New York: Macmillan Company,

볼 수 있다. 화이트헤드에 따르면 시간 속에서의 우리의 경험은 하나님 안에서 불멸하는 가치로 수용되고, 이렇게 실현된 가치의 영원불멸성이 바로 하나님 존재의 미학적 성장 혹은 진화적 팽창(God in aesthetic evoluion)을 가능케 한다. 세계의 가을적 소멸이라는 궁극적 악을 하나님은 자기 존재의 미학적 성장 곧 아름다움의 전진으로 극복하신다는 것이 화이트헤드의 미학적 신정론의 핵심이다. 따라서 인류는 세계 속에서 문명의 아름다운 가치를 실현시키는 존재 이유(raison d'être)를 가지게 되는 것이고, 하나님은 이렇게 시간 속에서 실현된 가치를 객체적 불멸성으로 전환하여 영구히 기억하심으로써 소멸이라는 궁극적 악으로부터 우리를 구출하시는 것이다. 이것이 바로 우주의 영구한 호흡으로서 하나님의 아름다움이 전진하는 방식이다. 미(美)의 전진(前進)이 곧 하나님의 존재론적 구조인 것이다.

소금(素琴) 유동식(柳東植, 1922-) 선생은 "천성 과학적이요 철학적인 서양의 마음과 천성 시(詩)적이요 종교적인 동양의 마음과는 호흡이 같을 리 없다"라고 말했다.[5] 어쩌면 서구 신학이 보여준 율법적 도덕주의의 오랜 그늘은 이런 아름다움의 깊이에 대한 망각에서 비롯된 것일지도 모른다. 이러한 관찰은 서구의 신학자들 자신들에 의해서도 동일하게 제시되고 있다. "우리 서양의 신학들은 미학적 통찰을 결핍하고 있었다. 그러한 신학들은 우주를 지나치게 도덕화한 나머지 하나님이 피조물들과 관계하는 방식을 마치 인간같이 보상과 처벌을 통해서라고 생각하여 왔다."[6] 존재에 대한 미학적 상상력의 결핍이 서구 신학의 한계라고 한다면 화이트헤드는 이런 의미에서 예외적 인물이다. 서양의 논리

1933), 333. 이하 *AI*. 화이트헤드/ 오영환 옮김, 《관념의 모험》 (서울: 한길사, 1996), 398 참고. 이하 《관념의 모험》.

5) 한국문화신학회 엮음, 《한국문화와 풍류신학: 유동식 신학의 조감도》 (서울: 한들출판사, 2002), 14.

6) Charles Hartshorne, "The Aesthetic Dimensions of Religious Experience," *James Franklin Harris ed., Logic, God and Metaphysics* (Dordrecht, Boston, and London: Kluwer Academic Publishers, 1992), 14.

중심적 사유와 동양의 미학 중심적 사유는 아주 중요한 상호보완성을 가진다. 어쩌면 화이트헤드는 이러한 둘을 하나로 묶고 있는 아주 독특하면서도 가장 동양적인 서양인들 중의 한 사람일 것이다. 오딘(Steve Odin)은 서양 지성사에서 화이트헤드가 "도덕과 논리에 대한 미학의 우선성"을 주장한 놀랄 만한 예외적 인물이었다고 주장한다.[7] 바로 여기에 한국적 신학으로서 신학적 미학을 발전시키고자 하는 이들이 화이트헤드의 과정사상을 주목해야 할 이유가 있는 것이다.

화이트헤드의 학문적 사유는 크게 세 시기로 나누어질 수 있다. (1) 케임브리지 시기(1880-1910): 제1기는 1880년 19세의 나이에 영국 캠브리지대학의 트리니티 칼리지(Trinity College)에 수학 장학생으로 입학함으로부터 시작해서 1910년 거기서의 수학 교수직을 사임하고 런던대학으로 옮기기까지의 30년간이다. 이 기간 동안 화이트헤드는 수학과 기호논리학 연구에 몰두하였다. 캠브리지 시기에 그는 자신의 최초의 저작 《보편 대수론》1권(1898), 《사영기하학의 공리》(1906), 《물질세계에 관한 수학적 개념들에 대하여》(1906), 《도형기하학의 공리》(1907), 그리고 버트란트 러셀과 공저한 《수학원리》1권(1910)을 출판하였다.[8]

(2) 런던 시기(1910-1924): 제2기는 런던대학으로 옮겨와 미국의 하

---

7) Steve Odin, "The Penumbral Shadow: A Whiteheadian Perspective on the Yugen Style of Art and Literature in Japanese Aesthetics, "*Japanese Journal of Religious Studies,* vol. 12, n. 1, March 1985, 64. 장왕식도 이와 유사한 제안을 하고 있다. 장왕식, "동서 문명론의 문제점과 화이트헤드적 대안: David Hall과 Roger Ames의 분석에 기초하여," 한국화이트헤드학회 편, 《화이트헤드연구 2: 화이트헤드와 현대문명》(서울: 동과서, 1999), 21 참조.

8) Alfred North Whitehead, *A Treatise on Universal Algebra: With Applications* (Cambridge: Cambridge University Press, 1898); idem, *The Axioms of Projective Geometry* (Cambridge: Cambridge University Press, 1906); idem, *On Mathematical Concepts of the Material World*. Philosophical Transactions of the Royal Society of London, Series A (1906); idem, *The Axioms of Descriptive Geometry* (Cambridge: Cambridge University Press, 1907), Alfred North Whitehead and Bertrand Russell, *Principia Mathematica,* vol. 1 (Cambridge: Cambridge University Press, 1910).

버드대학 철학교수로 초빙되기까지의 시기이다. 이 기간 동안 화이트헤드는 과학철학 연구에 집중하였다. 런던 시기에 그는 《수학입문》(1911), 러셀과 공저한 《수학원리》 2권(1912)과 3권(1913), 《사고의 유기화》(1917), 《자연인식의 원리에 관한 연구》(1919), 《자연의 개념》(1920), 《상대성의 원리》(1922) 등을 출판하였다.[9]

(3) 하버드 시기(1924-1947): 제3기는 63세의 나이에 미국의 또 다른 케임브리지에 위치한 하버드대학 철학과 교수로 초빙을 받아 1947년 사망하기까지의 시기이다. 이 기간 동안 그는 자신의 과학철학을 발전시켜 거대한 형이상학적 체계를 완성시켰다. 하버드 시기에 화이트헤드는 《과학과 근대세계》(1925), 《형성 과정에 있는 종교》(1926), 《상징활동, 그 의미와 효과》(1927), 《과정과 실재》(1929), 《이성의 기능》(1929), 《교육의 목적》(1929), 《관념의 모험》(1933), 《자연과 생명》(1934), 《사고의 양태》(1938), 《과학과 철학 논문집》(1947) 등을 출판하였다.[10] 화이트헤

---

9) Alfred North Whitehead, *An Introduction to Mathematics* (London: Williams and Norgate, 1911); idem, *Principia Mathematica*, vol. 2 (Cambridge: Cambridge University Press, 1912); idem, *Principia Mathematica*, vol. 3 (Cambridge: Cambridge University Press, 1913); idem, *The Organization of Thought* (London: Williams and Norgate, 1917); idem, *An Inquiry Concerning the Principles of Natural Knowledge* (Cambridge: Cambridge University Press, 1919); idem, *The Concept of Nature* (Cambridge: Cambridge University Press, 1920); idem, *The Principle of Relativity with Applications to Physical Science* (Cambridge: Cambridge University Press, 1922).

10) Alfred North Whitehead, *Science and the Modern World* (New York: Macmillan, 1925); idem, *Religion in the Making* (New York: Macmillan Company, and Cambridge, U.K.: Cambridge University Press, 1926); idem, *Symbolism, Its Meaning and Effect* (New York: Macmillan, 1927; Cambridge, U.K.: Cambridge University Press, 1928); idem, *Process and Reality* (New York: Macmillan, and Cambridge, U.K.: Cambridge University Press, 1929); idem, *The Function of Reason* (Princeton, NJ: Princeton University Press, 1929); idem, *The Aims of Education and Other Essays* (New York: Macmillan, and London: Williams and Norgate, 1929); idem, *Adventures of Ideas* (New York: Macmillan, and Cambridge, U.K.: Cambridge Uni-

드는 1947년 12월 30일 자택에서 87세의 나이로 생을 마감하게 된다.[11]

우리는 이 책에서 주로 화이트헤드 사유의 제3기인 하버드 시기의 저작들에 집중하게 될 것이다. 필자는 여기서 분석철학적 접근과 형이상학적 접근을 접목시켜 화이트헤드의 신정론을 다음과 같은 세 논리적 단계로서 살펴보고자 한다. (1) 첫째는 화이트헤드의 신정론 I, 혹은 형이상학적 일원론(一元論, monism)에 대한 거부이다. 하나님의 전능성, 전지성, 그리고 악의 존재라고 하는 세 명제 중에서 화이트헤드의 신정론은 그 첫 번째 하나님의 전능성을 신학적·형이상학적으로 중대하게 수정하거나 재해석하는 것으로 이해될 수 있다. 고전적 유신론이 전제하듯 하나님은 유일무이한 형이상학적 결정의 원리로서 혼자 세계를 움직이는 것이 아니며, 하나님의 원초적(primordial) 본성은 창조성과 같은 다른 형이상학적 궁극원리와 함께 태초부터 공존한다고 화이트헤드는 본다. 만약 하나님이 독단적으로 모든 것을 결정하는 유일한 형이상학적 원리가 아니라고 한다면, 우주 안에 일어나는 모든 것을 하나님의 탓으로 돌리는 것은 논리적·형이상학적으로 설득력을 잃게 된다.

(2) 둘째는 화이트헤드의 신정론 II, 혹은 전통적 자유의지(自由意志, free will) 신정론의 재도입과 확장이다. 아우구스티누스는 인간의 자유가 지니는 가치를 통해 하나님을 옹호한다. 화이트헤드는 이러한 전통적인 인간학적(人間學的) 자유의지 신정론을 보다 확장시켜서, 하나님과

---

versity Press, 1933); idem, *Nature and Life* (Chicago: University of Chicago Press, and Cambridge, U.K.: Cambridge University Press, 1934); idem, *Modes of Thought* (New York: Macmillan, and Cambridge, U.K.: Cambridge University Press, 1938); idem, *Essays in Science and Philosophy* (New York: Philosophical Library, 1947).

11) 화이트헤드의 삶의 중요한 시기와 사유의 여정에 대해서는 Lucien Price, *Dialogues of Alfred North Whitehead* (Boston: Little, Brown, 1954), Dorothy M. Emmet, "Alfred North Whitehead," Donald M. Borchert ed., *Encyclopedia of Philosophy*, 2nd edition (Detroit: Thomson Gale, 2006), 9:746-754, 그리고 오영환, 《화이트헤드와 인간의 시간 경험》(서울: 통나무, 1997), 299 305에 나오는 "화이트헤드 연보"를 참조하라.

인간뿐 아니라 자연까지 포함하는 모든 존재하는 것은 그 형이상학적 필연성으로 인해 일정 정도의 자유를 가진다는 존재론적(存在論的) 자유의지 신정론을 제안한다. 이러한 보편적 자유의 존재는 기존의 도덕적 악과 자연적 악이라는 이분법을 불필요하게 만든다.

(3) 셋째는 화이트헤드의 신정론 III, 혹은 이른바 화이트헤드의 "객체적 불멸성"(客體的 不滅性, objective immortality)의 이론이다. 플로티누스, 아우구스티누스, 토마스 아퀴나스, 라이프니츠 등에로 이어지는 전통적인 조화의 미학적 신정론은 마치 우주의 음악(musica mundana)이 전체적으로 아름답기 위해서 그 부분 부분이 불협화음일 수 있는 것처럼, 전체 우주의 아름다운 조화를 위해서 악이나 지옥 같은 어두운 비극적 부분들을 하나님이 허락하실 수 있다고 주장한다. 이러한 거대한 존재의 사슬이 지닌 아름다움을 볼 수 없는 것은 우리가 이미 이 우주 속에서 일부분으로 고정되어 생활하기 때문이다. 인간은 부분적 악만 볼 수 있지만 하나님은 전체의 선함과 아름다움을 보신다. 이러한 하나님의 '우주-만들기'라는 고전적인 미학적 신정론과는 대조적으로, 화이트헤드는 거꾸로 모든 존재의 아름다운 '하나님-만들기'라는 새로운 미학적 신정론을 제시한다. 달리 말해 하나님의 '우주-만들기'라는 전통적 생각은 모든 만물들을 그 각각의 치수, 개수, 질서에 따라 아름답게 조화시키시는 하나님의 창조적 지혜를 강조하는데 반해, 현실적 존재들의 '하나님-만들기'라는 생각은 우리의 모든 비극과 슬픔이 비록 지금은 끔찍하지만 하나님의 감정 혹은 느낌을 아름답게 증폭시키고 그 강도를 획득하게 하는데 공헌하기 때문에 궁극적으로 의미를 지닌다고 주장한다. 우주의 상처와 슬픔이 궁극적으로는 하나님 존재의 미학적 성장에 공헌하게 된다. 시간 속에서의 우리의 경험은 실현되어져 불멸하는 가치로 전환되고, 이 실현된 가치의 영원불멸성이 바로 하나님의 미학적 성장(美學的 成長, aesthetic growth)과 진화적 팽창(進化的 膨脹, evolutionary expansiveness)을 가능케 하는 것이다. 우주적 아름다움의 전진이 하나님의 존재 자체인 것이다. 그래서 어떤 의미에서는 하나님의 운명을 결

정하는 건 바로 우리이다. 릴케의 시 「당신이 저의 후계자입니다」(*Du bist der Erbe*)는 이러한 화이트헤드의 미학적 통찰을 적절하게 표현하고 있는 듯하다.[12]

하나님, 바로 당신이	Du bist der Erbe.
뒤에 오시는 분이군요.	
상속받는 건 자녀들입니다.	Söhne sind die Erben,
아비들은 사라지지만,	denn Väter sterben.
자녀들이 번성하여 꽃피웁니다.	Söhne stehn und bl?hn.
당신이 저의 후계자입니다.	Du bist der Erbe.

그래서 찰스 하트숀(Charles Hartshorne)은 화이트헤드의 하나님을 "모든 존재들 가운데 가장 오래된 존재이며 동시에 가장 새로운 존재"라고 부르며, "하나님은 모든 되어감의 선구자인 동시에 후계자이어야만 한다"고 주장한다.[13] 화이트헤드의 신정론이 가지는 독특성은 기존의 자유의지 신정론과 미학적 신정론을 비판적으로 수용할 뿐 아니라 형이상학적 일원론에 대한 거부를 통해서 새로운 신정론 사상을 전개하고 있다는 데 있다. 나아가 이러한 세 가닥의 신정론 사상은 화이트헤드의 독특한 형이상학적 체계 속에서 서로 대립되기보다는 오히려 조화롭게 존재의 독특한 단계(데이터, 결정의 과정, 만족으로서의 결과)로 역할을 함으로써 하나의 거대한 신정론을 이루고 있다.

지금까지 악의 문제가 화이트헤드의 사상에서 어떻게 논의되고 어떤 대답이 제공되는지 미리 개괄적으로 살펴보았다. 다음으로 우리는 이러

---

12) Rainer Maria Rilke, *Book of Hours* (New York: Riverhead Books, 1996), 107 (II.9) 참고.

13) Charles Hartshorne, *Man's Vision of God and the Logic of Theism* (Chicago and New York: Willett, Clark & Company, 1941), 228; idem, *Creative Synthesis & Philsophic Method* (La Salle, Illinois: The Open Court Publishing Co., 1970), 128.

한 화이트헤드의 과정신정론에 대한 비판적 평가를 미리 조망하고자 한다. 과연 우리는 악의 문제에도 불구하고 화이트헤드가 제안하는 형이상학적 우주에 동의하고 그 속에서 이론적으로 거주할 수 있는 것일까? 이러한 질문은 단지 부분적인 논증과 반증의 문제라기보다는 궁극적인 형이상학적 통찰과 결단의 문제에 가까울 것이다. 모든 비판의 기준과 척도는 '항상 그리고 이미' 어떤 형이상학적 틀 안에서 형성되고 거기에 영향을 받기 때문이다. 그럼에도 불구하고 필자는 매럴린 아담스(Marilyn McCord Adams)의 견해에 기초하여 다음과 같은 일련의 질문들이 신정론의 문제에 있어 어느 정도의 상대적 보편성을 지니는 유용한 것이라고 본다. 첫째로, 하나님은 왜(why) 악을 허용하는가? 둘째로, 하나님은 어떻게(how) 악을 극복하는가? 마지막으로, 하나님은 어느 정도(how much) 세계를 구원하는가? "왜"의 질문은 악에 대한 하나님의 이유(理由, reason) 혹은 가치(價値, value)를 묻는 것이고, "어떻게"의 질문은 하나님의 구원의 방법(方法, method)을 묻는 것이고, "어느 정도"라는 구원의 범위(範圍, scope)를 묻는 것이다. 이 책의 후반부에서 이러한 세 가지 질문이 화이트헤드의 신정론에 대한 비판적 평가에 적용될 것이다.

첫째로, 하나님은 왜 세계에 악을 허용하는가? 《아름다움과 악》 1권에서 살펴보았듯 파이크(Nelson Pike)는 하나님에게 어쩌면 도덕적으로 충분한 이유가 있었을 것이라고 보며 라이프니츠적인 미학적 최고의 세계(best world)라는 가설을 제공한다. 하지만 매럴린 아담스는 파이크의 대답에서 이미 그의 "도덕적으로" 충분한 이유라는 접근이 지닌 한계가 명확하게 드러난다고 지적한다. 아담스는 분석철학적 담론에서의 이러한 "도덕가치이론의 제국주의"에 대항하여 이제까지 잊혀져 왔던 문화적, 미학적, 혹은 종교적 가치를 하나님이 악을 허용하는 이유에 추가시켜야 한다고 주장한다.[14] 필자는 특히 악에 대한 분석철학적 담론을 미

---

14) Marilyn McCord Adams, *Horrendous Evils and the Goodness of God* (Ithaca and

학적 가치에 대한 망각으로부터 구출해야 한다는 아담스의 주장에 주목하며, 화이트헤드의 신정론은 이러한 미학적 차원을 부각시키고 있다고 주장한다. 화이트헤드는 우주의 가을같이 스쳐지나가는 아름다움이 하나님의 존재 속에서는 영원한 수학적 불멸성을 지니는 기억으로 보존된다고 보았다. 나아가 이것은 아름다움의 전진 혹은 확장이라는 하나님 존재의 미학적 발전의 개념을 가능케 하는 것이다. 요컨대 악의 이유(理由)와 관련하여, 본인의 화이트헤드 분석의 핵심적 주장은 다음과 같은 대조에 있다: 하나님이 악을 허용하는 이유에 대하여 기존의 고전적인 미학적 신정론은 단지 아름다운 우주의 창조라는 피조물의 측면에만 주목한 반면, 화이트헤드의 미학적 신정론은 아름다운 우주를 기억함으로 하나님의 존재론적 아름다움 또한 증가한다는 신학적(神學的, theological) 미학의 차원도 동시에 주목한다.[15]

둘째로, 하나님은 어떻게 악을 극복하는가? 아담스는 하나님이 악을 극복하는 두 가지 방식이 있을 수 있다고 제안한다. 먼저 하나님은 악을 처벌하고 선을 보상하는 '보복적 정의'의 방법을 사용하신다고 볼 수 있다. 범죄자는 거기에 상응하는 적합한 처벌을 받게 되고, 희생자는 겪었던 고난에 상응하는 혹은 이보다 더한 보상을 받게 됨으로써 하나님의 구원의 섭리가 작용한다고 이해될 수 있는 것이다. 예를 들어 욥은

London: Cornell University Press, 1999), 4. 이 저작에서 아담스는 악에 대한 단지 도덕적인 접근만을 하는 분석철학적 담론의 경향을 비판적으로 극복하고자 사회인류학적 접근("순결과 더럽혀짐의 계산," "명예와 부끄러움"), 그리고 신학적 미학의 접근(삶의 유용한 요소로서 "우주적 질서, 생존, 그리고 정신건강"을 위해 필요한 "미학적 가치들")을 소개하고 있다. Ibid., 86-151 참조.

15) 혹자는 "하나님은 왜 세계에 악을 허용하는가?"와 같은 질문이 과정신정론에서는 제기되어질 필요가 없다고 생각할 수도 있을 것이다. 왜냐하면 화이트헤드의 하나님은 기존의 고전적 유신론이 제안하는 하나님처럼 모든 것을 단독적으로 결정하는 유일무이한 형이상학적 근본원리는 아니기 때문이다. 하지만 뒤의 비판적 논의에서 보다 분명하게 드러나지만, 본인은 화이트헤드의 "원초적" 하나님의 본성도 우주의 미학적 가치의 증가를 위해 악의 존재를 의도적으로 허용한 측면이 있다는 그리핀의 분석에 동의한다.

말할 수 없는 비극을 경험하게 되지만 나중에는 보다 큰 재물과 보다 많은 자녀들로 보상을 받게 된다. 이러한 악의 극복방식을 아담스는 "균형 잡기"라고 부르며 다음과 같이 정의한다.

> 균형 잡기(balancing-off)는 수학적인 덧셈과도 같다. 가치 부분들은 그것과 동일한 혹은 그것보다도 더 많은 반대의 가치 부분들에 의해 전체적으로 볼 때 균형을 이룰 수 있다.[16]

하지만 종종 우리는 수학적인 균형 잡기와 같은 방식으로 악을 극복하는 것이 반드시 만족스럽지는 않다는 것을 경험한다. 욥이 잃은 자녀들에 대해 하나님이 보다 많은 수의 자녀들로 보상할 수 있다는 이러한 수학적 덧셈의 논리는 욥이 겪어야 했던 말할 수 없는 비극의 깊이와 밀도를 제대로 해결하지는 못하는 것이다. 인간 존재는 단지 선악을 계산하는 우주적 계산자의 손에 쥐인 주판의 알은 아니기 때문이다. 설혹 이러한 계산이 타당한 것으로 잠시나마 생각해본다 하더라도, 비록 처벌되는 악이라 하더라도 어떻게 악이 존재하는 세계가 그런 악이 전혀 존재하지 않는 세계보다 나은 가장 좋은 최고의 세계라고 주장할 수 있겠는가? 퀸(Philip Quinn)이 비판하듯 악이 전혀 없는 세계가 단지 하나의 악의 경우를 포함하는 세계보다도 분명 나을 것이기 때문이다.[17] 하나님은 이런 최고의 세계를 만들 수 없었단 말인가?

이러한 수학적 덧셈으로서의 균형 잡기는 도덕적 정의 개념의 내적 한계를 드러낸다. 이로 인해 아담스는 악에 대한 유기적 혹은 미학적 "승리"(defeat)라는 두 번째 방식이 필요하다고 주장한다. 악에 대한 "승리"란 다음과 같은 악의 미학적 극복을 가리킨다.

---

16) Adams, *Horrendous Evils and the Goodness of God*, 21.
17) Philip Quinn, "God, Moral Perfection, and Possible Worlds," *God: The Contemporary Discussion*, ed. F. Sontag and M. Bryant (New York: The Rose of Sharon Press, 1982), 203.

아주 적은, 부정적인 (혹은 긍정적인) 가치 부분이 전체의 보다 큰 긍정적인 (혹은 부정적인) 가치에 공헌할 수 있다.[18]

그녀는 모네가 아침에 루앙(Rouen) 대성당을 관찰했던 예를 들며, "추하고 이상한 초록색 헝겊조각들이 전체적인 예술적 구상이 보여주는 광대한 아름다움에 통합되어짐으로 그 추함이 패배하였다"라고 주장한다.[19] 첫 번째 균형 잡기의 방법과는 달리 두 번째 미학적 승리의 방법에서는 부정적 가치 부분이 단지 보상에 의해 균형 잡힌 것이 아니라, 보다 거대한 긍정적 전체 가치 속에 통합되고 도구화되고 지양되는 것이다. 여기서 하나님의 활동방식은 수학적 "덧셈"(arithmetic)으로 이해되기보다는 예술적 "시나리오"(senario)로 이해된다.[20] 요컨대 악의 극복방식(方式)과 관련하여, 하나님의 활동방식에 대한 화이트헤드의 분석은 다음과 같은 대조를 핵심으로 한다: 하나님은 단지 선과 악을 정확하게 계산하여 도덕적으로 보상하고 균형 잡는 수학적 대심문관이라기보다는, 악의 비극적 상처조차도 기억하고 그것을 우주 전체 드라마의 한 영원한 부분으로 절묘하고도 아름답게 포함시키는 위대한 존재의 예술가에 가깝다.

마지막으로, 하나님은 어느 정도 구원하는가? 이 질문은 그 자체로 분명하지는 않다. 이해를 돕기 위해 "우주적"(global) 구원의 범위와 "개인적"(individual) 구원의 범위라는 아담스의 구분을 살펴보고, 이것을 고전적 유신론과 화이트헤드의 신고전적 유신론에 적용해 볼 때 이 질문은 보다 분명해진다. 하나님은 우주 전체를 구원하신다고 볼 수도 있고, 혹은 개개인 모두를 구원하신다고도 볼 수 있다. 얼핏 보기에 이러한 구분은 별 차이가 없는 것 같지만 고전적 유신론은 이를 중요하게 나눈다. 즉 고전적 유신론은 하나님이 개개인의 인간 모두와 인류 전체를 구

---

18) Adams, *Horrendous Evils and the Goodness of God*, 20-21.
19) Ibid.
20) Ibid., 55.

원함이 '없이도' 우주 전체를 구원하실 수 있다고 보기 때문이다. 인류가 구원받은 자의 천국과 그렇지 못한 자의 지옥이라고 하는 두 궁극적 운명으로 나누어진다 하더라도, 하나님은 여전히 우주 전체의 구원자, 즉 "우주적 선함의 생산자"(producer of global goods)일 수 있다고 고전적 유신론은 주장한다. 천국과 지옥이 함께 우주를 아름답게 만든다는 견해이다. 반면 화이트헤드의 신고전적 유신론은 모든 개개 존재의 가치가 조금도 잊혀지지 않고 상실되지 않는 보편적 구원론을 제시한다. 아담스의 표현을 빌리면, 하나님은 "개개 피조된 인간들에 대한 선하심과 사랑"(goodness to or love of individual created persons)이다.[21] 요컨대 구원의 범위(範圍)와 관련하여, 아담스는 단지 우주 전체의 구원이 아니라 개개인의 인간 모두의 구원에 관심하는 것이 기독교가 말하는 하나님의 선하심의 의미라고 주장하며 필자는 화이트헤드의 하나님 개념이 이것을 충족시킨다고 본다.

> 그러한 [우주적] 이유들로 활동하는 우주의 창조자 그리고/혹은 우주의 경영자는 인류 혹은 개개 인간의 가치를 중요하게 생각하는 존재는 아닐 것이다. 오히려 그러한 다스림은 최선의 경우 [인간에 대해] 무관심한 것이고, 최악의 경우 잔인한 것이다. 본인은 오직 하나님이 자신이 창조한 개개 인간 모두에게 '선하실' 때에 하나님은 인간을 가치 있게 여기고 개개인을 사랑한다고 말할 수 있다고 주장한다. 그리고 하나님의 '선하심'은 해악과 보상을 단지 우주 전체에서 조화시키는 것이 아니라, 개개인의 인격적 삶 속에서도 조화시킬 때 진정 드러나는 것이다.[22]

결론적으로 필자는 화이트헤드의 신정론이 세 가지 형태 혹은 세 가지 단계를 가진다고 주장한다. 이러한 유형론이 화이트헤드의 악에 대한 다양한 진술들을 분석하는 이론적 틀로 사용될 것이다. 그리고 바로 위

---

21) Ibid., 29-30.
22) Ibid., 30-31.

에 논의한 악의 존재 이유, 악의 극복 방법, 악의 극복의 범위에 대한 질문들은 이 책의 마지막 부분에서 화이트헤드의 신정론에 대한 비판적 평가를 시도하는데 이론적인 틀로 사용될 것이다. 즉 다음과 같은 개괄적 분석들이 이 책의 본문에서 앞으로 논의될 것이다.

I. 화이트헤드의 신정론에 대한 유형론적 분석
(1) 신정론 I, 혹은 형이상학적 일원론(monism)에 대한 거부:
　　　　하나님의 원초적 본성.
(2) 신정론 II, 혹은 존재론적 자유의지(ontological free will) 신정론:
　　　　존재의 보편적 자유.
(3) 신정론 III, 혹은 "객체적 불멸성"(objective immortality):
　　　　하나님의 결과적 본성과 자기 초월체적 본성.

II. 화이트헤드의 신정론에 대한 비판적 고찰
(1) 하나님은 왜 악을 허락하는가? (이유, reason):
　　　　'하나님 - 만들기'로서의 아름다움의 전진.
(2) 하나님은 어떻게 악을 극복하는가? (방법, method):
　　　　수학적 균형 잡기가 아니라 미학적 승리.
(3) 하나님은 얼마나 세계를 구원하는가? (범위, scope):
　　　　우주적 범위가 아니라 개별 존재적 범위.

2장 화이트헤드의 미학:
수학적 아름다움과 가을적 아름다움

    화이트헤드는 존재의 본질이 아름다움의 창조적 전진이라고 보며 형이상학(形而上學)과 미학(美學)을 동일한 차원에 둔다. 한 자서전적 에세이에서 그는 이러한 미학적 존재론에 결정적인 영향을 끼친 사람 중 하나로 군인 출신 외교관의 딸이며 프랑스에서 성장한 자신의 아내(Evelyn Willoughby Wade)를 꼽는다. 그는 1890년 29세에 그녀와 결혼하였으며 1891-98년 사이에 2남 1녀를 낳았다. 화이트헤드의 회고담에 따르면 "생명력 넘치는 그녀의 삶은 도덕적이고 미학적인 아름다움이 존재의 목적이라는 것을, 그리고 친절함과 사랑과 예술적 만족이 그것을 성취하는 길이라는 것을 나에게 가르쳐주었다."[1] 위대한 예술과 문학은 삶의 가장 본질적인 가치이며 인간의 문화적 성취의 절정을 이룬다.

---

1) Alfred North Whitehead, "Autobiographical Notes," Paul Arthur Schilpp ed., *The Philosophy of Alfred North Whitehead* (1941; New York: Tudor Publishing Company, 1951, second edition), 8.

'가치'(價値, value)란 말을 나는 한 사건의 고유한 내재적 실재(the intrinsic reality of an event)를 표현하는 것으로 사용한다. 가치는 자연에 대한 시적(詩的) 견해에 온전히 스며들어 있는 요소이다.[2]

삶의 미학적 가치에 대한 화이트헤드의 감수성은 그의 철학의 근본 특징을 결정짓는다. 어쩌면 진리보다 아름다움이 화이트헤드가 세상을 보는 눈이었다. 그의 철학은 이러한 무한한 존재의 아름다움을 논리의 유한한 언어로 포착하려는 시도였는지도 모른다. 철학이란 무엇인가? "철학은 우주의 무한성을 제한적인 언어들을 통해 표현하려는 시도이다."[3] 하지만 무한성을 어떤 유한한 언어가 표현할 수 있단 말인가? 거기에는 어떤 특권적인 학문의 언어도 없다. 아니 어쩌면 우리가 보다 정확한 언어라고 인정하는 과학적·논리적인 언어가 삶의 구체적 풍부성으로 가득한 일상생활의 미학적 언어보다 부적절할지도 모른다. 바로 이 때문에 화이트헤드는 의식의 언어 앞에다 감정의 느낌을, 그리고 진리의 실증성 앞에다 아름다움의 창조성을 두는 것이다. "배운 자들은 언어를 숭배하는 특징을 가진다. 하지만 어머니들은 자신들의 입술로는 표현할 수 없는 많은 것들을 마음에서 깊이 숙고할 수 있다. 이렇게 알려진 많은 것들은 그 너머에 더 이상의 어떤 추가적인 증거도 있을 수 없는 궁극적인 종교적 증거를 이루게 된다."[4]

미학과 신정론의 관계에 대한 화이트헤드의 사유는 간략하게 요약해서 전달하기에는 너무도 다면적이고 복잡하다. 아름다움과 악의 문제가 언제 한번이라도 논리의 사슬에 완벽하게 포로가 된 적이 있었던가? 대신 필자는 다음과 같은 하나의 가설에 집중하고자 한다: 화이트헤드의

---

2) Alfred North Whitehead, *Science and The Modern World* (New York: The Macmillan Company, 1925), 131. 이하 SMW. 화이트헤드/ 오영환 옮김, 《과학과 근대세계》(서울: 서광사, 1989), 148 참조.
3) Whitehead, " Autobiographical Notes," 14.
4) *RM* 67; 《종교》 74 참고.

미학은 피타고라스가 보았던 영원한 "수학적 아름다움"과 에코가 죽음의 춤(*danse macabre*)에 의해 소멸하는 "가을적 아름다움"이라 부른 것을 중재함으로 소멸이라는 궁극적 악을 극복하려는 시도이다.[5] 스쳐지나가고 소멸하는 세계의 가을적 아름다움이 하나님 존재의 기억 속에서 불멸하는 수학적 아름다움으로 전환됨으로 죽음을 극복한다는 생각이 화이트헤드의 미학적 신정론의 핵심을 이루고 있다고 필자는 제안한다. 이렇게 아름다움이 전진하는 것이다.

미학적 신정론이란 악이라고 하는 종교적 문제를 미학적 가치나 예술의 메타포를 가지고 접근하는 시도를 말한다. 사실 기독교 신학의 역사에 있어서 이러한 시도는 아우구스티누스나 토마스 아퀴나스 같은 신학의 거장들에서 종종 발견된다. 그들은 하나님의 세계에 대한 섭리적 보살핌을 예술가의 예술작품을 창조하는 과정에 비교하면서 이러한 미학적 유비 속에서 악의 존재와 이유를 설명하고자 하였다. 세계는 하나님의 예술작품이라고 하는 이러한 유비의 예는 사람들로부터 많은 호응을 얻었으며 고전적으로 널리 신학적 담론에 이용되어져 왔다. 하지만 동시에 기독교 신학이 피타고라스적인 "수학적 아름다움"에 기초한 조화의 미학적 신정론에만 너무 치중하였다는 한계를 지닌다고 필자는 생각한다. 이러한 편중은 미학적 신정론 안에도 다른 여러 가지 모델들이 존재한다는 사실을 은폐하는 부정적인 결과를 가져온 것이다. 미학적 신정론을 옹호하는 자들과 마찬가지로 그것을 반대하는 비평가들도 오직 "수학적 아름다움"으로서의 우주적 조화라는 이 고전적 모델 하나에만 집중하여 이것을 도덕적으로 혐오스럽거나 무가치한 것으로 비판하여 왔다. 이러한 환원적 해석에 반대하여 필자는 "가을적 아름다움" 혹은 문명의 모험에 기초한 독특한 미학적 신정론을 화이트헤드가 제공하고 있

---

[5] 피타고라스의 "수학적 아름다움"에 대해서는 나중에 이 책에서 보다 자세히 다루게 될 것이다. "소멸하는 가을적 아름다움"(an autumnal sense of the beauty that passes away)이라는 생각에 대해서는 Umberto Eco, *The Aesthetics of Thomas Aquinas* (Cambridge, Mass.: Harvard University Press, 1988), 10을 참조하라.

다고 본다. 모험 없는 질서는 단지 문명의 사소한 아름다움일 뿐이다. 모험이 아름다움의 본질인 것이다.

I. 형이상학으로서의 미학: 철학, 과학, 미학

화이트헤드는 1936년에 미국철학회(The American Philosophical Association)에서 연설한 적이 있다. 거기서 그는 철학의 본질이 미학에 가깝다고 제안하며 철학의 미학적 출발점을 다음과 같이 옹호한다.

> 가장 방치되어져 왔기 때문에 또한 현재에 가장 생산적일 수 있는 출발점은 우리가 미학(美學, aesthetics)이라고 부르는 가치론이다. 인간 예술의 가치들 혹은 자연의 아름다움에 대한 우리의 향유, 우리를 분명하게 강요하는 천박함과 훼손에 대한 우리의 공포―이 모든 경험의 양식들은 상대적으로 분명하게 충분히 추상화되어 있다. 그리고 그러한 양식들이 사물의 의미 자체를 분명하게 드러내어 준다.[6]

화이트헤드에게 미학은 일종의 미시적 형이상학이었으며, 동시에 형이상학은 일종의 거시적 미학이었다. 예술의 창조와 우주의 진화에서 어떤 동질적 의미, 즉 개별적 가치가 심화되는 동일한 과정을 관찰하였기 때문이다. 화이트헤드는 《과학과 근대세계》에서 자신의 형이상학적 체계가 "개별성의 깊이(the depth of individuality)를 증가시키는 활동"에 기초하고 있으며, 예술 혹은 미학적 경험은 이러한 활동의 한 구체적인 사례를 제공한다고 설명한다.[7] 구체적인 예술론은 보다 포괄적인 형이상학적

---

6) 이 연설은 *The Philosophical Review*, 46:2 (March 1937)에 수록되어있다. Bertram Morris, "The Art-Process and the Aesthetic Fact in Whitehead's Philosophy," Paul Arthur Schilpp ed., *The Philosophy of Alfred North Whitehead* (New York: Tudor Publishing Company, 1951), 464에 재인용된다.

7) 여기서 화이트헤드는 보다 구체적인 예술의 경우와 보다 보편적인 존재 일반의 창조적

존재론의 한 예시(例示)라는 것이다. 개별성의 깊이를 증가시키는 보편적 활동에는 두 요소들이 관련된다. 창조적인 활동 자체와 그러한 활동으로 만들어지는 미학적 결과물이 바로 그것들이다. 이러한 구분에 기초하여 모리스(Bertram Morris)는 활동으로 이해된 "예술의 과정"과 그러한 활동을 만족시키는 결과로서의 "아름다움의 목적"을 구분하며, 이 두 요소가 함께 우리의 미학적 상황을 구성한다고 제시한다.[8] 화이트헤드의 예술론과 존재론을 동일한 차원에서 두고 보는 이러한 모리스의 분석은 우리에게 많은 통찰을 가져다준다. 모리스는 아름다움이란 "여러 요소들이 한 경험의 경우 안에서 상호 적응하는 것", 즉 "현실적 경우들 속에서 구체적으로 예시되는 어떤 한 특질"이라는 화이트헤드의 정의를 상기시키며, 아름다움과 예술이란 결국 다양한 요소들을 한 특질로 종합시키는 개별화의 과정이라고 본다.[9] 모리스에 따르면 "미학의 궁극적인 문제는 개별성을 어떻게 이해할 것인가"이다.[10] 예를 들어 어떤 예술가의 개별 예술작품은 그 자체로 자기 자신의 존재를 정당화할 뿐 아니라 자기 자신의 내적 가치를 표현한다. 이러한 미학적 차원에서의 예술 과정과 거기에서 탄생하는 결과로서의 예술작품은 형이상학적 존재론의 차원에서 볼 때 우주의 창조적 과정과 그 결과로서의 가치의 전진의 한 구체적인 예시인 것이다. 존재의 경험이란 미시적으로는 인간의 예술적

과정이 가지는 관계를 이렇게 서술한다. "내가 말하려는 것은 예술과 미학적 교육이다. 하지만 아주 일반적인 의미에서의 예술을 의미하고자 하기 때문에 나는 그러한 이름을 거의 사용하고 싶지는 않다. 예술은 한 구체적인 사례일 뿐이다. 우리가 원하는 것은 미학적 평가의 습관을 기르는 것이다. 내가 발전시켜 왔던 형이상학적 사유에 따르면, 그렇게 하는 것은 개별성의 깊이를 증가시키는 활동이다. 실재에 대한 분석은 두 요소들 즉 활동과 그것에 의해 만들어지는 개별화된 미학적 가치로 이루어진다. 또한 그렇게 발생한 가치는 다시 그러한 활동의 개별화의 척도가 된다." *SMW* 279. 《과학과 근대세계》, 287 참고.

8) Morris, "The Art-Process and the Aesthetic Fact in Whitehead's Philosophy," 465.
9) *AI* 324; 《관념의 모험》, 389 참고. 화이트헤드의 "actual occasions"를 오영환은 "현실적 계기들"이라고 번역했으나, 필자는 이 책에서 항상 "현실적 경우들"로 번역한다.
10) Morris, "The Art-Process and the Aesthetic Fact in Whitehead's Philosophy," 465.

경험이며, 거시적으로는 우주의 새로움으로의 전진을 경험하는 것이다. 이처럼 우주의 창조적 가치의 영속적 완성은 예술의 영역에서의 아름다움의 탄생과 그 본질에 있어 동일하다. 데카르트가 "나는 사유한다, 고로 존재한다"라고 말하였다면, 화이트헤드는 "나는 창조한다, 고로 존재한다"라고 말하고 있는 것이다. 존재는 창조이며 창조가 존재이다. 존재란 예술적 과정이며, 화이트헤드의 미학은 창조적 존재론(創造的 存在論, a theory of *ens creativum*)이다.

화이트헤드는 전통적으로 존재(being)라고 불러온 정체적 개념을 보다 역동적인 합생(合生, concrescence) 혹은 느낌(feeling)의 과정이라고 다시 정의한다. 느낌의 과정에 있어서의 세 단계들은 1) "반응적 단계"(responsive phase), 2) "보완적 단계"(supplemental stage), 그리고 3) "만족"(satisfaction)의 단계로 구성된다.[11] 모리스는 이러한 화이트헤드의 형이상학적 존재론을 미학의 데이터, 예술 행위, 아름다움이라는 세 단계로 해석하고 상세히 분석한다. 첫째, 반응적 단계란 경험의 종합을 위해 세계가 부여하는 객관적 데이터를 순수하게 수동적으로 수용하는 단계이다. 예술에 있어서 이러한 반응적 단계는 사랑, 질투, 비극, 생존, 숭고한 용기와 같이 어느 정도 정형화되어 주어진 "주제(主題)들"을 밖으로부터 내면으로 예술가가 받아들이는 것에 해당한다.[12] 둘째, 보완적 단계는 외부적 데이터에 대한 사적(私的)이고 개별적인 이상에 의한 미학적 평가의 단계이다. 여기서 객관적인 데이터는 주관적인 형식의 평가에 종속된다. 물리학에서는 벡터(vector)가 스칼라(scalar)에 종속되는

---

11) Alfred North Whitehead, *Process and Reality* (New York: Macmillan, and Cambridge, U.K.: Cambridge University Press, 1929), 323. 이하 *PR*. 여기서 필자는 인용 본문은 David Ray Griffin and Donald W. Sherburne eds., *Process and Reality, Corrected Edition* (New York: The Free Press, and London: Collier Macmillan Publishers, 1978)을 따랐으나, 인용문의 페이지 번호는 1929년의 초판 페이지를 따랐다. 화이트헤드/ 오영환 옮김,《과정과 실재》(서울: 민음사, 1991), 388-389 참고. 이하 《과정과 실재》.

12) Morris, "The Art-Process and the Aesthetic Fact in Whitehead's Philosophy," 466.

것으로 이해될 수 있을 것이다. 이를 화이트헤드는 보다 일상적인 용어로 "비전"(vision)이라고도 부른다.[13] 자신만의 세계를 꿈꾸어 우주에 보태는 것이다. 하지만 이러한 보완적 단계에서조차도 과거 세계의 벡터, 데이터의 영향, 세계의 공공성이 완전히 제거될 수는 없다. 비트겐슈타인이 완전한 사적 언어는 불가능하다고 한 것처럼, 완전한 사적 세계도 불가능하기 때문이다. 느낌의 단계들은 사실 연속적인 하나의 과정이며, 여기에서 원인들과 기원들은 결코 완전히 소멸되지는 않는다. 모리스는 예술적 창조성(藝術的 創造性)이 바로 이 보완적 단계에 속한다고 보며 음악의 예를 들어 설명한다. 작곡가의 진정한 천재성은 그에게 주어지는 외부적인 주제들이 아니라 그러한 주제들을 자신 속에서 어떻게 발전시키고 해석하는가에 드러난다는 것이다. 바로 이 단계가 새로움에로의 전진을 가능케 하는 예술가의 "독창적인 창조력의 사적 자유"이다.[14] 마지막 셋째로, 만족의 단계는 경험의 불확정성을 제거하고 그것을 긍정적 혹은 부정적으로 완성시키는 단계이다. 여기서 합생의 궁극적 목적인 사적인 이상이 성취되어진다. 예술에서 이러한 만족의 단계는 "미학적 사실"(美學的 事實)로서의 아름다움의 탄생을 가리킨다.[15] 예술작품은 그 스스로의 존재 가치를 자신 속에 내재적으로 가지는 완성된 존재이다. 하지만 미학적 사실로 완성된 아름다움은 바로 그 완성의 순간에 동시에 소멸되어가는 아름다움이기도 하다. 새로운 아름다움의 탄생과 그 아름다움의 가을적 소멸이 지니는 동시성이 세계의 비극을 가져오는 궁극적 이유이다. 깊은 단풍의 절정에 서있는 길을 상상해 보라! 그러나 소멸하는 가을적 아름다움은 하나님의 기억 속에서 객체적 불멸성으로 전이되어 또 다른 세계의 가능성으로 세계에 다시 주어지게 된다. 이러한 가치의 보존과 부활이라는 신의 기능에 주목하며 모리스는 마지막 세 번째 만족의 단계를 "미학(美學)과 신학(神學)의 경계선의 이론"이라고

---

13) *PR* 323;《과정과 실재》, 389.
14) Morris, "The Art-Process and the Aesthetic Fact in Whitehead's Philosophy," 466.
15) Ibid., 467.

부른다.[16] 다시 말해 여기서 만족이란 아름다움의 결과를 가리킨다. 신학적으로 볼 때 아름다움의 실현은 가을에 완성되며 동시에 소멸하지만, 또한 동시에 소멸하는 아름다움은 객체적 불멸성으로 신 안에 보존되어 우주의 이듬해 봄에 다시 새로운 이상으로 세계의 공공성에 제공된다. 바로 이 때문에 만족이라는 미학적 사실로서의 아름다움이 미학과 신학, 우주와 하나님, 활동세계와 가치세계의 경계선이 되는 것이다. 이 하늘과 땅의 경계선에서 물리학적으로 말하자면 벡터를 종속시켰던 스칼라는 다시 벡터에 종속되며, 세계의 창조성을 완성시켰던 만족의 순간은 다시 창조성의 과정으로 걸음을 돌이키게 된다. 좁게는 예술과 넓게는 존재 전체가 이러한 창조적 호흡, 느낌의 과정, 숨의 들이쉼과 내쉼을 반복하며 아름다움을 전진시키는 것이다. 숨은 아름다움의 흐름이다. 이러한 미학적 경험과 합생의 과정은 다양성을 통한 새로운 개별성의 획득을 가져온다. 모리스는 "모든 미학론(美學論)에 있어서 가장 설득력 있는 원칙은 다양성 속의 단일성"이며, "화이트헤드에 있어서 단일성과 다양성의 의미는 넓게는 바로 유기체 철학(有機體 哲學)의 의미이다"라고 결론내린다.[17] 다수(多) 속에서 한(一) 생명을 사는 것이며, 우주에 이 한 생명을 새롭게 보태는 것이다.

하지만 우리는 어떻게 화이트헤드의 형이상학적 미학이 존재에 대한 올바른 파악이라는 것을 알 수 있는가? 만약에 서로 경쟁하는 다른 두 형이상학적 체계가 있다면 우리는 어떤 근거에서 하나를 또 다른 하나에 비해 보다 진리에 가깝다고 결정할 수 있는가? 머피(Arthur E. Murphy)는 기본적으로 두 가지 방법이 있다고 제안한다. 첫째는 "직접적 직관(直接的 直觀)"에 호소하는 것이다.[18] 철학자가 세계를 직관적으로 보

---

16) Ibid., 481.
17) Ibid., 473.
18) Arthur E. Murphy, "Whitehead and the Method of Speculative Philosophy," Paul Arthur Schilpp ed., *The Philosophy of Alfred North Whitehead* (New York: Tudor Publishing Company, 1951), 363.

는 방식대로 우리도 세계를 그렇게 본다면 둘 사이에는 더 이상의 논의가 불필요한 일종의 합의가 도출된다. 이러한 방법은 강력한 동조자를 발견할 수 있을지는 모르나 추가적인 동조자를 만들기에는 적절하지 않다. 반면 둘째의 방법은 인간에게 가치를 가지는 인간학적 중요성과 인간보다 포괄적인 존재에 관련되는 객관적 실재 사이의 상응여부를 조사하는 것이다. 다시 말해 머피에 따르면 사변철학의 방법론이란 "인간의 기본적 관심들을 중심으로 경험을 체계화시킨 '궁극적' 중요성('ultimate' *importance*)을 사물들의 진정한 최종적 존재를 드러냄으로서의 궁극적 실재(ultimate *reality*)라고 전환시키는 것"이다.[19] 예를 들어 사랑이나 아름다움 같은 인간학적 가치들은 우리들에게는 궁극적으로 중요한 것들이지만, 이러한 인간학적 가치들이 아메바나 태평양처럼 모든 보편적으로 존재하는 것들의 형이상학적 묘사를 위해 사용될 때에는 그러한 궁극성을 가지지 않을 수도 있기 때문에, 이 둘 사이의 상응을 보장해 줄 형이상학적 정당화의 절차가 요구된다는 것이다. 머피는 화이트헤드의 철학적 방법론이 바로 이러한 중요성과 실재의 상응에 기초한 사변철학적 전통에 속한다고 본다. 예를 들어 헤겔의 사변철학적 체계가 미학(美學)에서 출발하여 종교(宗敎)를 거쳐 철학(哲學)에서 완성이 되듯이, 화이트헤드의 철학도 미학적인 가치를 모든 존재들에 유효한 형이상학적 범주로 확장시키고 있다. 화이트헤드는 그러한 자신의 사변철학적 방법론을 "상상력에 기초한 합리화의 방법"(method of imaginative rationalization), "일반화의 방법"(method of generalization), 혹은 "철학적 일반화"(philosophic generalization)의 방법이라고 부른다.[20] 그는 이러한 일반화의 방법론을 "어떤 집단의 몇몇 사실들에만 적용될 수 있는 특정한 개념들을, 모든 사실들에 적용될 수 있는 일반적 개념을 발견하기 위해 이용하는 것"이라고 정의한다.[21] 화이트헤드가 선택한 범

---

19) Ibid., 368.
20) *PR* 7-8; cf.《과정과 실재》, 52-53 참고.
21) *PR* 8 ("the utilization of specific notions, applying to a restricted group of facts, for

주는 '느낌'이라는 창조성의 박동이었다. 느낌이라는 매우 인간학적이며 미학적인 범주를 자연을 포괄한 모든 존재의 기초 개념으로 제시함으로써, 그는 기존의 인간 대 비(非)인간이라는 이원론적 형이상학을 극복하고자 시도한다. 그래서 필자는 화이트헤드의 철학적 방법론을 '미학적 일반화'(美學的 一般化, aesthetic generalization)의 방법이라고 부를 수도 있을 것이라 본다. 그는 모든 존재를 미학적 느낌으로 일반화하여 파악하고자 시도하는 것이다.

머피는 화이트헤드의 이러한 선택에 대해 다소 유보적인 비판적 입장을 견지한다. 인간의 삶에 있어서 느낌이라는 미학적 경험이 궁극적 중요성을 지닐 수는 있지만, 과연 그것이 우주의 모든 궁극적 실재를 표현하는 기본적 범주가 될 수 있는지에 대해서는 회의적이다. 화이트헤드는 우주가 단지 생명 없는 물질의 덩어리가 아니라 미학적 느낌이라는 존재의 보편적 경험으로 구성되어 있는 생명의 네트워크라고 보며, "현실적 사실이란 미학적 경험의 사실이다"라는 유명한 말을 남긴다.[22] 하지만 머피는 "내 주변에 있는 세계 속의 여러 존재들이 그렇게 보이는 것처럼 단지 '공허하게 현실적'이지는 않다고 가정해야 할 어떠한 이유도 난 내 관점에서 발견할 수는 없다"라고 반론을 제기한다.[23] 머피는 세계에 대한 분명하지 않고 애매모호한 미학적 인식이 분명하고 구별적인 자연과학적 인식의 역할을 대신할 수는 없다고 본다. 미학이 제공하는 마음의 "내적 정보"(inside information)가 물리학이 제공하는 사물의 "사실적 정보"(factual information)를 대체할 수는 없다는 것이다.[24] 인간학적 관점에서 세계를 보아왔던 것이 항상 옳지는 않았다는 것을 물리학의 역사는 증명하고 있다. 아리스토텔레스의 자연철학이 인간의 경

---

the divination of the generic notions which apply to all facts"); cf. 《과정과 실재》, 53.
22) *PR* 427; cf. 《과정과 실재》, 494.
23) Murphy, "Whitehead and the Method of Speculative Philosophy," 370.
24) Ibid., 372.

험에 보다 더 타당한 설명을 제공할지는 모르나, 현대과학의 성장은 양자물리학의 추상적 설명이 보다 진리에 가깝다는 걸 보여준다. 따라서 머피는 화이트헤드의 일반화의 방법론이 신뢰성을 결여하고 있을 뿐 아니라 그가 "잘못 놓여진 구체성의 오류"라고 부르는 것도 사실 오류가 아니라고 본다.[25] 미학적 느낌이 아니라 과학적 정보가 실재에 대한 보다 객관적이며 궁극적인 설명을 제공하는 역할을 한다고 머피는 보기 때문이다. 화이트헤드는 "과학, 실천, 혹은 일반상식의 논리가 아니라 사변철학의 논리"가 궁극적 실재에 대한 정보를 제공한다고 주장함으로써 미학과 과학을 혼동하고 있을 뿐이라는 것이다.[26] 따라서 머피는 인간에게 있어서의 궁극적 중요성과 존재 일반에게 있어서의 궁극적 실재를 구분하지 못하고 이 둘의 철학적 동일성에 기초한 화이트헤드의 미학적 일반화의 방법론은 성공적이지 못하였을 뿐 아니라 우리가 그것을 거부하는 것은 정당하다고 결론 내린다.

하지만 과연 그러한가? 과학적 실증주의에 동조하지 않는 많은 이들도 있다. 예를 들어 호킹(William Ernest Hocking)은 인간과 자연이라는 이질적 이중화의 논리에 반대하여 화이트헤드를 이렇게 옹호한다. "경험이란 칸막이로 잘 구획이 나누어져서 오지는 않는다. 우리는 과학자들과 또한 그들이 다루는 물리적이고 정신적인 대상들을 따로따로 구분할 수는 없다. 이러한 시도는 거의 유아기적인 것이다. 중요한 것은 새로운 방식들로 서로를 통섭시키는 것이다. 당신의 종교(宗敎)를 당신의 물리학(物理學)에 관계시켜라. 당신의 물리학을 당신의 미학(美學)에 관계시켜라."[27] 우리가 과학발전의 역사에 대한 철학적 분석에서 볼 수 있듯이 자연과학과 미학이 가지는 연관관계에 대한 화이트헤드의 이러한

---

25) *SMW* 72;《과학과 근대세계》, 84.
26) Murphy, "Whitehead and the Method of Speculative Philosophy," 378.
27) William Ernest Hocking, "Whitehead on Mind and Nature," Paul Arthur Schilpp ed., *The Philosophy of Alfred North Whitehead* (New York: Tudor Publishing Company, 1951), 385.

통찰은 호킹 뿐만 아니라 다른 이들에 의해서도 지지된다. 토마스 쿤(Thomas S. Kuhn)의 《과학혁명의 구조》와 제임스 맥올리스터(James W. McAllister)의 《과학의 아름다움과 혁명》은 자연과학의 발달사에 있어 미학적 가치가 중심적 역할을 하여왔음을 분석한다. 쿤은 "적절한 것이나 심미적인 것에 대한 개인의 감각", 곧 새로운 패러다임의 이론은 옛 패러다임에 비해서 "보다 간결하다", "보다 적합하다", "보다 단순하다" 등의 미학적 가치들의 고려가 과학혁명의 방아쇠를 당기는 급진적이고 진보적인 요소라고 본다.[28] 반면 맥올리스터는 반대로 그러한 미학적 고려들이 과학혁명을 "유도"하기보다는 "금지"시키는 보수적인 요소라고 주장한다.[29] 과학에 대한 순전히 합리주의적 혹은 논리실증주의적 이해에 반대하여 맥올리스터는 과학발전의 역사에 있어 "경험적 검증"(empirical performance)의 척도와 "미학적 평가"(aesthetic appreciation)의 척도라고 하는 두 가지 이질적인 요소들이 서로 상호작용하고 있다고 주장한다.[30] 과학의 정상적인 발전기간 동안 이 두 척도들은 조화롭고 비례적인 관계를 가진다. 따라서 어떤 과학이론에 있어 경험적 적절성이 증가하면 여기에 동반하여 미학적 만족도 또한 비례적으로 증가한다는 것이다. 하지만 과학혁명의 시기 혹은 패러다임의 전환기에는 이 두 척도 사이에 맥올리스터가 "시간 지체 현상"(time lag)이라고 부르는 것이 발생한다.[31] 한 척도는 앞으로 진보하여 가지만 다른 한 척도는 거기에 발맞추지 못하고 상대적으로 뒤에 남아 지체되어진다는 이론이다. 무엇이 앞으로 나아가고 무엇이 뒤에 처지게 되는 것일까? 쿤은 이 두 척도 중 미학적 빼어남이 패러다임 전환기에 있어 보다 진보적이

---

28) Thomas S. Kuhn, *The Structure of Scientific Revolutions* (Chicago: University of Chicago Press, 1962), 155-156. 토마스 S. 쿤/ 김명자 옮김, 《과학혁명의 구조》 (서울: 까치, 1999), 220-221.
29) James W. McAllister, *Beauty and Revolution in Science* (Ithaca: Cornell University Press, 1996), 123-140.
30) McAllister, *Beauty and Revolution in Science*, 3, 39ff.
31) Ibid., 84, 130.

고 혁명적인 요인이라고 주장한다: "그럼에도 불구하고 심미적 고찰의 중요성이 때때로 결정적으로 작용하는 수가 있다. 그러한 심미적 고찰은 새로운 이론을 받아들이도록 단지 몇몇 과학자들만 설득하지만, 이 새로운 이론의 궁극적 승리가 바로 이 소수의 과학자들에 달려있을 수 있기 때문이다."[32] 하지만 맥올리스터는 정반대의 의견을 제시한다. 그에 따르면 기존의 과학전통에 내재하는 보수적 미학가치들이 오직 새로운 경험적 검증들에 의해 패배하게 될 때만 패러다임 전환이 가능하다: "본인은 이렇게 해석해야 한다고 생각한다. 어떤 이론의 채택에 있어 한 공동체의 과학자들이 습관적으로 익숙해져버린 미학적 제약들을 반박하게 될 때 과학혁명이 일어난다."[33] 우리는 여기서 이 둘의 입장의 옳고 그름을 가리기보다는 화이트헤드와 마찬가지로 쿤과 맥올리스터도 과학발전사에 있어 심미적이고 예술적인 요소가 (그것이 혁명적이든 혹은 반동적이든) 필수불가결한 역할을 한다고 생각하였다는 사실을 확인하는 것으로 충분하다고 생각한다. 이들 모두가 과학이론과 미학적 가치 사이에는 밀접한 연관관계가 존재한다고 본 것이다. 예를 들어 맥올리스터에 따르면 뉴튼의 저작 《자연철학의 수학적 원리》는 "우주는 하나의 시계와도 같다"라고 하는 지배적인 미학적 관점을 전제로 하고 있다.[34] 이러한 17

---

32) Kuhn, *The Structure of Scientific Revolutions*, 156. 토마스 쿤,《과학혁명의 구조》 221 참조.

33) McAllister, *Beauty and Revolution in Science*, 131.

34) McAllister, *Beauty and Revolution in Science*, 21. 뉴튼은 잘 알려져 있듯 "초판 서문"(1686)에서 자신의 연구를 "보편적 기계학"(universal mechanics)으로서 묘사한다. Sir Isaac Newton's Mathematical Principles of Natural Philosophy and His System of the World, trans. by Andrew Motte (1729) and revised by Florian Cajori (Norwalk, Connecticut: The Easton Press, 1992), xxiii. 뉴튼의 자연철학은 단지 미학적 함의를 지닐 뿐 아니라 신학적 함의도 분명하게 전제하고 있다. 그의 유명한 "일반 스콜리움"(General Scholium) 혹은 "일반 주해"에서 뉴튼은 하나님을 질서를 부여하는 우주의 주인으로 묘사한다. "이 존재자가 모든 만물들을 다스리는데, 세계의 영혼으로서가 아니라 이 모든 것들 위의 주님으로서 다스리는 것이다. 이러한 그의 다스림 때문에 우리는 그를 '주님 하나님'(*Lord God*, παντοκρατωρ) 혹은 '모든 것의

I. 형이상학으로서의 미학: 철학, 과학, 미학   41

세기의 기계론적 모델은 이후에 19세기의 전자기장 모델 그리고 20세기의 상대성 모델에 의해 대체되었다.[35] 이와 유사한 맥락에서 화이트헤드는 뉴튼적 우주론과 과정철학적 우주론을 대조시킨다. 뉴튼적 우주론은 세계가 절대적으로 결정되어져 있는 것으로 이해하며, 이러한 기계론적 세계관에 병행하여 하나님은 우주적 결정자(宇宙的 決定者, a cosmic determiner)라고 하는 신학적 견해를 전제한다. 이에 반해 화이트헤드는 우주에 대한 역동적이고 진화론적인 견해를 옹호하며 하나님은 우주적 모험가(宇宙的 冒險家, a cosmic adventurer)라고 보는 과정신학을 제시한다.[36] 호킹, 쿤, 맥올리스터는 미학·종교·과학·철학을 서로 통섭하고 관계시키려는 화이트헤드의 유기체 철학의 입장에 동의하는 것으로 평가될 수 있다.

이처럼 화이트헤드의 철학은 과학과의 밀접한 대화를 전제하였던 동시에 그 개괄적 특징에 있어 매우 미학적이다. 그는 철학이 버려야 할 아홉 가지의 오류 혹은 선입견 중에 "공허한 현실태(vacuous actuality)의 학설"을 포함시킨다.[37] 사물은 단지 생명 없는 물질의 덩어리라는 과학적 환원주의에 반대하여 그는 "현실적 사실이란 미적 경험의 사실이다."(an actual fact is a fact of aesthetic experience)라고 하는 일종의 미학적 존재론을 주장한다.[38] 우주에 있어 가장 보편적이고도 굽힐 수 없는 엄연한 사실은 물질의 지속이 아니라 예술적 사건으로서의 심미적 느낌이다. 과학적 물질주의와 미학적 존재론이라고 하는 이러한 대조는 근대 자연과학의 기원에 대한 화이트헤드 자신의 역사적 고찰에서 보다 분명하게 강조되고 있다.

통치자'(*Universal Ruler*)라고 부른다.··· 神 혹은 하나님이라는 말은 보통 '주님'을 의미한다." Ibid., 544. 이러한 통치적 신론의 전통은 화이트헤드의 과정사상에 의해 신학적으로 그리고 미학적으로 근본적인 도전을 받게 된다.

35) McAllister, *Beauty and Revolution in Science*, 88 그리고 21.
36) *PR* 143ff.;《과정과 실재》, 198ff.
37) *PR* viii;《과정과 실재》, 42.
38) *PR* 427;《과정과 실재》, 494.

화이트헤드는 자신의 사상 초기에는 "도덕적 혹은 미학적 가치들"을 자연과학과 연결시켜 생각하는 어떠한 시도도 배제하고자 하였다.[39] 이러한 배제는 그가 이러한 가치들에 관심이 없었기 때문이라기보다는 다른 타 학문들로부터 물리학의 자율성을 지키는 데 보다 관심이 있었기 때문이다. 하지만 이미 그 당시에도 화이트헤드는 자연의 가치론적 차원이 어쩌면 존재의 형이상학적 통합을 이루는데 있어서 중요한 열쇠가 될 수 있을 것이라고 제안한다.[40] 단지 그는 이 기간 동안 자연에 대한 이러한 형이상학적 접근을 시도하지 않았을 뿐이다. 이 무렵 그의 마음을 지배했던 화두는 "자연은 마음에 대해 닫혀있다"라는 것이었다.[41]

《과학과 근대세계》에서 화이트헤드는 근대과학의 기원에 대한 역사적이고 철학적인 고찰을 시도하는데, 여기서 그는 과학의 발전에 미학적 가치가 중요한 상관성을 가진다고 주장한다. 자연은 소위 중립적인 물질적 질료로 구성되어있고 거기에는 어떠한 내재적 가치들도 존재하지 않는다고 보는 과학적 물질주의를 근본적으로 반박하는 것이 그가 이 저서에서 이루고자 하는 주요 관심사들 중 하나였다. 과학적 물질주의에 대한 셸리와 워즈워드와 같은 시인들의 낭만주의적 항거에서 화이트헤드는 "자연은 그 미적 가치로부터 분리될 수 없다"라는 것을 발견한다.[42] 자연을 거대한 물질 덩어리로 이론적으로 환원시키려는 시도를 화이트헤드는 자신이 "잘못 놓인 구체성의 오류"(Fallacy of Misplaced Concreteness)라고 부르는 실수, 즉 추상적인 것을 구체적인 것으로 착각하는 오류의 한 예라고 생각한다.[43] '물질'이라는 개념은 이미 추상인 것이다. 비록 이론적 추상화의 과정은 항상 우리의 사유에 있어 요구되는

---

39) Alfred North Whitehead, *The Concept of Nature* (Cambridge: Cambridge University Press, 1920), 5. 이하 *CN*.
40) *CN* 5.
41) *CN* 4.
42) *SMW* 122.《과학과 근대세계》, 139.
43) *SMW* 72;《과학과 근대세계》, 84.

것이지만, 이것이 단지 학문연구의 한 측면일 뿐이라는 것 또한 잊어서는 안 된다. 자연철학은 한편으로 우리의 세계 경험이 가지는 환원 불가능한 미학적 풍요함과 그 농후함을 드러내는 동시에, 다른 한편으로 그것을 가장 단순하고 추상적인 과학적 개념들에 결합시키는 과제를 가진다. 이러한 두 측면들 때문에 "단순성을 추구하라, 그리고 그것을 불신하라"(Seek simplicity and distrust it)는 화두가 모든 자연철학자들의 삶을 인도해야 한다고 화이트헤드는 제안한다.[44] 우리의 세계 경험 속에는 어떠한 추상적인 이론의 틀에 의해서도 손쉽게 환원될 수 없는, 다양하고 매개되지 않았으며 어찌 보면 야만적이라고 여겨질 정도로 단지 우리에게 덥석 주어지는 경험의 측면들이 분명 존재한다. 그럼에도 불구하고 우리는 또한 추상화와 일반화의 과정 없이는 사유가 거의 불가능하다는 사실도 솔직하게 인정해야 한다. 그래서 화이트헤드는 근대과학의 기원을 비합리적인 종교 지도자들과 합리적인 과학자들 사이의 갈등에서 찾는 통상적인 해석들과는 아주 다른 새로운 해석을 제시한다. 근대과학을 가능케 한 것은 단지 합리성과 비합리성의 갈등이 아니라 "일반 원리들"(general principles)과 "환원시킬 수 없고 굽힐 수 없는 엄연한 사실들"(irreducible and stubborn facts) 사이의 보다 미묘하고 생동감 넘치는 상호작용이라고 화이트헤드는 본다.[45] 근대과학은 넓은 의미에서 이러한 서로 다른 두 미학적 관심들이 상호작용하는 과정 속에서 기인하였다고도 볼 수 있다는 것이다. 우리는 이 두 미학적 흐름들을 피타고라스적 수학적 미학(Pythagorean mathematical aesthetics)과 자연주의적 구체성의 미학(naturalistic concrete aesthetics)이라 부를 수 있을 것이다.

첫째로, 먼저 피타고라스주의가 제시하는 수학적 미학이 화이트헤드의 사유에 있어 한 중요한 축을 이루고 있다는 사실을 보도록 하자. 《과학과 근대세계》(1925), 《형성과정에 있는 종교》(1926), 《과정과 실재》

---

44) *CN* 163.
45) *SMW* 3; cf. 《과학과 근대세계》, 16.

(1929), 그리고 무엇보다도 《관념의 모험》(1933)을 쓴 이후에 화이트헤드는 이러한 그의 인문학적이고 철학적인 저작들에 친숙한 모든 사람들을 놀라게 하는 다음과 같은 진술을 1937년에 한다.

> 우리는 상징 논리(象徵 論理, Symbolic Logic)라는 나의 첫사랑으로 끝마쳐야만 한다. 먼 미래에 이러한 주제가 단지 공간, 숫자, 질량의 패턴들만이 아니라 관계성 혹은 연관성에 의존하는 패턴들도 연구하는 분야로 확장되어졌을 때에, 이러한 확장이 이루어졌을 때에, 상징 논리, 즉 실제의 변수(變數)들을 이용한 패턴에 대한 상징적 연구가 미학(美學 aesthetics)의 기초가 될 것이다. 이러한 단계에서 시작하여 상징 논리는 윤리(倫理, ethics)와 신학(神學, theology)을 정복하여 나갈 것이다.[46]

추상적 논리로 결코 환원될 수 없는 종교와 예술과 문명의 끝없이 구체적인 풍부성에 대한 그의 경이로움을 표현하며 추상적 이론가들의 잘못 놓인 구체성의 오류를 신랄하게 비판하는 철학적 저작들을 쓴 후에, 화이트헤드는 어떻게 다시 추상적인 수학적 논리가 미학의 기초가 되고 나아가서는 윤리와 신학까지 정복할 것이라는 예언을 내어놓을 수 있단 말인가? 수학적 진리(眞)에서 시작해서 아름다움(美)을 만들어가고 여기에서 다시 선(善)과 신(神)을 정복해 나가자는 말이다. 화이트헤드를 아는 모든 이들에게 이 진술은 스캔들이었다. 예를 들어 어번(Wilbur M. Urban)은 이 진술이 자신에게 얼마나 충격적이며 동시에 계몽적이었는지를 이렇게 회상한다. "그것은 충격적이었다. 그것은 화이트헤드가 이제까지 말해왔던 모든 것들을 거꾸로 뒤집는 것처럼 보였다. 우리가 아무리 촘촘하게 엮어도 우리의 그런 논리적 그물망 사이를 항상 미끄러져 빠져나가는 실재·성질·가치의 어떤 것을 담아내는 것이 윤리적이고 종교적인 것은 말할 것도 없고 바로 미학적 경험의 본질이라고 화이

---

46) Alfred North Whitehead, "Remarks," *Philosophical Review* 46, no. 2 (March 1937): 186.

트헤드는 주장한다고 나는 생각했고 추측했었다.…하지만 그의 진술은 동시에 매우 계몽적이었다.…그의 첫사랑은 사실은 과학과 수학에서 발전되어 온 비인격적인 인식의 이상이라는 것, 그리고 가치에 대해 언급하며 전통적인 [인문학적] 인식의 이상을 그가 받아들인 것은 마지못한 수용 이상의 것이 결코 아니었다는…나의 계속적인 의심을 확인시켜주는 것처럼 보였기 때문이다."[47] "물리학자와 논리학자로서 화이트헤드는 인식의 이상 혹은 규범으로 수학의 비인격적 이상을 배웠다. 시인이나 철학자와 대화하는 인간으로서 그는 또 다른 이상을 배웠다."[48] 이처럼 어번은 미학의 역할에 대해 화이트헤드의 두 이질적인 평가가 존재한다는 것과 화이트헤드가 결코 이 둘을 완전히 종합적으로 해소시키지는 못했다는 것을 분명히 하고 있다. 하지만 필자는 부분적으로 그에 동의하면서도 화이트헤드가 미학에 대한 두 이질적인 평가를 가졌다기보다는, 보다 거시적으로 두 이질적인 미학론을 동시에 가지고 있었다고 해석할 수도 있다고 제안한다. 또한 어번이 화이트헤드가 진정 신뢰한 것은 수학적 상징 논리를 통한 세계의 비인격적 인식이라고 평가한데 반해, 필자는 위의 진술이 화이트헤드가 이전의 여러 저작에서 밝혔던 미학적 인식의 형이상학적 우선성을 뒤집을 만큼 결정적이지는 않다고 평가한다. 왜냐하면 화이트헤드는 기존의 수학적 상징 논리가 미래에는 구체적인 관계성의 연구로 "확장"되어야 한다는 중요한 전제를 두 번이나 강조하면서 명시하고 있기 때문이다. 그의 진술은 윤리·종교·미학에 반대되는 수학에로의 복귀라기보다는 이러한 존재의 구체성과 추상성을 종합하는 보다 고차원적인 미학의 이상을 향해 나아가고자 하는 화이트헤드의 의지의 표현으로 이해될 수 있다. 달리 말해 이는 화이트헤드가 자신의 사유 속에 여전히 공존하는 수학적 미학과 자연주의적 미학을

---

47) Wilbur M. Urban, "Whitehead's Philosophy of Language and Its Relation to His Metaphysics," Paul Arthur Schilpp ed., *The Philosophy of Alfred North Whitehead* (New York: Tudor Publishing Company, 1951), 324.

48) Ibid., 323.

계속적으로 종합하고자 하였다는 증거로 이해될 수도 있다는 것이다.

화이트헤드의 미학에 대한 노드롭(F. S. C. Northrop)의 해석은 이런 맥락에서 보다 균형이 잡혀 있다. 그는 화이트헤드의 미학이 처음 얼핏 보기에 지나치게 불필요하게 인위적인 듯 보이지만 보다 자세히 볼 때 인류의 문명사에서 거의 처음으로 "경험의 사실들을 신선하게, 직접적으로, 그리고 구체성 안에서 관찰하는 것"을 제공한다고 평가한다.[49] 노드롭에 따르면 화이트헤드는 일상 언어의 추상성을 극복하고 미학적 구체성을 드러내기 위해 두 가지 방법을 사용하였다. "한편으로 (a) 우리는 일상 언어를 버리고 상징논리나 순수 수학에서 경험의 구체적 사실들을 왜곡시키지 않는 상징주의를 추구하고 그것들이 올바로 의미하는 것을 추구하거나, 혹은 (b) 우리는 일상 언어를 사용하되 기술적 개념들과 관습에서 벗어난 용례들을 소개함으로써 그것을 말하는 행위 자체에 있어 우리가 보는 것을 왜곡할 위험성을 최소화하고자 할 수 있다."[50] 노드롭은 화이트헤드가 두 방법을 모두 사용하였다고 주장한다. 그리고 이러한 두 방법론이 바로 화이트헤드의 양극적 미학론의 기초가 된다고 필자는 생각한다. 한편으로 이렇게 "존재의 합리적 조화" 혹은 "논리적 조화"를 형이상학의 한 중요한 이론으로 받아들이는 그의 사상적 측면을 우리는 화이트헤드의 피타고라스적-플라톤적 미학의 축이라고 볼 수 있을 것이다.[51] 수학의 추상개념들이 단순성, 영구성, 질서정연함 등과 같은 일종의 미학적 가치들을 지닐 수 있다. 마치《햄릿》에 나오는 '오필리아'와도 같이 "수학의 연구는 인간 정신의 광기이며, 우연적인 사건들의 온갖 요구에 즉시즉시 응해야 하는 고통스런 상황으로부터의 도피임"을 화이트헤드는 안다.[52]

---

49) F. S. C. Northrop, "Foreword," Donald W. Sherburne, *A Whiteheadian Aesthetic: Some Implications of Whitehead's Metaphysical Speculation* (1961; Archon Books, 1970), xiii.
50) Northrop, "Foreword," xxii.
51) *SMW* 39;《과학과 근대세계》, 51.

피타고라스는 어쩌면 수학이 형이상학적 우주론에 있어 중요한 의미를 가진다는 것을 인식한 최초의 철학자였다. 그는 "수(數)나 형상(形相)과 같은 수학적 존재들(mathematical entities)이 우리의 지각 경험에 나타나는 현실적 존재들을 구성하는 궁극적 질료(ultimate stuff)"라고 가르쳤던 것으로 전해진다.[53] 화이트헤드는 플라톤의 이데아 혹은 형상의 사상을 그 기원에 있어 피타고라스에게로 소급시킨다. 그는 또한 기독교가 이러한 존재가 지니는 수학적 질서에 대한 믿음을 공유하게 되었다고 제안한다. 하나님의 본성이 근본적으로 볼 때 합리적, 수학적, 혹은 숫자적 측면을 가진다는 삼위일체의 믿음과 또한 세계는 이러한 하나님의 생각이 질서정연하게 실현된 것이라는 믿음이 기독교 내에 존재하기 때문이다. 우리는 이러한 헬레니즘과 기독교의 합리주의적 우주론이 함께 주장하였던 '이성에 대한 신뢰'에 오늘날 근대과학의 기원을 부분적으로 찾을 수 있다. 그리스 철학자들이 우리 문명에 기여한 위대한 선물은 세계 속에는 "운명"(fate)이라는 잔혹한 필연성이 활동하고 있다는 질서에 대한 거의 본능적인 믿음이었다.[54] 기독교의 위대한 선물은 이러한 비(非)인격적이고 무(無)인격적인 "운명"의 필연성을 하나님의 섭리 혹은 명령으로 인격화시킨 데 있다. 이러한 "하나님의 합리성"(rationality of God)에 대한 믿음이 없었다면 근대과학은 그 도래가 오랫동안 지연되었을 지도 모른다.[55] 왜냐하면 "이성에 대한 믿음이란 모든 사물들이 궁극적으로 볼 때 단지 자의적으로 마음대로 존재하기(arbitrariness) 보다는 조화(harmony) 속에 존재한다는 사실에 대한 신뢰를 뜻하기 때문이다."[56] 그러나 아쉽게도 아리스토텔레스가 이러한 신뢰를 흙탕물로 만들어 버렸다. 그가 사유에 있어 수학적 추상화의 필요성을 생물

---

52) *SMW* 30;《과학과 근대세계》, 43.
53) *SMW* 40;《과학과 근대세계》, 52.
54) *SMW* 14-15;《과학과 근대세계》, 26-28.
55) *SMW* 17; cf.《과학과 근대세계》, 30.
56) *SMW* 26; cf.《과학과 근대세계》, 38-39.

학적 분류법으로 대체시켜버렸기 때문이다. 하지만 수학적 합법칙성에 대한 신뢰는 갈릴레오, 데카르트, 뉴튼, 라이프니츠, 스피노자 등에 의해 계속 이어졌다. 근대물리학의 기원은 이렇게 수학적 반복이라는 생각에 많은 빚을 지고 있는 것이 사실이다.[57] 화이트헤드는 실재(reality)에 대한 수학적 통찰에 기초하여 거기서부터 종교, 과학, 정치, 그리고 문명 자체를 재구성하고자 희망한다.[58] 화이트헤드의 이러한 피타고라스적 혹은 수학적 존재론은 사물들이 숫자적 혹은 이성적 조화 속에 존재한다고 하는 아우구스티누스의 신플라톤주의적 미학론과도 매우 유사하다. 이 둘 모두 '로고스' 혹은 이성을 수학적 사유의 궁극적 목표로 여겼기 때문이다. 요컨대 화이트헤드의 양극적(兩極的 dipolar) 미학론에 있어서 조화, 비례, 질서, 그리고 숫자를 강조하며 근대과학을 가능케 했던 피타고라스주의적 미학이 한 축을 구성하고 있는 것이다.

둘째로, 우리는 여기서 과학 발달사의 다른 한 축을 이루고 있는 사물들의 구체성에 대한 인간의 끝없는 관심을 생략해서는 안 될 것이다. 어떤 의미에서는 철학적·신학적 합리주의는 너무 이성적이고 추상적이어서 융통성이 없어 보이기도 한다. 때문에 근대 과학의 발전을 위해서 미학적 구체성(美學的 具體性)이라고 하는 또 하나의 관심축이 요구되어진 것이다. 중세 후기에 이러한 구체성에 대한 관심은 예술에 있어 "자연주의"의 도래로 대변되었다.[59] 철학적·신학적 합리주의와 마찬가지로 그 이전의 고대 혹은 중세 예술양식들은 대개는 상징주의적이었다. 이러한 예술양식들 속에서 사람들은 "자연의 배후에 숨겨있는 사물들의 상징적 의미"를 추구하여 왔다.[60] 하지만 마침내 자연주의의 도래는 "우리 주변의 사물들을 이해하는 데서 오는 직접적인 기쁨"을 발견하게 되었다는 것을, 그리고 우리의 세계에 대한 이러한 직접적인 경험

---

57) *SMW* 38-48;《과학과 근대세계》, 51-61.
58) *SMW* 50;《과학과 근대세계》, 62.
59) *SMW* 22;《과학과 근대세계》, 35.
60) *SMW* 19; cf.《과학과 근대세계》, 31.

들이 그 자체로 가치를 가짐을 인정하게 되었다는 것을 의미한다.[61] 직접적 경험들에 대한 환희는 과학에서는 "냉엄한 사실(brute fact)에 대한 성찰로의 회귀"라는 형태로 나타났다.[62] 이렇게 자연주의 예술양식의 도래는 과학적이고 귀납적인 우리의 사유방식이 발전하는데 있어 결정적인 역할을 하였다. 그 일례로 과학자이며 예술가였던 레오나르도 다빈치는 "끈덕진 관찰의 습성"이 얼마나 중요한지 그의 업적을 통해 잘 드러내고 있다.[63] 화이트헤드의 자연주의적 미학론은 이러한 구체성에 대한 관심이 우리 주변의 사물들에 대한 참을성 있는 관찰을 가능케 하며 이것이 나아가 새로운 통찰과 모험을 가져온다고 본다.

근대과학은 단지 신앙에 대한 합리주의적 반동으로 시작된 것은 아니다. 사실 그 기원의 가장 강력한 동기는 '사물들의 합리적 질서에 대한 믿음'(철학과 신학)과 '구체적 사물들에 대한 비환원적인 미학적 호기심'(예술)에서 발견된다. 근대과학은 이렇게 질서에 대한 본능적 신념을 경험적 학문정신에 매개시키는 역할을 수행하였던 것이다. 따라서 근대과학은 홀부모 밑에서 자라난 것이 아니라 두 부모 밑에서 성장한 것이다. (1) 자연에 내재하는 논리적이고 수학적인 질서에 대한 신념, 달리 말해 화이트헤드가 "논리적 합리성의 조화" 혹은 "논리적 조화"라고 부르는 것과, (2) 냉엄한 사실에 대한 구체적 관심, 달리 말해 "심미적 성취의 조화" 혹은 "심미적 조화"가 바로 그것이다.[64] 화이트헤드가 말하듯, "논리적 조화(論理的 調和, the harmony of logic)는 우주가 가지는 냉혹한 필연성(必然性)을 드러내는 데 반해, 심미적 조화(審美的 調和, the aesthetic harmony)는 보다 섬세하고 미묘한 것들을 산출할 수 있도록 나아가는 우주의 진보가 좌절될 때 이러한 흐름을 다시 가능케 하도록 살아 있는 이상(理想)으로서의 역할을 한다."[65] 이처럼 과학은 서로 다른

---

61) *SMW* 22; cf.《과학과 근대세계》, 35.
62) *SMW* 12, cf. 22; cf.《과학과 근대세계》, 24 그리고 35.
63) *SMW* 61;《과학과 근대세계》, 73.
64) *SMW* 26-27;《과학과 근대세계》, 39.

두 미학적 이상의 결과물인 것이다. "과학은 한 낭만적인 모험이며, 아름다움의 지평을 확장하는 한 수단이다"라고 찰스 하트숀은 주장한다.[66] 그는 화이트헤드의 이런 수학적이고 자연주의적인 두 미론(美論)을 "추상적 사유들의 아름다움"과 "구체적 경험들의 아름다움"이라고 부른다.[67] 우주가 전진하는 데에는 논리적 조화와 심미적 조화, 수학적 아름다움과 가을적 아름다움 둘 다가 필요한 것이다.

《과학과 근대세계》의 논리적 조화와 심미적 조화라는 대조는 화이트헤드의 양극적 미학이론에 있어 출발점을 이루고 있으며, 이 둘의 대조적 공존이 그의 사상 전반에 걸쳐 발견된다고 보아도 무리가 없을 듯하다. 앞에서도 언급하였듯 화이트헤드의 저작들에서 우리는 두 가지 경쟁적인 미학론이 공존하고 있음을 알게 된다. 그 하나는 피타고라스 미학 전통에서 발견되는 수학적 가치들의 영구성, 조화, 평화를 강조하는 흐름이고, 다른 하나는 구체성, 강도, 변화, 모험, 진화, 팽창 등과 같이 화이트헤드에서 보다 독특하게 강조되는 자연주의적 가치들을 중심으로 한 흐름이다. 만물의 본질에는 이렇게 두 가지 형이상학적 원리들이 내재하고 있다고 화이트헤드는 본다. "변화의 정신(the spirit of change)과 보존의 정신(the spirit of conservation)" 없이는 어떤 사물도 제대로 존재할 수 없는 것이다.[68] 두 정신의 일반적 대조는 보다 구체적으로 다양한 분야들에서 예시된다: 자연과학(기계론적 세계관과 유기체적 세계관), 미학이론(조화와 모험), 종교(영원한 원리와 그것의 다양한 표현 형태들), 그리고 교육(전공분야에 대한 집중과 보다 일반적인 미적 교양의 성숙). 우주 그 전체가 이러한 두 정신의 거대한 변증법적 호흡을 보여주고 있고, 그것이 삶의 모든 차원들에 침투해서 표출되고 있는 것이다.

---

65) *SMW* 27; cf.《과학과 근대세계》, 39.
66) Hartshorne, *Creative Synthesis & Philosophic Method*, 311.
67) Lewis Edwin Hahn ed., *The Philosophy of Charles Hartshorne* (La Salle, Illinois: Open Court, 1991), 594.
68) *SMW* 281;《과학과 근대세계》, 289.

I. 형이상학으로서의 미학: 철학, 과학, 미학   51

II. 미학으로 본 선악의 풍경

우리는 지금까지 《과학과 근대세계》를 중심으로 화이트헤드의 미학이 왜 철학과 과학을 포괄하는 형이상학적 존재론의 특징을 가지는지 그리고 그러한 미학의 두 흐름인 수학적 아름다움과 가을적 아름다움에 대해 살펴보았다. 이러한 보존의 정신과 변화의 정신이라는 거대한 대조는 《관념의 모험》에서는 조화의 미학과 모험의 미학으로 보다 구체적으로 예시되고 있다. 우리는 지금부터 아름다움과 악의 문제, 미학과 신정론이 지니는 상호관계에 대한 화이트헤드의 여러 진술들을 통해서 다음과 같은 다섯 가지 주제들을 살펴보고자 한다. 첫째, 화이트헤드의 《과정과 실재》가 제시하고 있는 미학적 상황(美學的 狀況)에 대한 분석을 고찰할 것이다. 둘째, 이러한 초기의 미학적 상황에 대한 분석이 《관념의 모험》에서 화이트헤드의 두 가지 미론(美論), 즉 작은 형식의 아름다움과 큰 형식의 아름다움으로 발전되고 있는 것을 보게 될 것이다. 셋째, 사소함과 부조화라고 하는 아름다움의 두 왜곡된 형태 혹은 두 미학적 악(美學的 惡)을 살펴보게 될 것이다. 넷째, 이러한 두 미학적 악에 병행되게 조화(혹은 평화)와 모험이라고 하는 두 미학적 선(美學的 善)을 알아볼 것이다. 마지막으로, 형이상학적으로 볼 때 악의 문제를 해결하기 위해 화이트헤드가 궁극적으로 선호하는 것은 조화(調和)의 미학이 아니라 모험(冒險)의 미학이라는 필자의 주장이 제안될 것이다.[69] 조화로운

---

69) 이러한 주제들의 선택은 화이트헤드의 미학적 신정론이라는 필자의 제한적인 관심에 기초한 것이다. 이러한 제한된 신정론적 관심과는 구별되게 화이트헤드의 미학의 범주들을 창조적으로 이용하여 보다 포괄적인 미학적 혹은 예술적 주제들을 논하고 있는 글로는 Donald W. Sherburne, *A Whiteheadian Aesthetic: Some Implications of Whitehead's Metaphysical Speculation* (1961; Archon Books, 1970)을 참조하라. 여기서 셔번은 미학적 대상, 미학적 경험, 예술적 창조, 예술적 진리, 예술의 기능이라는 다섯 가지 전통적인 미학의 문제를 다룬다. 필자는 화이트헤드의 아름다움의 개념이 어떻게 악의 문제를 해결하는데 봉사하고 있는지를 집중적으로 살펴보고자 하지만, 셔번은 "아름다움의 정의가 미학론의 전체는 아니다"라고 말하며 보다 포괄적인 화이

평화는 우리에게 주어지는 은총의 선물이지만, 모험은 우리가 인간으로서 살아가야 할 문명의 사명이다. 이러한 미학적 관점을 통해 악의 문제를 보는 여기서의 분석은 나중에 3장의 화이트헤드의 신정론 자체에 대한 상세한 분석의 기초를 제공하게 된다.

1.《과정과 실재》의 미학적 상황

화이트헤드에게 존재한다는 것은 가치의 완성을 향해 나아가는 느낌의 미학적 합생(美學的 合生)의 과정이다. 세계로부터 주어지는 다양한 데이터는 현실적 존재에게 미학적 경험의 재료가 된다. 여기서 개개의 현실적 존재는 주어진 데이터가 허용하는 경험의 한도 내에서, 곧 환경이 허락하는 한도 내에서 "느낌의 자유"(freedom of feeling)를 가진다.[70] 이렇게 자유로운 느낌으로 완성된 가치 혹은 만족은 다양하게 분류될 수 있을 것이다. 화이트헤드는 특히 이러한 분류에 있어 네 가지 요소들을 든다. 그에 따르면 "만족은 '사소함'(triviality), '모호함'(vagueness), '협소성'(narrowness), '광범성'(width)에 따라 분류될 수 있다."[71] 이러한 요소들이 현실적 존재의 다양한 경험의 유형들을 드러낼 뿐만 아니라, 특히 나중에《관념의 모험》에서 제시되고 있는 화이트헤드의 미론(美論)을 이해하는데 중요한 단서들을 제공한다. 필자는 화이트헤드가 협소성과 광범성을 미학적 상황이라는 구조(構造)를 이루고 있는 두 축으로 보며, 사소함과 모호함은 이러한 두 구조적 축에서 초래되는 결과(結果)로서의 두 미학적 악이라고 해석한다. 다시 말해 세계의 데이터에 대해 현실적 존재들의 주관적 "느낌들이 가지는 협소성과 광범성"이 자유로운 창조적 반응을 통해서 사소함이나 모호함이라는 미학적 악을 생산할 수도 있고 반대로 조화의 아름다움이라는 미학적 선을 이루어낼

트헤드주의적 미학론을 여기서 발전시키고자 한다(ibid., 6).
70) *PR* 168;《과정과 실재》, 226.
71) *PR* 170;《과정과 실재》, 227 참고.

수도 있다는 것이다.[72] 데이터 혹은 환경 자체가 이러한 새로운 경험을 산출할 수 없으며, 오직 환경에 대한 현실적 존재들의 자유로운 느낌이 대조적 강조와 부정적 생략을 통해 이를 가능케 하는 것이다. 화이트헤드가 제시하고 있는 광범성의 축과 거기에서 초래되는 사소함의 악, 그리고 협소성의 축과 거기에서 초래하는 모호함의 악을 차례로 보도록 하자.

우리는 경험을 일종의 공간성(空間性)이라는 형이상학적 메타포를 통해 사유할 수 있다. 바로 이러한 느낌의 공간성을 화이트헤드는 넓은 공간으로서의 광범성과 좁은 공간으로서의 협소성으로 나누는 것이다. 현실적 경험들의 광범성(width)만을 고려할 때, 이러한 구조적 요소가 미학적 상황을 독점하게 되면 우리의 경험들은 여기저기로 흩어져 산포되고 각각의 경험들에 고유한 적절한 강도를 획득하는데 실패하게 된다. 모든 일에 조금씩 관심하는 아마추어는 결코 한 분야의 전문가가 될 수 없는 것과 마찬가지다. 이처럼 광범성이 지나치게 독점하는 미학적 상황은 사소함 혹은 혼돈이라는 미학적 악을 발생시킨다. "혼돈(chaos)에 비례하여 사소함(triviality)이 있게 된다."[73] 광범성의 축에서 혼돈이 초래될 때, 거기에 비례하여 느낌의 적절한 강도의 획득이 좌절되고 사소함의 악도 증가한다는 것이다. 혼돈 혹은 카오스란 환경 안에 존재하는 여러 요소들이 하나의 질서 있는 조직적인 사회를 구성하는 것을 실패할 때, 그러한 "비사회적인 현실적 존재들"이 환경의 구성요소로서 존재케 되는 것을 가리킨다.[74] 다시 말해 미학적 재료로서의 데이터에는 서로 이질적인 혹은 반대되는 속성들이 같이 존재한다. 사소함의 악이란 이러한 것들을 제대로 조화시키지 못하는 것이다. 이질적이거나 반대되는 속성들을 하나의 대조적 질서 안으로 통합시키지 못하고 단지 공존할 수 없는 것들이 잡동사니처럼 혼란스럽게 놓여있는 것으로 느끼게 될 때,

---

72) *PR* 168; 《과정과 실재》, 226 참고.
73) *PR* 169; 《과정과 실재》, 226.
74) *PR* 169; 《과정과 실재》, 226.

강렬한 대조의 깊이에서 발생하는 아름다움은 불가능해지고 사소한 혼란스러움만 발생하는 것이다. "따라서 '사소함'('triviality')이란 공존불가능한 차별화의 과잉(excess of incompatible differentiation)에서 생겨난다."[75] 느낌의 강렬한 대조는 없고 공존불가능성만 존재케 되는 것이다. 이를 가리켜서 화이트헤드는 "대조가 아니라 공존불가능성이 지배하여 버렸다"라고 말한다.[76] 이런 미학적 상황에서 느낌의 적절한 강도는 획득될 수 없다. 제대로 느낌의 힘이 모아져 방향성을 지닌 대조를 이루지 못하고 여기저기 무질서하게 흩어질 뿐이다. 사소함의 악은 이처럼 광범성 곧 넓이를 가지기는 하지만 잘못된 넓이를 가지는 것이다. "사소함이란 일종의 잘못된 광범성(the wrong sort of width) 때문에 일어난다. 즉 그것은 보다 높은 차원의 범주에서의 어떠한 협소성에 의해 강화되어짐이 없이 단지 광범성만을 가지는 것이다."[77] 사소함의 악은 혼란스럽고 공존 불가능한 요소들의 무질서한 산포로서의 광범성만을 가질 뿐, 질서 있는 대조와 깊은 협소성으로 강화된 조화로운 넓이 혹은 광범성을 가지지는 못한다. 반면 아름다움 혹은 조화는 옳은 넓이와 함께 옳은 깊이를 동시에 요구하는 것이다.

다른 한편으로 협소성(narrowness)이라는 미학적 축은 공간성을 축소시켜 느낌의 깊이를 가져오지만, 동시에 지나친 동일화로 인해 경험들의 구분과 대조를 흐리게 만들어버리는 "모호함"(vagueness)의 악을 초래하기도 한다. 사소함의 악이 지나친 차별화의 과잉에서 생겨난다면, 모호함의 악은 지나친 "동일화의 과잉"(excess of identification)에서 생겨난다.[78] 결과적으로 미학적 경험의 잘못된 일방적 느낌으로 인해 "강렬한 협소성"이라는 편향된 결과를 초래하게 된다.[79] 우리가 일상적 용

---

75) *PR* 170; 《과정과 실재》, 227.
76) *PR* 170; 《과정과 실재》, 227.
77) *PR* 170; 《과정과 실재》, 227.
78) *PR* 170; 《과정과 실재》, 228.
79) *PR* 170; 《과정과 실재》, 228.

어에서 사용할 때에는 모호함과 강렬한 협소성이 서로 반대되는 것처럼 생각될 수도 있지만, 미학적 상황에 대한 화이트헤드의 철학적 분석에서 이 둘은 사물들의 유사성만을 좁고 강렬하게 느끼게 되고 차이성은 전혀 대조적으로 느끼지 못하는 편향된 동일한 경험이다. 마치 헤겔이 셸링의 동일성(同一性)의 철학이라는 밤에는 "모든 소들이 검게 보인다"라고 비판하였듯이, 화이트헤드도 "모호함 때문에 다수(多)가 하나(一)로 간주된다"고 모호함의 악을 비판한다.[80] 누렁소와 젖소가 밤에 동일하게 검게 보인다고 그것이 실제로 동일하다고 주장하는 것은 사유의 편협성과 동시에 사유의 모호함을 드러내는 것이다. 동일성 혹은 모호함에 기초한 강렬한 협소성은 마치 모든 차이성을 덮어버리는 검은 밤과도 같은 것이다. 여기서 대조의 강렬한 힘과 조화는 있을 수 없다. 모든 것들이 동일한 하나의 경험에 대한 "복사품들 혹은 모조품들"(replicas)일 뿐이다.[81] 이러한 모호함의 밤에서는 경험들이 조화롭다고 여겨질 수도 있지만, 이것은 강렬한 대조에 기초한 힘 있는 조화가 아니라 마치 짙은 안개처럼 모든 차이를 희미하게 덮어버리기 때문에 갈등 없게 보이는 힘없는 조화이다. 잘못된 동일성, 잘못된 깊이의 협소한 느낌에서 차별성은 상관없는 것으로 가리어진다. 따라서 우리의 미학적 상황은 다음과 같이 도식적으로 표현될 수 있을 것이다.

먼저 광범성의 축에서 볼 때, 지나치게 과잉적인 경험의 차별화는 혼란함과 사소함의 악 혹은 사소한 조화의 악을 가져오게 된다. 네모의 경험과 세모의 경험과 동그라미의 경험과 별표의 경험은 결코 하나의 조화로운 대조적 관계 속에 질서 있게 포착되지 않고, 서로에게서 점점 멀어져서 각각 고립되고 관계 없는 공존 불가능한 개별 경험으로 느껴지게 된다. 이렇게 관계없는 경험들이 여기 저기 무질서하게 흩어지게 될 때 조직적이고 힘 있는 어떤 아름다움의 느낌도 발생할 수 없는 것이다.

---

80) G. W. F. Hegel, *Phenomenology of Spirit*, trans. by A. V. Miller (Oxford: Oxford University Press, 1977), 9. *PR* 171;《과정과 실재》 228.
81) *PR* 170;《과정과 실재》, 228.

도표: 《과정과 실재》의 미학적 상황

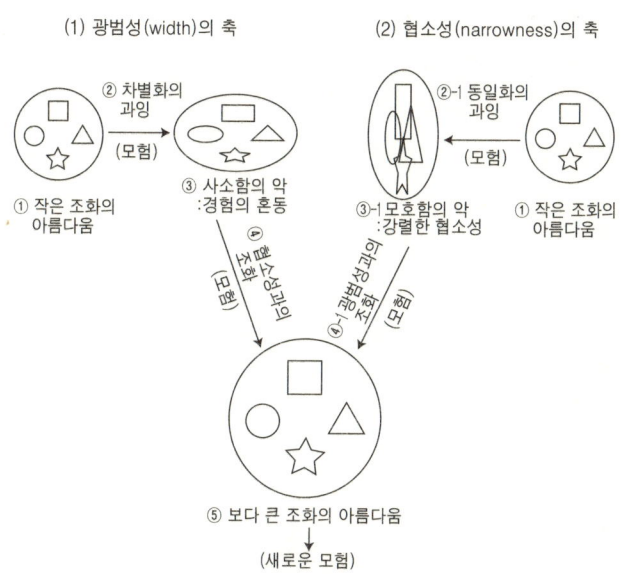

이처럼 협소성을 배제한 잘못된 광범성은 조화와 아름다움이 아니라 혼란함과 사소함만을 가져온다. 반면 협소성의 축에서 볼 때, 지나친 경험의 동일화는 여러 경험들이 지닌 다양성을 없애 버리고 모두를 비슷비슷한 경험으로 협소하게 환원시킴으로써 단지 한 유형의 경험만이 강렬하게 반복되는 것처럼 느끼게 만든다. 네모의 경험과 세모의 경험과 동그라미의 경험과 별표의 경험이 서로서로 중첩되어서 모두가 구분할 수 없는 비슷한 경험으로 느껴지게 된다. 이처럼 광범성을 배제한 잘못된 협소성은 조화와 아름다움이 아니라 모호함과 권태만을 가져온다. 이 두 왜곡된 느낌의 경우들 모두는 옳은 넓이와 옳은 깊이에 도달하지 못한 것이다. 오직 광범성과 협소성의 두 축이 동일화와 차별화의 과정에서 균형 잡힌 조화를 이룰 때에 보다 크고 강렬한 아름다움은 탄생하게 된다. 미학적 경험의 옳은 깊이와 넓이가 획득될 때에 아름다움의 강도가

II. 미학으로 본 선악의 풍경 57

증가하게 되는 것이다. 이러한 동일성 속의 차별성 혹은 강도 있는 대조적 조화를 화이트헤드는 "거대한 단순성"(massive simplicity) 혹은 "거대한 단일성"(massive uniformity)이라고 부른다.[82] 거대하다는 것은 경험의 넓이가 환원론적으로 축소됨이 없이 적절하게 확장되어졌다는 것을 가리키며, 단순성 혹은 단일성은 이러한 경험의 폭이 확장되었음에도 불구하고 그 집중적이고 강렬한 조화의 질서가 유지된다는 것을 의미한다. 경험의 일반화와 동일화의 과정이 없다면 우리는 강렬한 협소성의 경험을 가질 수 없다. 화이트헤드에 따르면 "강도(intensity)란 협소성이 가져다주는 보상물이다."[83] 협소성의 모호하고 어두운 밤도 이처럼 우주의 강렬한 진보를 위해 필요하다. 또한 반대로 혼란과 사소함도 미학적 도구로 선용되기도 한다. "그래서 혼란 혹은 카오스도 그 자체로 악(惡)과 동일시되어서는 안 된다. 조화(調和)는 혼란, 모호함, 협소성, 그리고 광범성의 올바른 조정을 필요로 하기 때문이다."[84] 이처럼 조화로서의 아름다움은 느낌의 광범성과 협소성, 넓이와 깊이, 차별성과 동일성을 거대하게 그리고 강렬하게 함께 가지는 것이다.

화이트헤드의 《과정과 실재》에서의 이러한 미학적 상황 분석은 보다 후기의 저작인 《관념의 모험》에서의 분석과 유기적인 연관성을 유지하고 있다. 이 두 저작 사이의 연속성은 화이트헤드가 여전히 미학적 상황을 두 근본적인 축을 통해 설명하고 있다는 사실에서 발견된다. 그럼에도 몇몇 측면에서는 《관념의 모험》의 분석이 이전과는 달리 보다 정교하고 체계적이다. 《과정과 실재》에서는 광범성-협소성이라는 두 미학적 공간성의 축에 근거하여 잘못된 광범성으로서의 혼란 혹은 사소함과, 잘못된 협소성으로서의 모호함이라는 미학적 악을 각각 제시한다. 하지만 미학적 선으로는 단지 조화의 아름다움만이 단일하게 제시되었었다. 반면 《관념의 모험》에서는 미학적 상황에 대한 화이트헤드의 구조적 분석

---

82) *PR* 171; 《과정과 실재》, 228.
83) *PR* 172; 《과정과 실재》, 229.
84) *PR* 171; 《과정과 실재》, 228.

이 보다 입체화된 인상을 준다. 필자는 광범성-협소성(width-narrowness)의 두 미학적 축이 조화-강도(harmony-intensity)라는 새로운 두 미학적 축으로 발전하고, 여기에 따른 미학적 악과 미학적 선도 또한 각각 다르게 제시된다고 해석한다. 즉 광범성-협소성이라는 느낌의 형태(形態, form)의 축은 이제 조화라는 단일한 공간성의 축에 포섭되고, 이전에 협소성의 미학적 효과로만 고려되던 강도가 이제는 느낌의 내용(內容, content)이라는 시간성의 축으로 독립하고 있는 것이다. 조화(調和, harmony)라는 형태적·수학적·공간적인 축과 강도(强度, intensity)라는 내용적·가을적·시간적인 축이 함께 결합되어 미학적 상황은 보다 입체성을 지니게 된 것이다. 이에 따라서 미학적 선과 미학적 악도 동일한 입체성을 띠게 된다. 조화의 축에서 볼 때, 잘못된 조화는 여전히 이전의 사소함이라는 미학적 악으로 불리지만 옳은 조화는 평화라는 새로운 미학적 선의 이름을 가지게 된다. 강도의 축에서 볼 때에도, 잘못된 강도는 이전에는 모호함이라고 불리던 것이 이제는 부조화의 악이라고 보다 선명하게 규정된다. 또한 옳은 강도의 획득은 이전에는 단순히 조화로 불렸지만 이제는 모험이라는 새로운 미학적 선의 이름을 얻게 된다. '광범성(軸)-사소함(惡)-조화(善)'와 '협소성(軸)-모호함(惡)-조화(善)'로 이루어지고 있는 공간성에 기초한 《과정과 실재》의 미학적 상황과, 보다 나중의 '조화(軸)-사소함(惡)-평화(善)'의 공간성과 '강도(軸)-부조화(惡)-모험(善)'의 시간성에 기초한 《관념의 모험》의 미학적 상황을 도식적으로 비교하면 다음과 같다.

2. 《관념의 모험》의 미학적 상황

아름다움은 어떻게 정의될 수 있는가? 화이트헤드는 《관념의 모험》에서 가장 일반적이고 추상적인 의미에서 "아름다움"은 우리 경험에 주어진 "여러 요인들의 상호 적응"이라고 정의한다.[85]

도표: 《과정과 실재》와 《관념의 모험》에서의 미학적 상황 비교

(1) 《과정과 실재》

① 광범성(width)의 축 < 사소함(triviality), 혹은 혼돈(chaos)의 미학적 악
　　　　　　　　　　　　조화(harmony)의 미학적 선

② 협소성(narrowness)의 축 < 모호함(vagueness)의 미학적 악
　　　　　　　　　　　　　조화의 미학적 선

(2) 《관념의 모험》

① 조화(harmony)의 축 < 사소함의 미학적 악
　　　　　　　　　　　평화(peace)의 미학적 선

② 강도(intensity)의 축 < 부조화(discord)의 미학적 악
　　　　　　　　　　　 모험의 미학적 선

이는 고전적으로 아름다움을 조화(調和 harmony)로 본 피타고라스 전통에 가까운 견해이다. 이러한 아름다움의 피타고라스적인 개념은 사물들이 가지는 수학적 혹은 기하학적 관계들에 기초하고 있다. 화이트헤드가 예로 들 듯이, 피타고라스주의자였던 아르키타스(Archytas)는 음악에서 다음과 같은 숫자적 원리, 즉 "현(弦)의 소리는 다른 조건이 동일하다면 현의 길이에 의존한다는 것, 소리의 아름다운 구성은 현의 길이의 비례에 관한 일정한 단순법칙에 순응한다는 것을 발견하였다."[86] 다시 말해, 만약 악기의 나무 재질 혹은 악기줄의 재질 등과 같은 다른 조건들이 동일하다면, 그 악기가 만들어낼 수 있는 소리의 아름다움은 악

---

85) "Beauty is the mutual adaptation of the several factors in an occasion of experience." *AI* 324. 《관념의 모험》, 389.
86) *AI* 190; 《관념의 모험》, 246.

기줄의 길이 혹은 숫자적 비례에 달려 있다는 것이다. 여기서 우리는 악기의 줄 혹은 현의 수학적 관계가 아름다움에 가지는 중요성을 강조하기 위해서, 줄 혹은 현의 개별적 특질 혹은 재질이 고려의 대상으로부터 간과되고 단지 같은 것으로 여겨지고 있음을 보게 된다. 부분들의 비례적 하모니 혹은 조화라고 하는 이러한 첫 번째 수학적 아름다움의 개념이 결핍하고 있는 것을 보충하기 위해서, 화이트헤드는 아름다움은 각 부분이 지니는 재질, 새로움, 그리고 힘에 의해서도 만들어질 수 있다는 보다 독특한 생각을 주장한다. 그래서 그는 아름다움이 두 가지 차원을 가진다는 미학사상을 주장하게 되는 것이다.

조화 혹은 상호 적응의 폭(幅, scope)이 얼마나 크냐에 따라서, "작은 형식의 아름다움"(the minor form of Beauty)과 "큰 형식의 아름다움"(the major form of Beauty)이 나누어질 수 있다.[87] 아름다움은 무엇을 향한 적응이라고 하는 목적을 가진다. 작은 형식의 아름다움은 좁은 의미에 있어 "고통스러운 충돌이나 비속성(卑俗性)"을 피하고자 하는 목적을 가진다.[88] 예를 들어, 사막에서 외로이 생활하는 수도자는 아름다움에 대해 뭔가를 알고 있을지는 모르나, 이런 고독한 아름다움은 문명의 발전 전체를 두고 볼 때 단지 사소한 혹은 최소한의 중요성만을 가질 수도 있다. 이렇게 작은 형식의 아름다움이 결핍하고 있는 것은 다른 인간들과 같이 살아가고 겪어가고자 하는 "힘"(Strength)이다.[89] 이와는 달리, 큰 형식의 아름다움은 "전체의 커다란 느낌"(the massive feeling of the whole)과 "부분의 [개별적] 느낌의 강도"(the intensity of feeling of the parts) 사이의 상호작용이라고 하는 중요한 힘을 지닌다.[90] 느낌의 강도는 작은 형식의 아름다움이 다른 작은 형식의 아름다움과 사회적으로 비교되고 서로를 경험하는 과정 속에서 오직 획득될 수 있는데, 이것이

---

87) *AI* 324;《관념의 모험》, 390.
88) *AI* 324;《관념의 모험》, 390.
89) *AI* 325; cf.《관념의 모험》, 390.
90) *AI* 324; cf.《관념의 모험》, 390.

바로 감정의 커다람을 가져오는 것이다. 전체의 커다란 느낌과 부분들의 개별적 느낌의 강도는 오직 함께 생겨날 수 있다. 아름다움은 이러한 두 요소를 모두 가져야 하며, 하나는 다른 하나에 반드시 의존하게 된다. 우리는 아무 때나 어떤 도시에서 평범하게 살아가는 사람들을 그 예로 생각해보면 알 수 있을 것이다. 아름다움은 단지 한 개인 주체에 의해 만들어진다거나 사회적으로 만들어진다고 말해질 수 없고, "주체적 형식의 완전성"(the perfection of Subjective Form)이라고 하는 작은 형식의 아름다움과 "조화의 완전성"(the perfection of Harmony)이라고 하는 큰 형식의 아름다움이 진정한 의미에서 서로를 요구하게 될 때 발생하게 된다. 작은 형식의 아름다움은 보다 큰 목적 없이 개인적이고 사적으로 아름다울 수 있다. 이것 또한 만족을 준다. 하지만 아름다움이 그 느낌에 있어서 "커다람"(Massiveness)을 획득하게 될 때, 이는 보다 아름답고 만족스러운 것이다.[91]

비록 화이트헤드의 양극적 미학사상이 가지는 깊이를 충분히 전달한다고 할 수는 없더라도, 우리는 힘을 지니지 않은 조화의 형식적 아름다움(작은 형식의 아름다움)과 커다람과 강도라고 하는 힘을 지닌 아름다움(큰 형식의 아름다움)이 이미 앞에서 살펴본 논리적 조화와 미적 조화, 보다 넓게는 보존의 정신과 변화의 정신이라는 대조의 또 다른 형태라고 볼 수 있을 것이다. 이러한 양극적 대조는 미학적 악 혹은 미학적 선이 가지는 두 가지 형태라고 하는 화이트헤드의 사상에서 보다 선명하게 드러나고 있다.

1) 두 미학적 악: 사소함, 부조화

화이트헤드는 가장 일반적인 차원에서 그리고 다소 중립적인 입장에

---

[91] AI 325; cf. 《관념의 모험》, 390. 헤겔도 이와 유사하게 힘이 없는 무력한 아름다움은 만족스럽지 못하다는 비판을 정신현상학에서 제시하고 있다. Hegel, *Phenomenology of Spirit*, 19 참조.

서 다음과 같은 대조적 가치들의 쌍을 제시한다: 조화(調和, harmony)와 강도(强度, intensity). 수학의 세계는 조화롭지만, 가을은 서럽게 아름답다. 이러한 두 축은 거기에 상응하는 미학적 선과 미학적 악을 가진다. 단지 조화라고 하는 미학적 가치가 독점적으로 추구될 때, 우리는 왜곡된 형태의 조화, 즉 사소함(triviality)을 초래하게 된다. 하지만 이러한 조화의 추구가 강도의 추구와 적절한 균형을 이룰 때 우리는 평화(peace)를 가질 수 있는 것이다. 반대로, 강도라고 하는 미학적 가치가 오직 추구될 때, 우리는 왜곡된 형태의 강도 즉 부조화(discord)를 초래하게 된다. 하지만 이러한 강도의 추구가 적절하게 조화의 추구와 균형을 이룰 때 우리는 모험(adventure)을 가질 수 있는 것이다. 요컨대, 우리의 미학적 상황은 '조화(軸) - 사소함(惡) - 평화(善)'라는 수학적 축과 '강도(軸) - 부조화(惡) - 모험(善)'이라는 가을적 축에 의해 구성되는 것이다. 미학적 가치들이 조화와 강도라는 이 두 축들의 상호작용으로 추구될 때에, 미학적 선과 미학적 악 양자의 발생이 가능케 되는 것이다.[92]

첫째로, '강도 - 부조화 - 모험'이라는 가을적 축과 여기서 발생할 수 있는 '부조화의 미학적 악'에 대해 먼저 알아보도록 한다. 아름다움은 상호 적응과 힘이라고 하는 이중적 측면을 가지고 있다는 것을 앞에서 논의하였다. 반대로, 악이란 서로 파괴하는 느낌이라고 하는 미학적 해석을 화이트헤드는 시도한다. 서로 양립될 수 없는 다수의 느낌들이 한 경험의 예에 같이 들어있다면, 각각의 느낌들은 거기에 적합한 강도를 획득하게 되기보다는 상호간섭으로 인해 "서로 파괴하는 느낌"(feeling of mutual destruction) 혹은 "악의 느낌"(feeling of evil)으로 전락하게 된다.[93] 이것이 바로 화이트헤드가 말하는 부조화의 미학적 악이다. 하지

---

92) 하트숀 또한 이와 유사하게 우리의 미학적 상황을 분석하였다. Charles Hartshorne, *Creative Synthesis & Philosophic Method*, 303-321을 보라. 이러한 두 축들에 대한 보다 간략한 논의로는 그리핀의 "조화" 對 "부조화", 그리고 "강도" 對 "사소함"이라고 하는 구조적 분석을 들 수 있다. David Ray Griffin, *God, Power, and Evil: A Process Theodicy* (Philadelphia: The Westminster Press, 1976), 282-285를 보라.

만 이러한 다소 단순한 악의 정의를 그는 나중에 보다 자세히 부연한다: 악은 "경험에 있어 지배적 사실로서의 파괴"(destruction as a dominant fact in the experience)이다; "파괴라고 하는 느낌이 전체를 지배할 경우"(When the direct feeling of such Destruction dominates the whole), 우리는 악을 경험하게 된다.[94] 달리 말해, 화이트헤드는 우리 경험에 필연적으로 있을 수밖에 없는 파괴현상의 존재 그 자체를 악으로 보는 것이 아니라, 그러한 파괴현상의 느낌이 우리 경험을 독점적으로 지배하게 될 때 지나친 부조화라고 하는 미학적 악이 발생하는 것으로 본다. 파괴 혹은 부조화 그 자체가 본질적으로 악한 것이 아니라, 그것의 배타성 혹은 보편성이 악이라는 말이다. 종종 문명의 진보는 부조화의 느낌을 몇몇 선구자들이 경험하게 됨으로써 시작한다. 화이트헤드는 이러한 모험의 필요성을 "개체성"(individuality)의 필요성, 즉 개별적 자유의 필요성이라 보았다.[95] 자발성, 결정의 독창성, 개체성의 표현, 자유로운 즐거움과 즐거움의 자유, 신선함, 혹은 열정 등과 같은 부조화의 느낌들이 문명의 규격화된 배경 느낌에서 완전히 배제되어 버린다면, 우리의 문명은 끊임없는 반복과 지루한 권태 속으로 서서히 붕괴되어 갈 것이다. 반대로, 만약 이러한 개별적 가치들이 전체적 조화가 더 이상 불가능한 정도까지 무리하게 확장된다면, 우리는 결국에 가서는 "조화 없는 강렬한 경험" 혹은 단지 대립적인 "부조화"(不調和, Discord)를 가질 뿐이다.[96] 이렇게 강렬한 모험으로서의 아름다움과 파괴적 부조화로서의 악은 너무도 근접하여 있고 "혼합"되어 존재하기 때문에, "아름다움의 극치와 악의 극치"라는 혼동될 정도로 비슷하기까지 하다.[97] "아름다움의 양태들(modes)은 다양하며 반드시 양립 가능한 것은 아니라는 사실"에

---

93) *AI* 329-30; 《관념의 모험》, 394-395.
94) *AI* 333, 339; 《관념의 모험》, 398, 403.
95) *AI* 332; 《관념의 모험》, 397.
96) *AI* 339; cf. 《관념의 모험》, 403.
97) *AI* 333, 336; 《관념의 모험》, 398, 400.

서 우리는 부조화의 기원을 발견하게 된다.[98] 하지만 화이트헤드는 "부조화의 혼재는 [문명이 한] 양태에서 다른 양태로의 이행에 있어 필요한 요인"임을 또한 지적한다.[99] 문명의 모험은 종종 현 상태(status quo)의 파괴를 수반하기 때문이다. 요컨대, 분명 가을은 있어야 하지만, 항상 가을일 때 악이 생기는 것이다.

둘째로, '조화-사소함-평화'라고 하는 수학적 축과 여기서 생겨날 수 있는 '사소함의 미학적 악'을 보도록 하자. 이 축에서 미학적 악은 부조화의 독점적 지배라기보다는 사소함의 독점적 지배이다. 즉 여기서 악은 개별적 아름다움의 힘이나 강렬함을 가지지 못한 "저속하게 왜곡된 조화"(a debased type of Harmony)라는 형태로 발생한다.[100] 개별적 가치들의 강렬한 추구는 포기되고, 대립의 회피를 추구하는 것으로 변질되어진다. 따라서 사소함의 악이란 대중(大衆, mass) 속으로의 도피를 말하는 것이다. 화이트헤드는 "어떤 개별적 형태가 커다란 흐름(Massiveness)으로 자리 잡으면, 이는 개개인의 [다양한] 느낌들의 강도를 획득하는 것과는 얼마간 상치된다"고 말하고 있다.[101] 이미 이루어진 느낌의 대중성 혹은 커다란 흐름이 다시 개별적 느낌들의 강렬함과 그 강도의 획득에 접목되지 못할 때 사소함의 악이 발생한다. 조화의 왜곡된 형태인 사소함이란 개별적 느낌을 영구적으로 혁신해 나가기보다는, 과거라는 독재에 손쉽게 굴복하는 것을 가리킨다. 즉 사소함의 악은 가치와 문명을 "온순하고 우매하게 길들이는 것"(a tame scaling down)이다.[102] 우주는 아름다움의 생산을 향해 목적론적으로 나아간다. 어떤 가치가 창조될 때, 그 실현된 가치는 아름다움의 생산이라고 하는 목적에 보탬이 될 때

---

98) *AI* 342; cf.《관념의 모험》, 406. 번역본의 "반드시 양립 가능하다"라는 "반드시 양립 가능한 것은 아니다"(not of necessity compatible)로 수정되어야 한다.
99) *AI* 342; cf.《관념의 모험》, 406.
100) *AI* 339; cf.《관념의 모험》, 403.
101) *AI* 336 ("Massiveness of subjective form is somewhat at variance with the intensity of individual feelings."); cf.《관념의 모험》, 400.
102) *AI* 336; cf.《관념의 모험》, 400.

에만 그 존재이유가 정당화되는 것이다. 하지만 실현된 가치의 중요성이 불필요하게 사소할 때, 다시 말해 그것이 "만들어내는 것 이상의 아름다움을 억제"하게 될 때, 불필요한 사소함(unnecessary triviality)으로서 미학적 악이 발생하는 것이다. 화이트헤드의 우아한 통찰처럼, "삶은 약탈이다"(life is robbery).[103] 어떠한 가치도 그 실현을 위해서는 필연적으로 다른 가치들의 실현기회를 약탈하고 희생물이나 음식으로 소비할 수밖에 없는 것이 우리의 형이상학적 상황이 가지는 비극이다. 따라서 약탈자는 자신이 음식으로 그 실현기회를 파괴한 가치들에 대해서, 또한 그것들을 대신해서, 보다 더 중요한 가치를 실현해야만 하는 빚을 지는 것이다. "약탈자는 정당화(justification)를 필요로 한다."[104] 하지만 정당화의 이유가 너무도 사소할 때, 우리는 그런 삶의 가치에 대해 회의할 수밖에 없는 것이다. 이 경우 우리는 그 약탈자가 악하다고 판단하는 것이다.

2) 두 미학적 선: 평화, 모험

우리는 부조화 혹은 사소함의 독점적 지배라고 하는 이러한 두 미학적 악의 형태들과 병행하여, 평화와 모험이라는 두 가지 미학적 선의 형태들에 대해서도 언급하여야 할 것이다. 평화는 단지 갈등 없는 조화를 가리키는 것은 아니다. 그래서 화이트헤드는 "저속하게 왜곡된 형태"(a debased type)의 조화(사소하고 별로 중요한 의미가 없는 조화)로부터 보다 중요한 형태의 조화(개별적인 강도 혹은 모험을 수반하는 조화)를 구분한다. 전자는 보다 중요한 문제들에 용감하게 도전하기 보다는, 몇몇 사소한 문제들을 관습적으로 해결하고 유순하게 따르는 경향을 가진다. 이러한 저속한 조화는 가치의 강렬한 개별성을 갖지 못하는 것이다. 이에 반해서,

---

103) *PR* 160; cf.《과정과 실재》, 217.
104) *PR* 160;《과정과 실재》, 217.

위대한 조화(the great Harmony)라는 것은 개별성들(individualities)이 항구적으로 유지되는 가운데서도, 그것들을 배경(background)과 조화롭게 통합을 이루는 것을 가리킨다. 자유의 관념이 보다 고도의 문명에 깃들어 있는 까닭은 바로 이러한 이유 때문이다. 왜냐하면 자유는…활발한 자기주장의 권리요구이기 때문이다.[105]

개별성들에 대한 강한 주장을 통해서만 부분들은 전체 문명의 커다란 느낌(Massiveness)에 공헌할 수 있는 것이다. 샤르트르 성당의 예에서 드러나듯, 이 고딕 성당 내의 조각들과 장식들은 조화의 가치가 얼마나 중요한지를 보여준다. 하지만 부분들이 이 전체적 조화에 공헌할 수 있는 유일한 방법은 강렬한 개별적 자기주장을 통해서만이 가능한 것이다. 오직 이런 자유로운 자기주장을 통해서만 다양한 개별적 느낌들이 자신에게 적절한 강도를 획득할 수 있고, 전체는 다시 이 개별 느낌들을 모아들일 수 있기 때문이다. 화이트헤드는 이를 두고, "각각의 세부적인 부분은 그 자체로도 영구적인 존재 가치가 있음을 주장하고, 이러한 개별적 주장은 전체적 구성을 위해 양보되어 진다."라고 말한다.[106] 새로운 개별적 가치들의 창조가 절대적 중요성을 가진다는 화이트헤드의 이런 생각은 그로 하여금 모험을 위해서는 부조화가 어떤 측면에서는 일종의 도구적 가치를 가질 수도 있다는 주장을 하게 만든다.

달리 말해, 부조화(不調和, discord)가 가치를 지닐 수 있는 것은 '세부 부분들의 강렬한 개별성'(個別性, individuality)이라고 하는 중요성 때문이다. 부조화가 세부 부분들이 지니는 개별성을 올바르게 드러낼 때, 부조화는 전체(全體 the whole)를 확장하는 효과를 가져온다. 부조화는 세부 부분들이 그 자체로서 존재이유를 가진다는 그 각각의 주장들을 증폭시키고 강조하기 때문이다. 부조화는 '단지 유순하고 작은 조화'(the tameness of a merely qualitative harmony)로부터 전체를 구출하게 되

---

105) *AI* 362; cf.《관념의 모험》, 426-427.
106) *AI* 364; cf.《관념의 모험》, 428.

는 것이다.¹⁰⁷⁾

모험이 새로운 가치들의 창조를 위한 개별적 자유에로의 명령이라고 한다면, 평화는 이렇게 새로이 실현된 가치들을 조화시키는 힘을 가리킨다. 화이트헤드는 진리, 아름다움, 모험, 그리고 예술의 가치들을 함께 보존할 수 있는 궁극적 가치가 요구된다고 보았다. 이러한 가치들이나 작은 조화의 예들을 보존하는 힘을 그는 "평화"(平和, Peace), 즉 "파괴적인 격동을 진정시키며 문명을 완성시키는 조화들의 조화(Harmony of Harmonies)"라고 부른다.¹⁰⁸⁾ 그것은 무엇보다도 아름다움에는 힘이 있다는 것을 믿는 것이다. 화이트헤드가 깊고도 적절하게 표현하듯, 평화는 "아름다움의 힘에 대한 신뢰(a trust in the efficacy of Beauty)"를 의미한다.¹⁰⁹⁾ 그것은 어떤 수동적인 것, 즉 단지 느낌의 부정적 파악이나 마비상태를 뜻하는 것은 아니다. 오히려 평화는 아름다움이 실재(實在 reality)와 현상(現象 appearance)을 중재하는 힘이 있다는 것을 믿으며, 이 둘의 조화의 과정을 향해 능동적으로 활동해 나가는 것을 뜻한다. 이러한 중재 혹은 적응이 성취될 때, 아름다움은 진실된 아름다움(truthful Beauty)이 되는 것이다.¹¹⁰⁾ 이러한 실재와 현상 사이의 적응과정은 단지 지루한 반복이 아니라 개별적 자유의 모험을 요구한다. 예술은 이러한 진실된 아름다움을 성취하고자 하는 영구적인 시도의 한 예인 것이다. 마침내 이 둘 사이의 적응 혹은 일치가 이루어질 때, 능동적인 만족으로서 평화가 도래하게 되는 것이다. 화이트헤드가 말하듯, 평화는 끝없는 자기중심적 느낌을 극복하게 만들고 자아중심적 "정체성의 초월"(a

---

107) *AI* 364; cf. 《관념의 모험》, 428-429. 여기서 화이트헤드의 "a merely qualitative harmony"라는 표현은 그 번역이 쉽지 않다. 필자는 여기 문맥에서 'a quantitative harmony,' 즉 'a harmony with massiveness'라고 하는 큰 형태의 아름다움과 반대되는 것으로 해석한다. 그래서 "qualitative"를 "작은"이라고 번역하였다.
108) *AI* 367; cf. 《관념의 모험》, 432.
109) *AI* 367; cf. 《관념의 모험》, 433.
110) Cf. *AI* 309ff. 그리고 *AI* 377ff.; cf. 《관념의 모험》, 373ff. 그리고 442ff.

surpassing of personality)을 가져온다. 왜냐하면, 평화는 자신이라는 좁은 경계선을 넘어서 "무한(無限 infinitude)을 파악하는 것, 한계들(限界들 boundaries)을 초월하는 호소"이기 때문이다.[111]

평화는 어떤 개인적 목적이라고 하는 통제를 넘어서서 찾아오는 뜻밖의 "선물"(gift)이다.[112] 우리는 평화를 목표로 하는 것이 아니라, 모험을 목표로 하여야 한다. 그럼에도 평화는 행운, 우연의 일치, 혹은 신의 선물과도 같이 도래하는 것이다. 그것은 자기중심적이던 관심을 잃게 만들고, 자기의 "개인적 정체성을 넘어서 보다 폭넓은 조화"(coordinations wider than personality)에로 관심이 옮겨가게 만든다.[113] 따라서 평화는 "협소성에 대한 방벽"으로서 기능하며, "인류의 사랑 그 자체"라는 열매를 가져오게 된다.[114] "실재"(實在 Reality)와 "현상"(現象 Appearance)이 그리고 과거와 모험이 조화롭게 상응하게 될 것이라는 어떠한 "필연성"도 존재하지 않으며, "[실재 속에서는] 집 잃은 [현상의] 허위성을 아름다움이 그 자신 속에서 감출 수 있다고 하는 어떤 확실하게 보장하는 힘을 가지고 있는 것도 아니다."[115] 달리 말해, 아름다움이 우리의 실재 세계에서는 집을 잃어버리고 실현되지 않은, 그래서 거짓처럼 보이는 현상계의 여러 이상들을 다시 세계 속으로 중재하고 실현시키고 말 것이라는 어떠한 필연성도 존재하지는 않는다. 아름다움은 필연성이 아니다. 왜냐하면 아름다움이 가지는 힘은 그 실현이 확실히 보장된 어떤 형이상학적 필연성이 아니라, 모험을 향한 설득력이고 호소력이기 때문이다. 화이트헤드가 뉴먼 추기경의 말을 동의하며 인용하듯, "하나님은 그의 백성들을 변증법[즉, 논리적 필연성]을 통해 구원하고자 선택하지는 않으셨다."[116]

---

111) *AI* 367; cf.《관념의 모험》, 433.
112) *AI* 368;《관념의 모험》, 433.
113) *AI* 368; cf.《관념의 모험》, 433.
114) *AI* 368;《관념의 모험》, 433.
115) *AI* 377; cf.《관념의 모험》, 442.

마지막으로, 평화에 비극이 부재하는 것은 아니다. 오히려 "평화는 비극에 대한 이해이며 동시에 그것의 보존이다."[117] 존재의 비극적인 측면은 생략되고 잊혀지는 것이 아니라 우주적 평화에 포함된다. 비극적 요소들은 사물의 본질에 있어 필수불가결한 것이다. 부조화와 개별성의 강렬한 경험들이 없다면 우리의 문명은 기존의 몇몇 유한한 이상들의 지루한 반복, 정체성, 피곤함, 그리고 서서히 찾아오는 마비상태 속으로 추락하고 말 것이다. 느낌의 강렬함은 놀람과 새로움 없이는 붕괴하기 마련이다. 그렇게 되면 오직 권태만이 우리의 피곤한 느낌을 지배하게 된다. 이것이 부조화 혹은 파괴의 요소가 필연적으로 요구되는 이유이고, 여기에 우리의 형이상학적 상황이 가지는 비극적인 측면이 존재하는 것이다. 먼저 가치를 부수지 않고 건설한 자가 누가 있었던가? 화이트헤드가 말하듯, "붕괴, 전환, 상실, 교체는 창조적 전진에 본질적인 것들이다" (Decay, Transition, Loss, Displacement belong to the essence of the Creative Advance).[118] 우리의 형이상학적 상황은 "조화의 필요성과 신선함의 필요성"(the necessities of Harmony and Freshness)을 매개하고 연결시키기를 요구한다.[119] 요컨대 평화는 우리에게 어떻게 이상들의 비극적인 좌절 속에서도 견뎌나 갈 수 있는가 가르쳐 준다.

그 많던 아름다움들, 그 많던 영웅적 행동들, 그 많던 대담한 모험들이 소멸(消滅)하여 가는 와중에서도, 평화는 어떤 영구성(永久性 per-

---

116) *AI* 380; cf. 《관념의 모험》, 445. 화이트헤드는 뉴먼 추기경의 말을 라틴어 그대로 인용하고 있다: "Non in dialectica complacuit Deo salvum facere populum suum." 이에 대한 영어 번역이 R. Maurice Barineau, *The Theodicy of Alfred North Whitehead: A Logical and Ethical Vindication* (Lanham and New York: University Press of America, Inc., 1991), 142에 존재한다: "Not by means of dialectic (logic) has God chosen to save his people."
117) *AI* 368; 《관념의 모험》, 434.
118) *AI* 368-9; cf. 《관념의 모험》, 434.
119) *AI* 369; 《관념의 모험》, 434.

manence)에 대해 직관한다. 그것은 비극에 대한 우리 느낌의 민감함을 생생하게 유지한다. 평화는 쇠퇴한 주변 사실의 수준을 넘어서서 보다 뛰어남을 향해 나아가도록 세계를 설득하는 생기있는 원인이라고 비극을 볼 줄 안다. 왜냐하면, 모든 비극은 어떤 '이상의 폭로'(理想의 暴露, the disclosure of an ideal), 즉 있었을 수도 있었지만 실제로는 없는 것 혹은 이제부터 있을 수 있는 것을 드러내기 때문이다. 비극은 결코 헛된 것이 아니다. 아름다움을 보존하도록 호소하며 우리의 동기 속에 살아남는 바로 이러한 비극의 생존력이 '비극적 악'(the tragic evil)과 '조잡한 악'(the gross evil)을 구분 짓는 징표가 된다. 이러한 비극의 희생적 역할을 파악하는 내적 느낌이 바로 평화, 즉 감정들의 순화인 것이다.[120]

어떻게 보면 거의 스토아학파적(Stoic)이기까지 한 이러한 평화에 대한 직관은 오직 노년에만 찾아올 수 있다고 화이트헤드는 보았다. 왜냐하면 대개 청년의 삶은 열정에 가득 찬 채 비극을 접해보지 못하기 때문이다.[121]

사물들의 본질 그 중심에는 '청춘의 꿈'(the dream of youth)과 '비극의 결실'(the harvest of tragedy)이 항상 공존한다. 우주의 모험은 바로 그런 꿈에서 출발하지만, 비극적인 아름다움을 결실로 거두어들인다. 이것이 바로 '열정'(Zest)과 '평화'(Peace)가 통합될 수 있는 비밀이다. 고난은 종국에는 조화들의 조화를 획득한다. 이러한 궁극적 사실을 직접 경험하는 것, 그리고 그 사실과 함께 청춘과 비극의 통합을 경험하는 것이 바로 평화의 의미이다. 이런 방식으로 그 다양한 개별적 경우들이 가능한 한도 내에서, 세계는 완성을 향해 나아가도록 설득되는 것이다.[122]

열정적인 모험은 필연적으로 비극적인 아름다움으로 전환되기 마련이

---

120) *AI* 369; cf. 《관념의 모험》, 434-435.
121) *AI* 369; 《관념의 모험》, 435.
122) *AI* 381; cf. 《관념의 모험》, 446.

다. 양립불가능한 가치들은 함께 공존할 수 없다고 하는 우리의 형이상학적 상황이 여기 분명하게 드러난다. 하지만 공존할 수 없는 가치들(incompatible values)이 시간의 연속성(temporal sequence) 위에서 순차적으로 실현될 수는 있다. 바로 이것이 비극적인 아름다움 혹은 이상 실현의 실패가 완전한 상실이라기보다는 또 다른 모험에로의 명령인 이유이다. 우주는 새로움을 향한 진보를 위해서 평화와 모험 둘 다를 요구한다.

찰스 하트숀은 화이트헤드의 수학적 조화의 미학과 가을적 모험의 미학을 충실히 해석하며 여러 곳에서 이러한 미학적 상황에 대한 분석을 상세히 제공하고 있다. 특히 그는 화이트헤드가 이용하는 미학의 두 축, 즉 조화의 축과 강도의 축을 그대로 이어받아 사용한다. 하트숀에 따르면 "미학적 가치는 부분적으로 자유로운 경험의 요소들이 지니는 강도(intensity)와 조화(harmony)에 의해 평가된다."[123] 그의 분석의 주요한 논지는 이러한 두 축에서 두 종류의 극단적인 미학적 악이 존재하며 이것에 대조되는 황금비율의 중용적 균형이 곧 아름다움이라는 것이다. 하트숀은 두 미학적 악을 "혼돈"과 "단조로움",[124] "부조화"와 "단조로움",[125] "고난"과 "단조로움",[126] "흥미롭지만 지나치게 거칠고 위험한 무

---

123) Charles Hartshorne, "The Dipolar Conception of Deity," *The Review of Metaphysics,* vol. 21, no. 2 (December 1967), 286. 또한 idem, *Creative Synthesis & Philosophic Method,* 303 참고. 하트숀은 조화의 축과 강도의 축을 "단순성 - 복잡성의 차원"(the dimension simple-complex)과 "통합성 - 다양성 혹은 질서 - 자유의 차원"(the dimension integrated-diversified, or ordered-free), 혹은 "조화"의 축과 "포괄성"(inclusiveness)의 축으로 부르기도 한다. Charles Hartshorne, *Born to Sing: An Interpretation and World Survey of Bird Song* (Bloomington and London: Indiana University Press, 1973), 6; idem, *The Zero Fallacy and Other Essays in Neoclassical Philosophy* (Chicago and La Salle, Illinois: Open Court, 1997), 211 참조.

124) Hartshorne, *Man's Vision of God and the Logic of Theism,* 212; idem, "The Aesthetic Dimensions of Religious Experience," 10.

125) Hartshorne, *Man's Vision of God and the Logic of Theism,* 219; idem, Born to

질서"와 "지나치게 순응적이고 무해한 질서",[127] "추함"과 "단조로움",[128] "단지 무질서"와 "단지 질서"[129] 등으로 부른다. 이에 반해 이 두 극단을 피하고 중용(中庸)으로 조화시킨 것을 아름다움이라 부른다. 하트숀의 추가적 공헌이라고 한다면, 조화의 축과 강도의 축에서 각각 두 종류의 미학적 악들이 발생하기 때문에 전체 수에 있어서 미학적 악은 둘이 아니라 넷이라고 구분한 것이다. 이는 화이트헤드의 이론을 그리스 미학의 조화로서의 아름다움이라는 이념 하에 보다 체계화시킨 것이다. 하트숀은 네 미학적 악을 "단지 무질서", "단지 (생명력 없는) 질서", "전적으로 사소함", "이해 불가능한 복잡함"이라고 각각 구분한다.[130] 이러한 하트숀의 미학적 상황에 대한 분석을 도표화 시키면 아래와 같을 것이다.

도표: 하트숀의 미학적 상황

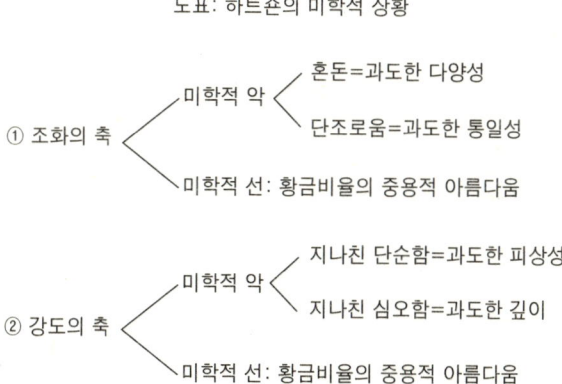

Sing, 2.

126) Charles Hartshorne, "Whitehead's Idea of God," Paul Arthur Schilpp ed., *The Philosophy of Alfred North Whitehead* (1941; New York: Tudor Publishing Company, 1951), 555.

127) Charles Hartshorne, *The Divine Relativity: A Social Conception of God* (New Haven and London: Yale University Press, 1948), 136.

하트숀은 스킬라(Scylla)와 카리브디스(Charybdis)로서의 이러한 미학적 악들의 극단을 피하고 황금의 균형을 잡는 것이 아름다움이라는 고대 그리스의 미학적 전통을 따른다. "(1) 혼돈(chaos) 대 단조로움(monotony), (2) 지나친 심오함(the profound) 대 지나친 단순임(the superficial)이라는 양 측면들에 있어서 아름다움이란 황금비율을 가리킨다. 그것은 과도한 통일성과 과도한 다양성 사이의, 과다한 깊이와 과도한 피상성 사이의 균형이다."[131]

나아가 하트숀은 이러한 두 측면을 조화의 축의 수직성과 강도의 축의 수평성이라는 구조로 짜면서 보다 체계적으로 미학적 상황을 아래의 도표로 설명한다.[132]

미학적 가치들의 도표

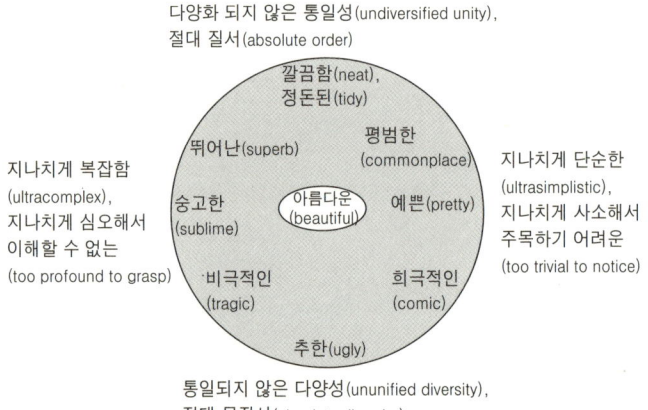

---

128) Charles Hartshorne, *Insights and Oversights of Great Thinkers: An Evaluation of Western Philosophy* (Albany: State University of New York Press, 1983), 62.
129) Hartshorne, "The Aesthetic Dimensions of Religious Experience," 10.
130) Hartshorne, *Born to Sing*, 8.
131) Charles Hartshorne, "The Aesthetics of Birdsong," *The Journal of Aesthetics and Art Criticism*, vol. 26, no. 3 (Spring 1968), 311.

우선 절대 질서와 절대 무질서를 수직적으로 이어주는 것이 조화의 축이다. 그리고 지나친 심오함과 지나친 단순함을 수평적으로 이어주는 것이 강도의 축이다. 아름다움이란 수직적인 조화의 축과 수평적인 강도의 축이 만나는 가운데 중심점의 영역을 가리킨다. 즉 한 가운데의 동그라미는 "형이상학적 경험의 다양성과 강도의 통합으로서의 아름다움"을 이루는 영역이다.[133] 또한 우리는 하트숀이 미학적 상황을 위해 두 개의 원 즉 가운데의 작은 원과 그것을 둘러싸고 있는 보다 큰 원을 사용하고 있음을 발견할 수 있다. 이는 모든 미학적 가치가 단지 아름다움으로 환원될 수는 없으며 숭고함, 예쁨, 비극과 희극 등의 다양한 다른 가치들도 존재함을 드러내고 있는 것이다. "아름다움이란 유일한 미학적 가치는 아니지만 중심적인 미학적 가치이다. 그것은 극단들 사이의 중용이다"라고 하트숀은 결론을 내린다.[134]

3) 완벽한 사전의 오류: 진리 너머의 아름다움

우리는 다소 생소하고 난해하기까지 한 화이트헤드의 양극적이며 변증법적인 미학사상을 다음과 같은 가설을 살펴봄으로써 마무리하고자 한다: 화이트헤드가 궁극적으로 가치를 두고 강조하는 것은 조화가 아니라 모험의 중요성이다. 화이트헤드의 미학에서 평화로운 조화와 새로운 모험 둘 다가 요구되는 건 너무도 자명하기 때문에, 이런 생각은 어쩌면 단지 해석적 강조의 문제일 지도 모른다. 조화와 모험은 창조성이

---

132) 하트숀은 1970년대부터 여러 번 거의 유사한 도표를 사용하였다. 여기의 도표는 그 중에서 가장 최근인 1997년의 도표이다. 출처로는 다음을 참조하라. Hartshorne, *Creative Synthesis & Philosophic Method*, 305; idem, *Born to Sing*, 7; idem, "The Aesthetic Dimensions of Religious Experience," 11; 그리고 여기에 실린 도표가 있는 *The Zero Fallacy and Other Essays in Neoclassical Philosophy*, 205.
133) Hartshorne, *Creative Synthesis & Philosophic Method*, 307. 하트숀의 도표에 대한 보다 자세한 설명으로는 같은 책의 304-305를 참조하라.
134) Hartshorne, "The Aesthetics of Birdsong," 311.

필연적으로 지니게 되는 두 아름다움의 순간이기 때문이다. 그리고 보다 엄밀하게 말해서 이 두 순간은 사실 거의 동시적으로 일어난다. 가치의 조화가 새로운 모험을 생성시키고, 새로운 모험은 가치의 조화의 결과론적 이름일 수 있기 때문이다. 셔번은 화이트헤드의 창조성을 해석하며 이러한 두 측면의 동시성을 분명하게 보여준다. "창조성"(creativity), "다자"(many), "일자"(one)라는 세 개념들이 궁극자(the Ultimate)의 범주를 포괄적으로 완성시킨다는 화이트헤드의 진술을 해석하며, 셔번은 창조성이 다름 아닌 "'일자'와 '다자' 사이의 관계"라고 정의한다.[135] 관계로서의 창조성은 다자가 일자 속으로 모아지도록 하는 구체적인 공재성(togetherness)의 원리로 작용할 뿐 아니라, 일자에 의해 다시 다자가 풍성해지는 새로움(novelty)의 원리로 작용한다. 이렇게 "다자(多者)는 일자(一者)가 되며 그래서 다자는 일자만큼 증가된다"라는 것을 가리켜 화이트헤드는 "새로운 공재성(novel togetherness)의 산출"로서의 "합생"(合生 concrescence)이라고 부른다.[136] 셔번은 구체적인 공재성의 원리와 새로움의 원리로서의 창조성이 서로 다른 두 창조성의 순간이 아니라 사실은 한 동일한 순간임을 강조한다. "여기서 강조할 점은 공재성의 산출과 새로움의 산출 둘 다가 동시에 일어난다는 것이다: 공재성을 산출하는 것이 새로움을 산출하는 것이고, 그 반대도 마찬가지이다."[137] 우리의 미학적 논의에서 이것은 다시 이렇게 표현될 수도 있을 것이다: 조화를 산출하는 것은 모험을 산출하는 것이고, 그 반대도 마찬가지이다. 요컨대 조화의 미학과 모험의 미학은 창조성의 동일한 과정에 대한 두 논리적인 생각의 구분일 뿐이다.

하지만 그럼에도 불구하고 필자는 논리적 구분에 기초한 강조가 중요성을 지닐 수 있다고 본다. 셔번의 주장처럼 화이트헤드가 때때로 담론의 맥락에 따라 현실적 존재들의 창조적 전진을 강조하기도 하고 평

---

135) *PR* 31; 《과정과 실재》, 77. Sherburne, *A Whiteheadian Aesthetic*, 19.
136) *PR* 32; 《과정과 실재》, 79.
137) Sherburne, *A Whiteheadian Aesthetic*, 22.

화로운 조화를 강조하기도 한다는 사실을 받아들이더라도,[138] 그것이 일자와 다자의 관계를 "창조성"의 전진으로 이름 지은 화이트헤드의 강조점을 부정할 수는 없다. 논리적 구분을 전제한 강조가 중요한 차이 곧 가치평가의 우열을 가져올 수 있음은 다음의 진술에서 잘 드러난다. 화이트헤드는 사회적 조화보다는 모험을 통한 강도의 획득이 형이상학적으로 보다 우선성을 가지는 것을 나중에 《과정과 실재》에서 이렇게 분명히 하고 있다. "따라서 창조적 진보에 있어서 하나님의 목적은 강도들(intensities)의 발생에 있다. 사회들(societies)의 발생은 이러한 절대적 목적(絶對的 目的, absolute end)에 단지 보조적일 뿐이다."[139] 화이트헤드의 신학적 사유에 있어서 하나님의 "절대적 목적"은 강도의 획득에 있다. 찰나의 평화로운 만족 혹은 조화는 이러한 새로운 강렬한 모험을 위한 보조적인 쉼의 단계일 뿐이다. 창조적 느낌의 모험을 통한 새로운 강도의 획득이라는 생각은 고전 미학이론에서는 충분히 강조되지 못한 화이트헤드의 독특한 공헌이라고 평가될 수 있을 것이다. 다음의 질문을 고려해보라. 화이트헤드는 강렬한 부조화라는 미학적 악과 불필요한 사소함이라는 미학적 악, 둘 중에서 무엇이 더 나쁘다고 본 것일까? 이 문제에 대한 화이트헤드의 대답에서 우리는 전통적이고 아우구스티누스주의적인 수학적 아름다움의 신정론과는 차이가 있는 보다 독특한 화이트헤드의 가을적 아름다움의 신정론을 만나게 된다.

> 사실 완성에는 보다 저차원적인 형태와 고차원적인 형태가 있는데, 고차원적 완성을 지향하다 도달하지 못하는 것이 저차원적 완성을 이루는 것보다 더 가치 있는 일이다.[140]

우리는 어쩌면 모든 느낌이 서서히 굳어가는 '마비현상'(anaesthesia)이

---

138) Ibid., 23.
139) *PR* 161; cf.《과정과 실재》, 218.
140) *AI* 330; cf.《관념의 모험》, 395.

나 그 전조 혹은 징후로서 느낌이 '생기를 잃고 길들여지는 것'(tame-
ness)보다는, 차라리 느낌의 '부조화 혹은 대립'(Discord)을 선택해야
할 것이다. 왜냐하면, 보다 저차원에서의 완성은 고차원에서의 미완성보
다 가치 없는 것이기 때문이다.[141]

단지 화이트헤드가 여기서 느낌의 강도(intensity)를 획득하는 것이 느
낌의 작은 형태의 조화(harmony)를 이루는 것보다 더 중요하다는 것을
말하고 있는 것은 아니다. 물론 이미 말했듯 이러한 미학적 선(善)의 두
가치들이 비교되고도 있다. 하지만 그의 주장은 이보다 더 급진적으로
보인다. 화이트헤드는 보다 고차원적인 느낌의 개별적 강도를 모험적으
로 시도하다 실패하고 만 "부조화(Discord)"의 악이, 어떻게 보면 그 폭
에 있어 아주 지협적이고 거의 강도를 가지지 못한 저등한 느낌의 길들
여진 조화를 성공적으로 획득하는 것보다 더 중요한 가치를 가진다고
제안하는 듯하다. 예를 들어, 나폴레옹의 실패한 세계정복의 시도가 한
남편이 성공적으로 그의 아내를 지배하게 된 것보다 더 중요한 의미를
지닐 수 있는 것이다. 위의 진술들에서 화이트헤드가 자신의 미학적 우
주론 혹은 존재론에 있어 기존의 고전적인 수학적 조화의 축보다는 가
을적 모험의 축(새로움, 창조성, 진보)에 형이상학적 우선성을 부여하고
있음을 볼 수 있다. 화이트헤드는 자신의 책 제목을 《관념들의 평화》가
아니라 《관념들의 모험》이라고 부른다. 빅슬러가 지적하듯 "화이트헤드
는 단지 평화로서 끝내기를 원치 않은 듯하다"; "자유가 조화를 색칠하
고 있기 때문이다"; "현재의 성취에 만족하는 쉼을 거부하고 보다 더 노
력하도록 자극하는 '고귀한 불만'을 생명은 보여주고 있다."[142] 이처럼

---

141) *AI* 339; cf.《관념의 모험》, 403.
142) Julius Seelye Bixler, "Whitehead's Philosophy of Religion,?" Paul Arthur Schilpp
ed., *The Philosophy of Alfred North Whitehead* (New York: Tudor Publishing
Company, 1951), 506, 499, 509. 물론 다른 평가도 존재한다. 예를 들어 윤자정은
"(1) 저급미(minor beauty), (2) 살아남기(survival), (3) 자유(freedom), (4) 도덕적 선
(moral goodness), (5) 이해 혹은 지혜(understanding or wisdom), (6) 신성함(holi-

창조적 모험의 우선성을 화이트헤드는 《과정과 실재》에서 다양한 영역의 예들을 들어 설명하고 있다.

> 이러한 원리는 물리학의 용어로 말한다면, 스칼라(scalar)량이 벡터(vector)량으로부터 파생하는 개념이라는 결코 근원적인 사유가 잊어버려서는 안 될 원리의 형태를 지닌다. 보다 일상적인 용어로 말한다면, 이러한 원리는 '넘겨줌'(passing on)이라는 관념이 사적인 개별적 사실(a private individual fact)보다 더 근원적이라는 진술로 표현될 수 있다. 형이상학적 진술을 위해 여기서 채택하고 있는 추상적인 언어로 말하자면, '넘겨줌' 이란 '창조성'(creativity)이 된다. 사전적 의미에서 [라틴어] 동사 '창조하다'(creare)는 '생기게 하다', '낳다', '산출하다'를 의미한다.[143]

물리학에서 벡터는 스칼라보다 더 고차원적인 개념이다. 시간이나 온도에서처럼 스칼라량은 방향의 고려를 제외한 단지 크기만을 가리키는데 반해, 벡터량은 풍속이나 장소의 이동처럼 크기와 방향을 동시에 고려하는 개념이다. 화이트헤드의 형이상학에서 이는 만족이라는 최종적 평화의 정태적 상태가 모험이라는 새로운 가치 창조의 운동에 종속된다는 것을 뜻한다. 사적인 개별적 사실의 만족보다는 새로운 전진을 위해 가치의 넘겨줌이 더 중요하다는 것이다. 창조성이 존재의 비밀의 열쇠인 것이다.

"가장 아름다운 진리는 언어의 사전적 의미 너머에 존재한다"라고 화이트헤드는 말한다.[144] 아름다움과 진리를 세계 내에서 진보시켜 나가

---

ness), (7) 진리(truth), (8) 고급미(major beauty), (9) 모험(adventure), (10) 문명(civilization), (11) 평화(peace)"가 화이트헤드의 미학에 있어 "오름 순차(ascending order)"로 구분될 수 있다고 제안한다. 윤자정, "화이트헤드의 미학적 관점: '중요성의 범주' 및 '가치 유형들'을 중심으로", 한국미학회 편집, 〈美學〉 제 46집 (2006 여름), 139-140.

143) *PR* 324; 《과정과 실재》, 390 참조.

기 위해 필요한 것은 반복이 아닌 발견인 것이다. 아름다움의 확장이라는 문명이 가지는 가장 중요한 목표는 과거의 독재에서 벗어나 새로운 이상을 찾아 떠날 때에 가능하다. 이 때문에 '과거의 창고'(倉庫)로서의 사전은 가장 아름다운 진리 혹은 가장 진실된 아름다움을 제공할 수는 없는 것이다. 《사고의 양태》에서 화이트헤드는 이러한 완벽한 정체성에 대한 노스탤지어를 "완전한 사전의 오류"라고 부른다.

> 철학적인 사유를 계속해서 불임의 황폐화로 이끄는 한 가지 끈질긴 전제가 있다. 그것은 하나의 믿음, 즉 인간이 자신의 경험에 적용될 수 있는 모든 근본적인 생각들을 의식의 영역에서 완벽하게 향유해 왔다는 지극히 자연스러운 믿음이다. 나아가 인간의 언어는 개개의 낱말이나 구절을 통해 이러한 생각들을 분명하게 표현한다고 믿어져 왔다. 난 이러한 전제를 완전한 사전의 오류(The Fallacy of the Perfect Dictionary)라고 부를 것이다.1[45]

이러한 오류는 한편으로 인간의 경험과 다른 한편으로 인간의 사유와 언어가 완벽하게 상응하는 사전을 제작할 수 있다는 오해를 가리키는 것이다. 철학에서 이러한 완벽주의자들은 "비판철학"(Critical School)의 전통을 이어오며 자신의 사유를 이미 완성된 사전의 한계 속에 가두었던데 반해, 보다 예술적이고 시적인 사유의 모험가들은 "사변철학"(Speculative School)의 전통을 이어오며 세계라는 완성된 사전을 오히려 항상 새롭게 확장시켜온 것이다. 화이트헤드에 따르면 "이 두 학파 사이의 차이는 완전성과 모험 사이의 다툼이다."[146] 그리고 화이트헤드

---

144) "The Truth of supreme Beauty lies beyond the dictionary meanings of words," *AI* 343; cf. 《관념의 모험》, 407.

145) Alfred North Whitehead, *Modes of Thought* (New York: Macmillan, 1938), 235. 이하 *MT*. 화이트헤드 지음, 오영환·문창옥 옮김, 《사고의 양태》(서울: 다산글방, 2003), 235. 이하 《사고의 양태》.

146) *MT* 236; 《사고의 양태》, 235-236 참조.

는 이 둘 사이에서 서슴없이 비판철학이 아니라 사변철학의 편을 든다. 정체된 진리가 아니라 모험의 아름다움이 그의 사유의 마지막 화두이다. 세계는 완성된 사실, 완전히 정리된 완벽한 사전이 아니다. 세계는 항상 이러한 물리적 완성의 측면을 가지지만, 동시에 가능성이라는 개념적 이상을 결코 배제할 수 없으며 이러한 영원한 이상의 유혹에 의해 새로움으로 걸어 나가는 것이다. 과거, 현재, 미래는 결코 떨어질 수 없는 이러한 모험의 걸음이며 우주적 창조성의 숨 쉬는 호흡이다. 철학은 이런 숨 쉬는 호흡에 동참한다는 의미에서 신비적일 수밖에 없다. "철학은 경이(驚異, wonder)에서 시작된다. 그리고 끝에 가서 철학적 사유가 최선을 다하고 난 후에도 경이는 여전히 남게 된다."[147]

화이트헤드에 따르면 가치의 완전성을 단지 정적(靜的)으로 보존하는 것은 형이상학적으로 볼 때 불가능하다. "이러한 공리는 사물들의 본질에 뿌리내리고 있는 것이다. '진보' 아니면 '쇠퇴'가 인류에게 주어진 유일한 선택이다. 순전히 [정적으로] 가치의 보수만을 주장하는 이들은 우주의 본질에 역행하여 싸우는 것이다."[148] 완전한 사전의 오류라는 측면에서는 플라톤이 주장한 수학적 아름다움이라는 개념조차도 다소 결함이 있다고 화이트헤드는 보았다.

> 초기 사상에 있어 플라톤은 '변하지 않는 완전성(unchanging perfection)에서 드러나는 수학의 아름다움(the beauty of mathematics)'에 현혹되어서, 영원히 완전하고 영원히 상호연관된 관념들(이데아 ideas)의 영역이 세계 너머에 존재한다고 생각했었다.[149]

---

147) *MT* 232;《사고의 양태》, 230 참조.
148) *AI* 354; cf.《관념의 모험》, 419.
149) *AI* 354; cf.《관념의 모험》, 419. 유사한 맥락에서 찰스 하트숀은 아우구스티누스의 "수학에 대한 지나친 과대평가"가 기독교 복음서의 인격적 하나님에 해당한다기보다는 오히려 지나치게 그리스 철학적인 태도라고 비판한다. Hartshorne, *Creative Synthesis & Philosophic Method*, 44-45.

"수학의 아름다움"이라는 플라톤의 생각은 궁극적으로 볼 때 가치의 정적 보존(靜的 保存)의 오류의 한 예인 것이다. 쿤츠가 요약하듯, 이러한 새로움과 모험에 대한 강조가 바로 화이트헤드의 미학을 다른 전통적인 미학이론으로부터 구분하는 것이다. 형이상학적 우선성은 수학이 아니라 가을에 있는 것이다. "화이트헤드가 조화의 이론에 가져온 가장 주요한 혁신(革新)은 부조화도 가치가 있을 때가 있고 존중되어야 한다는 생각이다.···만약 아름다움이 중요한 대조(對照)를 요구하고, 조화(harmony)를 가장 생생하고 신선하게 대조시킬 수 있는 것이 부조화(disharmony)라고 한다면, '모든 조화가 반드시 좋은 것은 아니고 모든 부조화가 반드시 나쁜 것은 아니다'라는 것이 당연한 논리적 귀결이다."150)

화이트헤드의 미학은 그의 형이상학적 우주론에 근본적인 영향을 끼쳤고 또한 그 반대의 경우도 마찬가지이다. 우주 진화의 과정과 목적에 대한 그의 형이상학적 설명은 단지 우연히 몇몇 미학적 일화들을 사용하고 있는 것이 아니라 그 본질에 있어 미학적이다. 우주에서 하나님의 창조적 에로스는 느낌의 조화와 강도의 획득이라는 이중적 형태의 선을 추구하며, 느낌의 부조화와 사소함이라는 이중적 형태의 악을 피하고자 한다. 또한 화이트헤드는 느낌의 강도의 획득을 위한 모험을 보다 중요시하며 이를 위해서는 조화를 파괴하는 일정 정도의 느낌의 부조화가 도구적으로 필요하다고 본다. 따라서 부조화의 악은 아직 완성되지 않은 어떤 중도적인 상태로 이해되는 것이다: "악은 완전성과 사소함 중간에 놓인 여로(旅路)의 임시 거처다"(Evil is the half-way house between perfection and triviality).151) 오직 부조화를 거쳐서만 우주는 사소함에서 벗어나 완성을 향해 진화해 나갈 수 있다. 그의 미학에 있어서의 두 번째 모험의 축에 대한 이러한 강조는 왜 화이트헤드의 하나님이 비록 부분적으로나마 부조화의 악에 대한 책임이 있는지를 설명해 준다. 그리핀

---

150) Paul G. Kuntz, "Whitehead's Category of Harmony: Analogous Meanings in Every Realm of Being and Culture," *Process Studies* 29.1 (2000): 55.
151) *AI* 355; cf.《관념의 모험》, 421.

이 지적하듯, 화이트헤드의 하나님은 우주가 사소함으로부터 벗어나서 보다 고차원적인 완성을 향해 진화해 나가도록 태초에 결정하고 격려하고 설득하였기 때문이다.[152]

다시 말해, 하나님은 왜 세계를 창조하셨을까? 혹은 왜 세계를 현실화시키고자 결심한 것일까? 왜 우주는 단지 사소함의 상태에 머물 수는 없었던 것일까? 사소하고 혼돈한 상태이지만 그러한 카오스를 나름의 저급한 조화로 볼 수도 있지 않았을까? 하나님은 세계의 창조에서 무엇인가를 필요로 하고 있단 말인가? 과거의 전통철학과 신학은 하나님이 세계를 필요로 한다는 이러한 생각을 단호히 거부한다. 아리스토텔레스에 따르면 세계와 친구를 필요로 하는 하나님은 전혀 하나님이 아니다.

> 스스로 자족적인 존재는 다른 존재들의 봉사나 애정이나 사교적 사귐을 필요(必要)로 하지 않는다. 그는 홀로 살 수 있기 때문이다. 특히 하나님의 경우 이것은 분명하게 드러난다. 하나님은 아무 것도 필요로 하지 않기에, 친구를 필요로 하지 않을 뿐 아니라 아무도 친구로 가지지도 않을 것이다.[153]

이러한 최초의 원인자 혹은 부동의 동자로서의 철학적 하나님 이해는 기독교 신학에도 깊은 자국을 남겼다. 예를 들어 아우구스티누스에 따르면, "당신은 저를 필요치 않았습니다. 저는 당신을 도울 수 있는 그런 선(善)을 소유하고 있지 않습니다, 나의 주님, 나의 하나님."[154] 하나님의 완전한 자족성과 변화불가능성에 기초한 이러한 오랜 거부는 20세기에 와서는 칼 바르트에서도 반복된다. "하나님은 우리를 필요로 하지 않는다. 그는 세계와 하늘과 땅을 전혀 필요로 하지 않는다. 그는 그 자신

---

152) Griffin, *God, Power, and Evil*, 300.
153) Aristotle, *Eudemian Ethics*, VII, 1244b-1245b. Arthur O. Lovejoy, *The Great Chain of Being* (Cambridge, MA: Harvard University Press, 1939), 43에 재인용되고 있다.
154) 《고백록》 13.1.1.

안에 충만함을 가진다. 그는 그 자신 안에 생명의 충만함을 가진다. 모든 영광, 모든 아름다움, 모든 선함과 신성함은 그 안에 머물고 있다. 그는 자신에 대해 자족적이며, 그는 하나님이며, 그는 그 자신 안에 영원한 축복을 가진다. 그렇다면 세계의 목적은 도대체 무엇인가?"[155] 바르트의 표현을 빌리자면 이러한 "창조의 수수께끼"를 전통적인 고전신학은 한 번도 만족스럽게 풀지는 못한 듯하다.[156]

이와는 대조적으로 화이트헤드의 사유가 제안하는 과정신학은 창조의 이유에 대한 보다 분명한 해답을 제공하는 듯하다. 호진스키의 해석에 따르면 "화이트헤드의 철학에서는 세계 없이 신을 상상한다는 것이 매우 어렵다.…그러나 기독교 신학에서 전통적인 철학적 신 개념은 신이 세계를 조금도 필요로 하지 않는다고 주장하고 있다."[157] 보다 구체적으로 김경재는 아우구스티누스의 정통신학적인 신관과 화이트헤드의 과정신학의 신관이 이런 면에서 차이가 있음을 비교한다. "어거스틴의 정통신학에 의하면 세계현실은 神과 함께 영원부터 영원까지 스스로 자존하는 영원한 존재자가 아니고 시간의 창조와 더불어 피조된(창조된: 예지) 피조물이다. 그러나 화이트헤드의 형이상학에서는 世界는 神과 함께 영원하다. 無로부터 피조(창조: 예지)되지도 않았고 종말의 심판을 통해 無로 되돌아가지 않는다."[158] 우선 세계의 시작에 대한 적합한 묘사는 세계의 창조가 아니라 세계의 현실화라는 것이다. 나아가 찰스 하트숀은 다음과 같은 삼중적 문제로 창조의 수수께끼를 되묻는다. "하나님(God) 홀로 그 자신 안에 존재하는 것이 세계와-함께-하는-하나님(God-with-the-world)에 비해 열등(劣等)한가, 우월(優越)한가, 아니면 동등

---

155) Karl Barth, *Dogmatics in Outline,* trans. G. T. Thomson (London: SCM Press, 1949), 53-54.

156) Ibid., 54.

157) 토마스 호진스키(Thomas E. Hosinski) 지음, 장왕식·이경호 옮김,《화이트헤드 철학 풀어 읽기》(대구: 이문출판사, 2003), 402.

158) 김경재, "화이트헤드의 過程思想과 栗谷의 理氣論",〈신학사상〉54집 (1986 가을), 546.

(同等)한가?"[159] 만약 하나님 혼자 존재하는 것이 우월하다면 하나님은 세계의 창조를 통해 자신 스스로를 훼손시킨 것으로 밖에 볼 수 없다. 또한 만약 동등하다면 창조는 결국 필요가 없었던 헛된 일이 될 것이다. 따라서 하나님 혼자는 세계와-함께-하는-하나님에 비해 열등하기 때문에 창조를 통해 하나님이 세계에서 무엇인가 어떤 가치를 획득한다고 보는 화이트헤드의 입장이 가장 논리적으로 설득력이 있다고 하트숀은 주장한다. 나아가 하트숀은 하나님이 세계를 필요로 하고 세계에 의존한다는 사실이 하나님의 불완전함을 표현하는 것이 아니라 반대로 "뛰어남의 표시"이며, 오히려 "제로 의존성"(zero dependence)이 하나님의 세계에 대한 사랑을 부적절하게 표현하는 것이라고 주장한다.[160] 그렇다면 하나님이 세계에 필요로 하는 것은 무엇인가? 그것은 다름 아닌 세계의 아름다움이다. "하나님은 피조물들로부터 오직 한 가지를 '필요로 한다'. 그것은 피조물들의 생명이 지닌 내재적이고 본질적인 아름다움, 즉 피조물들 자신의 진정한 행복이다. 또한 이러한 행복은 피조물들에 대한 하나님의 완벽한 인식을 통해 하나님 자신의 행복이 된다."[161] 세계에 대한 제로 의존성을 지닌 아리스토텔레스적인 하나님에 대조적으로 세계를 필요로 허여서 친구로 창조한 화이트헤드의 하나님 이해는 아래의 쉴러(Friedrich Schiller)의 시에 거의 완벽하게 포착되고 있다.[162]

---

159) Charles Hartshorne, *Reality as Social Process: Studies in Metaphysics and Religion* (1953; New York: Hafner Publishing Company, 1971), 202.
160) Hartshorne, *The Divine Relativity*, 48.
161) Hartshorne, *Man's Vision of God and the Logic of Theism*, 163.
162) Arthur O. Lovejoy, *The Great Chain of Being* (Cambridge, MA: Harvard University Press, 1939), 301. 여기서 쉴러가 "세계의 창조주"라고 부른 것은 데미우르고스(δημιουργός, Demiurgus)라는 플라톤주의에서 말하는 조물주를 가리키고 있다. 러브조이는 플라톤주의 내에 이미 이러한 두 이질적 신관, 즉 "플라톤주의적 절대자"와 "플라톤주의적 데미우르고스"가 공존하고 있다고 본다(ibid.). 쉴러의 시 한국어 번역은 박영식 박사가 본 저서를 위해 직접 번역하여 제공하였다.

> Freundlos war der grosse Weltenmeister,
> Fühlte Mangel, darum schuf er Geister,
>   Sel'ge Spiegel seiner Seligkeit.
> Fand das höchste Wesen schon keine Gleiches,
> Aus dem Kelch des ganzen Wesenreiches
>   Schäumt ihm die Unendlichkeit.

> 위대한 세계의 창조주는 친구 없이 있었네.
> 부족함을 느껴서인지 그는 영들을 창조했네.
>   자신의 지복을 들여다 볼 수 있는 복된 거울을.
> 그러나 지고의 존재는 이미 어떤 동일자도 발견하지 못했다네.
> 모든 본질왕국의 성배에서
>   그에게로 무한의 거품이 흘러나오네.

하트숀은 이처럼 화이트헤드의 존재신학의 핵심이 "미학적 목적론"(aesthetic teleology)이라는 것을 드러내고 있다.[163] 화이트헤드의 하나님 혹은 하나님의 원초적 본성은 모든 존재들 속에서 아름다움의 생산을 목표로 한다. 다른 윤리적, 지성적, 혹은 도덕적 범주들에 비해서 미학적 아름다움은 하나님의 창조적 목적을 표현하는데 가장 적합하고 포괄적인 범주를 제공한다. 인간과 인간이 아닌 존재들로 우주가 구성되듯이 우리는 모든 존재들에 대한 하나님의 목적을 단지 인간중심적 관점이 아니라 보다 보편적인 존재론적 관점에서 사유해야만 한다. 우주가 지니는 목적론적 구조는 단지 도덕적 관심만으로 설명될 수는 없는데, 그것이 도덕적이지 않기 때문이 아니라 그것이 도덕적인 동시에 그 이상이기 때문이다. 여기서 우리는 화이트헤드의 유명한, 아니 어떻게 보면 악명 높은, 아메바의 예를 떠올리게 된다. 만약 모든 아메바들이 "도덕의 옹호"라는 이유로 바다에서 이미 다른 존재들의 거주지인 육지로 이주하기를 거부하였다면, 과연 우리 문명은 지금 어떻게 되었을지 화이

---

163) Hartshorne, "Whitehead's Idea of God," 539.

트헤드는 반문한다.[164] 만약 우주의 궁극적인 차원이 도덕적 차원이라고 하였다면 아메바는 결코 인간의 수준으로 진화하지는 못하였을 것이다. 약탈 혹은 강탈로서의 삶은 보다 중요한 미학적 가치의 창조를 목표로 하는 것이다. 그래서 화이트헤드는 하나님 혹은 "우주의 에로스에 궁극적 만족을 제공하는 것은 아름다움이다"라고 말한다.[165] 우주가 하나님에게 가지는 "중요성"(重要性, importance)은 단지 인간의 도덕, 논리, 종교, 혹은 예술로서 결정될 수는 없는 보다 포괄적이고 보편적인 것이다.[166] 화이트헤드의 존재론에서 궁극적인 것은 다름 아닌 미학적 가치가 모든 존재하는 것들에서 실현되는 것이다.

아름다움은 도덕성보다 더 포괄적인 개념이다. 이를 두 가지 측면에서 이야기할 수 있을 것이다. 우선 인간 경험에 있어 도덕적 차원은 미학적 차원에서 유래한다고도 볼 수 있다. 우리가 도덕적 "의무"보다 먼저 선행하여 느끼게 되는 것이 사랑, 공감, 열정, 식욕, 만족 등과 같은 "동물적 감정", 그리고 보다 독특하게 우리가 인간으로서 의식적으로 향유하는 "아름다움의 경험과 지적 탁월성의 경험"이다.[167] 도덕적 의무는 근본적으로 미학적 느낌의 긍정적 혹은 부정적 파악에서 유래하고 거기에 기초하여 발달한다고 보아실 수 있다. 도덕성은 오직 미학적 경험 이후에만 가능하다는 말이다. 왜냐하면 도덕적 의무는 세계에 대한 우리 인간의 경험 중에서 지키고자 혹은 피하고자 하는 것이 발생한 후에만 가능하기 때문이다. 화이트헤드는 "행동의 올바름"도 "아름다움의 한 종류"로 보았다.[168] 동시에 오직 "감각적인 아름다움"이라는 미학적 근본경험에 기초해서 우리는 그런 경험을 유비적으로 확장하여 "도덕적인 아름다움" 혹은 "지적인 아름다움"에 대해 말할 수 있다는 사실을 잊지 말

---

164) *AI* 345-346;《관념의 모험》, 410.
165) *AI* 13; cf.《관념의 모험》, 57.
166) MT 16; cf.《사고의 양태》, 26.
167) *AI* 12; cf.《관념의 모험》, 57.
168) *AI* 190; cf.《관념의 모험》, 245.

아야 한다.[169] 이 세 가지 아름다움 모두가 하나님이 우주에서 목표하는 보다 넓은 의미에서의 아름다움을 생산하는 일에 동참하는 것이다. 이러한 새로운 아름다움의 생산은 존재의 모험이 없이는 불가능하다. 화이트헤드는 자신의 미학적 목적론을 이렇게 결론 내린다. "우주의 목적론적 구조는 아름다움의 생산을 지향한다"(The teleology of the Universe is directed to the production of Beauty).[170]

찰스 하트숀의 해석에 따르면 아름다움은 항상 자기 존재를 정당화하는 동시에 끝없이 자기 존재의 성장을 갱신한다. 자기 자신의 가치를 현재적인 실현을 통해 만족시키는 동시에 또 다른 새로운 아름다움의 가능성을 향해 성장해 가는 것이다. 신학적 용어를 사용하자면 화이트헤드의 목적론은 일종의 미학적으로 실현된 종말론이라 볼 수 있을 것이다. 도덕 혹은 인식의 차원은 더 이상 성장할 수 없는 최대의 완전성 혹은 최고의 한계를 지니지만, 미학적 차원에서는 최대의 아름다움이 항상 실현되는 동시에 나아가 항상 갱신되어진다. 미학적 완성은 일종의 개방적 완성인 것이다. 이런 이유에서 하나님의 미학적 성장도 영원히 점진적으로 진보한다. "따라서 하나님 안에는 윤리적(倫理的, ethical)이거나 인식적(認識的, cognitive)인 성장은 없지만 미학적(美學的, aesthetic)인 성장은 존재한다"라고 하트숀은 말한다.[171] 이처럼 항상 "하나님은 '이전보다 더 아름다운 존재'의 사실상의 종결점이다."[172] 하나님의 미학적 성장은 현실적 종말로서 언제나 실현되는 동시에 결코 그 마지막 완성이 있을 수 없는 미래적 개방성을 지니는 것이다. "하나님은 모든 실제적인 모험들이 감행되어짐에 따라 그것들을 자신 속으로 모아들이는 우주적

---

169) *AI* 12-13;《관념의 모험》, 57.
170) *AI* 341; cf.《관념의 모험》, 405-406.
171) Hartshorne, "Whitehead's Idea of God," 530. 또한 그의 *Omnipotence and Other Theological Mistakes* (Albany, N. Y.: State University of New York, 1984), 9-10과 논문 "God as Composer-Director, Enjoyer, and, in a Sense, Player of the Cosmic Drama," *Process Studies* 30.2 (2001), 242-3을 참조하라.
172) Hahn, *The Philosophy of Charles Hartshorne*, 593.

'모험'(화이트헤드)이다"; "따라서 한편으로 아름다움의 우주적 추구를 위한 추상적인 영원한 원리와 다른 한편으로 현실적으로 실현된 아름다움의 끊임없이 성장하는 구체적인 총체성이 바로 '절대적 아름다움'(absolute beauty)에 대해 올바르게 말할 수 있는 두 가지 의미를 제공하는 것이다."[173] 수학적 아름다움과 가을적 아름다움이 만나 이루는 절대적 아름다움이 바로 하나님의 미학적 진화(美學的 進化, aesthetic evolution)이다.

---

173) Hartshorne, *Man's Vision of God and the Logic of Theism*, 227, 229.

3장 화이트헤드의 신정론

　화이트헤드는 앞에서 살펴보았듯《관념의 모험》에서 미학사상과 관련하여 악의 문제를 간략하게 다룰 뿐 아니라,《과학과 근대세계》,《형성과정에 있는 종교》, 그리고《과정과 실재》와 같은 저작들에서 신정론을 보다 자세히 구성하고 있다. 우리는 이 저작들에 드러나는 화이트헤드의 신정론 사상을 연대순으로 살펴보고자 한다. 이러한 분석을 통해 우리는 다음과 같은 세 가지 중요한 형태 혹은 유형의 신정론이 함께 제시되고 있음을 발견하게 될 것이다: 신정론 I 혹은 형이상학적 일원론(一元論 monism)에 대한 화이트헤드의 거부, 신정론 II 혹은 전통적인 자유의지(自由意志 free will) 신정론의 재도입, 그리고 신정론 III 혹은 화이트헤드의 소위 "객체적 불멸성"(客體的 不滅性, objective immortality)의 이론. 이 세 형태의 신정론이 근본적 모순이나 대립 없이 함께 공존하며, 넓은 의미에서의 화이트헤드의 신정론을 구성하고 있다.

I. 《과학과 근대세계》에서의 신정론

악의 문제는 어떻게 보면 일종의 "기술적 형이상학"(記述的 形而上學, descriptive metaphysics)의 문제이다.[1] 우리의 형이상학적 상황이 부적절하게 기술될 때, 실재는 그 투명성 혹은 이해가능성을 잃고 마는 것이다. 화이트헤드는 그 일례로서 자연과학이나 종교에서 발견되는 경직된 결정주의적 기계주의 세계관을 든다. 그것이 아우구스티누스주의적 신학에서 발견되는 하나님의 결정주의든 혹은 물질주의적 자연과학에서 발견되는 물질의 결정주의든, 생명이나 삶이 가지는 구체적 모습이 추상화되어 버린다. 여기서 악은 우주의 이미 짜인 드라마에 있어서 피할 수 없는 한 에피소드라고 이해될 뿐이다. 화이트헤드가 말하듯, "기계로서의 세계관(mechanism)을 완화시킬 수 있는 유일한 방법은 세계가 기계가 아니라는 것을 발견하는 것뿐이다."[2] 세계를 올바르게 이해하고 기술하기 위해서는 한편으로는 물질주의적 기계론(materialistic mechanism)과 다른 한편으로는 유기체적 생기론(organic vitalism) 모두가 필요하다고 그는 보았다. 화이트헤드는 결정주의나 자유의지 어느 하나를 일방적으로 포기하기보다는, 존재는 그 여러 차원들에 있어서 각각 어떤 때는 결정주의적 측면을 다른 어떤 때는 자유로운 측면을 보다 강하게 보여준다고 하는 "유기체적 기계론"(organic mechanism)을 주장한다.[3] 예컨대, 아주 미세한 미립자들은 상대적으로 예측불가능하고 자유롭게

---

1) "기술적 형이상학"이란 표현은 호킹에게서 빌려온 것이다. William Ernest Hocking, "Whitehead on Mind and Nature," 387. 호킹에 따르면 "그것은[화이트헤드의 철학은] 일종의 예술적 에세이로서의 기술이다. 세계가 자신의 초상화를 위해 앉아 있는 것이다"(ibid., 387). "화이트헤드의 형이상학이 기술적인 성격을 가지는데 있어서, 그것은 논쟁의 문제라기보다는 여행자의 여행기처럼 받아들여져야 한다. 그가 본 것은 그가 본 것이기 때문이다. 그 이야기에서 직관이 보다 중요한 부분이며, 개념적 그물망은 여기에 종속된 것이다"(ibid., 390).

2) *SMW* 107; cf. 《과학과 근대세계》, 121.

3) *SMW* 112; cf. 《과학과 근대세계》, 126.

움직이나, 보다 큰 중간 크기의 사물들은 상대적으로 결정주의적 움직임을 보여주고, 다시 고등적인 유기체에서는 자유의 현상이 보다 지배적인 것으로 이해될 수 있다. 화이트헤드는 기계론적 관점과 유기체적 관점을 단지 둘 중 하나의 선택의 문제로 본 것이 아니라, 자연의 단일한 현상이 보편적으로 드러나는 두 측면이라고 여긴다. 자연에 대해 사유하는 우리의 성찰의 차원 혹은 폭에 따라서, 자연은 결정주의적으로 혹은 자유롭게 보인다는 것이다. 이러한 화이트헤드의 유기체적 기계론은 전통신학의 자유의지의 신정론을 재수용하여 일종의 다원주의적 형이상학으로 발전시킨 것으로 이해될 수 있다.

신정론의 맥락에 있어서, 화이트헤드는 일원론(monism) 혹은 유일신론적 결정주의(monotheistic determinism)를 강하게 비판한다. 만약 하나님이 유일무이하고 단일한 형이상학의 궁극원리라고 한다면, 우리는 하나님을 모든 선의 창조자일 뿐 아니라 모든 악의 창조자로서 볼 수밖에 없다고 화이트헤드는 생각한다. 우리가 하나님을 우주 내 존재하는 유일한 형이상학적 힘으로서 경배한다면, 사실 이것은 하나님을 '악의 저자(著者)'로 만드는 것과 별로 차이가 없다는 것이다.

> 중세와 근대의 철학자들 사이에는 하나님이 가지는 종교적 중요성을 확립하고자 애쓴 나머지, 하나님에게 [공허한] 형이상학적 칭송을 바치는 유감스러운 습관이 널리 퍼져 있었다. 그들 철학자들은 우리의 '형이상학적 상황의 토대'(the foundation of the metaphysical situation)로서 하나님만이 궁극적으로 활동하신다고 여긴 것이다. 만약 이런 생각을 고수한다면, 우리는 모든 선의 근원뿐만 아니라 모든 악의 근원도 하나님 안에서 찾을 수밖에는 없는 것이다. 그때 하나님은 [우주의] 최종적 극작가로서, 그러한 극(劇)의 성공뿐 아니라 그 모든 결함들까지도 하나님의 책임으로 돌려져야 한다. 하지만 이와는 달리, 하나님을 '한계의 최종적 근거'(the supreme ground for limitation)로서 사유한다면, 하나님은 그 본성에 있어 선함을 악함으로부터 구분하고 한계를 지으며, 이성에 "최고의 지배권"을 부여하시는 분으로 이해될 수 있는 것이다.[4]

화이트헤드는 여기서 하나님이 우리의 "형이상학적 상황의 토대"라는 '아니다'(not)고 주장함으로써 악의 문제를 해결하고자 시도하고 있는 것이다. 우리의 형이상학적 상황은 궁극적으로 볼 때 주어진 것이지, 어떤 단일한 지성적 존재에 의해 설립되어진 것은 아니라는 것이다. 따라서 하나님이 이러한 상황을 독단적으로 설립하지도 않았는데, 그 상황이 초래하는 여러 악으로 인해 하나님을 비난하는 것은 의미가 없다고 화이트헤드는 본다.

화이트헤드가 생각하는 현실태(現實態 actuality)로서의 우주에는 일원론적 세계관과는 달리 세 가지 궁극적으로 주어진 존재가 있다: 하나님, 창조성, 그리고 영원적 객체. 현실태로서의 우주는 단지 물질주의적 관점에서 이해되어져서는 안 되며 "관념 세계"(ideality), "보편자들"(universals), 혹은 "영원적 객체들"(eternal objects)도 포함하는 것으로 이해되어야 한다.[5] 현실적 사실들은 실현되어진 혹은 사실화되어진 가능성들이며, 관념 세계 내에는 다른 실현되지 못한 가능성들과 대안들이 또한 진정한 의미에서 '존재'한다고 말할 수 있는 것이다. 이러한 가능태에서 현실태로의 전환은 두 가지를 필요로 한다. 우선, 전환 운동을 움직여 갈 수 있는 어떤 에너지, 동력, 혹은 욕구가 있어야 한다. 이러한 운동의 힘을 화이트헤드는 창조성이라고 부른다. 하지만 창조성은 단지 홀로 존재할 때 무기력할 수밖에 없다. 여기에 어떤 방향성(方向性)이 제공되어야만 그것은 가치의 실현으로 이어지기 때문이다. 이것이 바로 하나님이 그러한 방향성을 제공하는 "구체화의 원리"(the principle of concretion) 혹은 "한계의 최종적 근거"(the supreme ground for limitation)로서 형이상학적으로 요구되는 이유이다.[6] 창조성과 영원적 개체들에 질서를 부여하는 "한계의 원리"(principle of limitation)로서 "하나님은 궁극적인 한계이며 그의 존재는 궁극적인 비합리성이다."[7] 더

---

4) *SMW* 250-251; cf. 《과학과 근대세계》, 261.
5) *SMW* 221; cf. 《과학과 근대세계》, 233.
6) *SMW* 250-251; cf. 《과학과 근대세계》, 260-261.

이상의 합리적 설명으로 설명될 수 없는 이러한 하나님이 가지는 "분석적"(analytical) 기능은 관념 세계에 존재하는 다양한 영원적 객체들 전부를 하나의 질서 있는 체계로 등급매기는 것이고, 하나님이 가지는 종합적(synthetical) 기능은 현실적 존재들을 대면하며 그것들에게 이상적 대안들을 제공하는 것이다.[8] 하나님은 이상을 통해서 우리를 설득하고 유혹하지만, 우리는 또한 그의 이러한 설득을 거절할 수 있다. 여기에 악의 근원이 존재하는 것이다.

> 악(惡)이란 영원한 비전(eternal vision)은 무시한 채, 각각의 단편적인 목적을 이루고자 하는 야만적 동기의 힘(the brute motive force of fragmentary purpose)이다. 악은 만물을 억압하고 저속하게 만들며 손상시킨다. 반면 하나님의 힘은 그가 영감처럼 불어넣은 [이상에 대한] 동경(the worship He inspires)이다.[9]

하나님의 뜻과 세계 내에 실현되는 사건들 사이에는 어떤 절대적 상응성이 존재하는 것은 아니다. 왜냐하면 세계 내에는 하나님과 그가 제공하는 영원적 객체들에 대한 합리적인 이상 이외에도, "단편적인 목적을 이루고자 하는 야만적 동기의 힘" 혹은 창조성이 모든 존재하는 것들 속에 있기 때문이다. 그래서 세계가 자유의 모험인 것이다.

신정론이라는 종교적 상황에서 볼 때, 일원론적 세계관에 대한 화이트헤드의 비판적 거부는 존 캅의 표현을 빌리면 하나님의 "선하심"(goodness)을 옹호하기 위해 하나님의 "형이상학적 궁극성"(形而上學的 窮極性, metaphysical ultimacy)을 희생시키거나 제한하려 한 시도라는 데 많은 해석자들이 동의한다.[10] 아우구스티누스와 화이트헤드의 비교는

---

7) *SMW* 249; cf. 《과학과 근대세계》, 259-260.
8) *SMW* 247; 《과학과 근대세계》, 258.
9) *SMW* 268; cf. 《과학과 근대세계》, 278.
10) John B. Cobb, *A Christian Natural Theology: Based on the Thought of Alfred North Whitehead* (Philadelphia: The Westminster Press, 1965), 143. 또한 Lewis S. Ford,

이런 면에서 문제를 선명하게 만든다. 아우구스티누스는 하나님의 형이상학적 궁극성을 지키기 위해 하나님의 선하심을 다소 모호하게 만든 감이 없지 않다. 파러(Austin Marsden Farrer)에 따르면, "아우구스티누스는 악의 문제를 경감시키지도 하나님을 비난에서 해방시키지도 못했다. 단지 그는 세계의 단일한 기원을 옹호했을 뿐이다."[11] 화이트헤드는 이러한 형이상학적 기원의 단일성을 포기하는 대신 하나님의 선하심을 선명하게 강조하려 한다. 하지만 여기서의 그의 이런 시도가 완전히 만족스럽지는 못하다고 몇몇은 본다. 왜냐하면 《과학과 근대세계》에서 간략하게 언급되고 있는 화이트헤드의 하나님 관념은 형이상학적 혹은 유일신론적 궁극성을 지니지 않고도 악에 대해 동일하게 책임이 있는 것으로 여겨질 수 있기 때문이다. 테일러(A. E. Taylor)는 왜 창조성, 혹은 보다 전통적으로 말해 자유의지가 여기서 악의 유일한 근원이 될 수는 없는지 분석한다. 순전히 결정되지 않은 에너지 혹은 욕구로서의 창조성은 그 실현을 위해 구체적인 방향성을 요구한다는 것이다. 그런데 화이트헤드 그 자신이 《과학과 근대세계》에서 제시하는 학설에 따르면, 하나님은 "사물들이 가지는 모든 구체적 특질의 근거이며, 악한 사물들의 특질도 선한 사물들의 특질보다 그 구체성(determinate character)에 있어 떨어지는 것 같지는 않다"라고 테일러는 지적한다.[12] 결과적으로, 그러한

The Emergence of Whitehead's Metaphysics 1925-1929 (Albany, N. Y.: State University of New York Press, 1984), 106을 참조하라.

11) Austin Marsden Farrer, *Love Almighty and Ills Unlimited* (Garden City, New York: Doubleday, 1961), 30-31.

12) A. E. Taylor, "Dr. Whitehead's Philosophy of Religion," in *Dublin Review* 181, no. 362 (July 1927): 38. 화이트헤드의 충실한 해석가인 빅터 로우 또한 테일러의 이러한 견해에 동의한다. Victor Lowe, "The Development of Whitehead's Philosophy," in Paul Arthur Schilpp ed., *The Philosophy of Alfred North Whitehead* (New York: Tudor Publishing Company, 1951 [second edition]), 98. 또한 Stephen Lee Ely, *The Religious Availability of Whitehead's God: A Critical Analysis* (Madison: University of Wisconsin Press, 1942), 12-13을 참조하라.

사물들이 지니는 악함 혹은 나쁨의 특질 그 자체도 선함의 특질과 마찬가지로 우주 내에 존재하는 유일한 "구체화의 원리" 혹은 "한계의 최종적 근거"로서의 하나님에게서 유래해야만 한다는 논리적 귀결을 가져오게 된다. 화이트헤드는 이 저작에서 더 이상의 논의를 제공하고 있지는 않기 때문에, 비록 하나님이 형이상학적 궁극성을 지니지 않더라도 여전히 악을 포함한 모든 형태의 구체화에 있어 그 책임을 가진다는 테일러의 비판을 피할 수는 없는 것 같다.

II. 《형성과정에 있는 종교》에서의 신정론

일원론적 세계관에 대한 비판과 전통적 자유의지 신정론에 대한 성찰은 화이트헤드의 《과학과 근대세계》에서 중요한 위치를 차지하지만 그 논의가 다소 간략한 감이 없지는 않다. 그는 자신의 《형성과정에 있는 종교》에서 이 두 문제를 보다 자세하게 논의하고 있다.[13] 화이트헤드가 최초로 일종의 미학적 신정론을 이 저작에서 제시하고 있는 것도 우리의 관심을 끄는 점이다. 또한 《종교》에서의 그의 하나님 본성에 대한 성찰은 《과정과 실재》에서 널리 알려진 하나님의 삼중적 본성, 즉 원초적(primordial), 결과적(consequent), 그리고 자기 초월체적(superjective) 본성을 예견하고 있다.

화이트헤드는 자유의지 신정론을 악의 문제에 대한 고전적이고 또한 독특하게 기독교적인 접근법으로 받아들인다. 예를 들어 불교가 악을 세계의 본질 자체에 존재하는 일종의 형이상학적 필연성으로 여기는데 반해, 기독교는 악의 존재를 "사건들의 우발적인 진행"(the contingent fact of the actual course of events)에서 발생하는 것으로 본다.[14] 기독교에서

---

13) Whitehead, *Religion in the Making* (New York: Macmillan Company, 1926). 이하 *RM*. 번역본으로는 정강길 역, 《형성과정에 있는 종교》(서울: 동과서, 2003)를 사용하였다. 이하 《종교》.

악은 형이상학적으로 요구되는 어떤 필연적인 것이라기보다는 일어나지 않았을 수도 있는 우발적인 사건으로 이해되고 있다. 또한 이러한 우발성이 실제 사건들의 진행과정과는 다른 어떤 이상적인 경우를 생각해 볼 수 있도록 허용한다고 그는 본다. 그러나 화이트헤드가 단지 전통적인 기독교를 무비판적으로 수용하고 있는 것은 아니다. 그는 영혼의 "불멸성이라는 문제에 대해 전적으로 중립적인 입장"을 견지하고자 한다.[15] 또한 그는 사후세계에서의 보복이나 보상이라는 전통 신학적 생각이 어떻게 지금 현실세계 내에 존재하는 악의 문제를 대답할 수 있는지 반문한다. 화이트헤드의 해결책은 이러한 생각을 요구하고 있지는 않다. 오히려 기독교의 성경 자체가 이러한 형벌적인 정의의 실현 혹은 형벌적인 조화라는 생각을 거부하고 있다고 화이트헤드는 본다. 구약의 욥기는 "고난 받는 자는 악한 자이다"(the sufferer is the evil person)라고 현실세계의 고난을 악의 징벌로서 해석하는 교리적 단순화를 거부하고 거기에 항거하고 있다는 것이다.[16] "하나님의 정의가 만물에 아름답게 드러난다"라는 아우구스티누스주의적인 미학적 낙관론 혹은 이 세계가 "가능한 세계들 가운데 최고의 세계이다"라고 하는 라이프니츠의 학설이 왜 근본적으로 불신되는지 욥의 고난이 잘 보여준다고 화이트헤드는 생각한다.[17] 힘을 그와 반대되는 대립적 힘으로써 균형 잡는 방식으로 하나님이 활동하시지는 않는다는 것이다. 오히려 화이트헤드는 "힘"에 대한 숭배가 "야만적인 하나님 개념"에서 유래한다고 본다.[18] 반면, 하나님의 진정한 힘은 예수 그리스도의 삶에서 보이듯 "힘없음"(absence of force)과 그럼에도 "높은 이상이 가지는 결정적 힘"(the decisiveness of a supreme ideal)에 드러난다고 그는 주장한다.[19]

---

14) *RM* 51; cf. 《종교》, 62.
15) *RM* 111; cf. 《종교》, 114.
16) *RM* 49; cf. 《종교》, 60.
17) *RM* 48; cf. 《종교》, 60.
18) *RM* 55; cf. 《종교》, 65.

욥의 고난이 우리에게 주는 어려운 문제는 단순히 힘의 숭배, 즉 하나님을 일종의 우주적 군주(君主)로서 보는 견해에 의해 악이 해결될 수 있는 것은 아니라는 점이다. 만약 우리가 이러한 야만적 하나님 관념을 그 논리의 귀결까지 따라간다면, 우리는 결국에는 세계 내 존재하는 악(惡)도 "하나님의 본성에 부합하는 것"으로 보아야 하는 "완전한 결정론"을 주장할 수밖에는 없다.[20] 물론 하나님이 어떤 의미에선 우주의 전체 과정을 결정하신다. 왜냐하면, "하나님은 모든 [우주의] 창조적 과정 하나하나에 고려되어야 하는 비(非)시간적인 현실적 존재"이고, 모든 피조물은 그 자신 안에 "하나님을 포함"(the inclusion of God)하고 있기 때문이다.[21]

달리 말해, 다음과 같은 해석이 가능할 것으로 필자는 본다. 하나님이 '모두'(all) 결정하신다는 전통적 관념은 화이트헤드에 의해 하나님이 세계 내에 있는 현실적 존재들의 '모든 경우'(all occasions)에 관여하신다는 것으로 이해된다. 만약 이 완고한 사실을 부정한다면, 우리는 단지 무신론으로 나아갈 수밖에는 없는 것이다. 하지만 만약 하나님이 '모두' 결정하신다는 것을 하나님이 '일방적으로'(unilaterally) 결정하시는 것으로 이해된다면, 우리는 단지 신학적 비관주의로 나아갈 수밖에는 없는 것이다. 따라서 여기서 신학이 가지는 과제는 우리의 형이상학적 상황에 있어서 어떻게 하나님이 그의 힘없는 힘, 설득력, 혹은 이상의 결정적 힘을 '모든 경우'에 행사하시는지 설명하는 것이다. 반대로, 이러한 형이상학적 과제를 회피하는 것은 "곤란하고 이해하기 어려운 일들은 모두 하나님의 명령이나 섭리로 돌려질 수 있다"고 보는 일종의 '도구적 하나님'(道具的 神, *deus ex machina*) 관념을 암묵적으로 옹호하는 것과 별로 다르지 않다.[22] 이 경우 신학적 설명의 의무를 단지 신학적 편의성이

---

19) *RM* 57; cf.《종교》, 66.
20) *RM* 95; cf.《종교》, 101.
21) *RM* 94; cf.《종교》, 100.
22) *RM* 70; cf.《종교》, 77. 비록 화이트헤드 자신이 여기서 사용하고 있지는 않지만, 완전

대체하고 있을 뿐이다. 모든 건 하나님의 뜻에 따라 결정되었다고 하는 손쉬운 교리적 대답이 신정론의 어려움을 해결하고 있지는 못한 것이다: "종교적 교리의 모든 단순화 작업들은 악(惡)의 문제라는 암초에 걸려 난파되었다."[23]

《종교》에서 우리의 형이상학적 상황에 대한 화이트헤드의 분석은 이전보다 더 분명하고 명확하게 제시되어진다. 우주는 한편으로 화이트헤드가 "현실화된 경우들"(occasions of actualization)이라고 부르는 시간의 흐름 속에 존재하는 "현실 세계"(現實 世界, the actual temporal world)와, 다른 한편으로 이런 현실세계가 만들어져 가도록 영향을 주는 세 "형성적 요소"(形成的 要素, formative elements), 즉 "창조성"(creativity), "관념적 존재들 혹은 형상들의 영역"(the realm of ideal entities, or forms), 그리고 "하나님"(God)으로 구성되어진다고 제안한다.[24] 이러한 시간적 현실세계와 세 형성적 요소들이 함께 넓은 의미에

한 기계론적 혹은 결정론적 세계관에 대한 그의 이러한 신학적 비판은 "deus ex machina" 혹은 "도구적 하나님" 관념으로 적절하게 표현되는 것 같다. 문자적으로 "기계장치에서 튀어나온 하나님"(god out of the machina)을 가리키는 표현으로, 고대 그리스 종교극에서 종종 인물들과 사건들이 복잡하게 얽히고 어려워져서 오직 神적인 개입만이 문제를 해결할 수 있는 상황에서 劇의 종국에 가서 무대 위쪽에 설치된 기계장치에서 하나님이 내려와 모든 일을 해결하고 악을 심판하였던 것에서 유래하였다. 이렇게 하나님을 단지 우리의 이론적 혹은 현실적 어려움을 해결하는데 유용한 도구적 존재로만 여기는 이러한 신학적 습성은 19세기에 헤겔에 의해서도 비판되어진다. 헤겔은 자신의 철학사 강의에서 라이프니츠의 신정론 사상을 가리켜 "하나님"을 "모든 모순들을 쏟아 붓는 하수구"(die Gosse, worin alle die **Widersprüche** zusammenlaufen; the waste channel into which all contradictions flow)같이 만든다고 비판한다. G. W. F. Hegel, *Werke in zwanzig Bänden,* edited by E. Moldenhauer and K. M. Michel, 20 vols and index (Frankfurt: Suhrkamp Verlag, 1969ff.), 20:255. 영어판으로는 *Lectures on the History of Philosophy, vol. 3: Medieval and Modern Philosophy,* trans. by E. S. Haldane and F H. Simson (Lincoln and London: University of Nebraska Press, 1995), 348을 보라.

23) *RM* 77;《종교》, 82.
24) *RM* 90-91; cf.《종교》, 96-97.

서의 우주라는 형이상학적 상황을 구성하고 있는 것이다.

특히 화이트헤드는 우주의 진보에 있어 하나님의 필수불가결한 역할을 강조한다. 화이트헤드는《종교》에서 하나님 혹은 신(神)을 "창조성이라는 결정되지 않은 단순한 에너지를 어떤 구체적으로 결정된 자유로 변환시키는 역할을 하는 비시간적이고 현실적인 존재"(the actual but non-temporal entity whereby the indetermination of mere creativity is transmuted into a determinate freedom)라고 정의 내린다.[25] 마치 아메바같이 혹은 신화에 나오는 프로테우스같이 "변화무쌍한"(protean) 성격을 지닌 창조성(創造性)은 하나님의 도움 없이는 현실 세계에 어떠한 구체적 가능성도 제시할 수 없다.[26] 또한 무한한 가능성들, 관념적 존재들, 혹은 영원적 객체들(永遠的 客體)이 이데아의 관념세계에 존재한다는 그 사실 자체가 그러한 가능성들을 현실의 경우들로 변환시키는 것도 아니다. 우주의 과정은 창조성 혼자만으로는, 혹은 영원적 객체들 혼자만으로는 불가능하다. 왜냐하면 모든 영원적 객체들과 그것들 상호간의 연관관계를 거대한 하나의 조화로운 질서로 설정한 가장 창조적인 존재자, 즉 "[모든 영원적 객체들의] 완성된 관념적 조화(the completed ideal harmony)로서 존재하는 하나님 혹은 신(神)을 떠나서는, 이 둘은 [가능한 관념들을] 현실화시키는데 전적으로 무기력하기 때문이다."[27] 하나님의 형이상학적 역할은 비시간적인 영원적 객체들과 시간적인 현실적 존재들을 창조적으로 중재하는 것이다. 이를 통해 하나님은 우주의 창조적 과정을 기계적으로 결정하지 않고도 새로움을 행해 조절하고 변환시켜가는 것이다. 이러한 생각들은 이미《과학과 근대세계》에서도 부분적으로 찾아질 수 있다. 하지만《종교》에서 보다 독특한 것은 화이트헤드가 이러한 우주의 진보과정을 일종의 미학적 진보과정으로 뚜렷하게 제안하고 있다는 점이다.

---

25) *RM* 90 ; cf.《종교》, 96.
26) *RM* 92;《종교》, 98.
27) *RM* 119-120; cf.《종교》, 121.

화이트헤드에 따르면, 하나님은 "세계가 지니는 미학적 일관성의 척도"(the measure of the aesthetic consistency of the world)로서 존재하고, 그의 창조적 목적은 "시간적 세계 안에서 [그러한 미학적] 가치가 실현되는 데 있다."²⁸⁾ 가치라고 하는 차원은 현실적 존재들 내에 본질적으로 내재하는 것으로서, 하나님은 이 현실적 경우들이 각각 획득한 "가치의 강도"(the intensiveness of value)에 따라 그 경우들을 자리 매기신다. 이러한 화이트헤드의 미학적 존재론에서 "강도의 부재(不在, zero)는 현실적 존재의 붕괴를 의미한다."²⁹⁾ 우리가 앞에서 화이트헤드의 미학사상에서 살펴보았듯이, 미학적 개념 내지 범주는 다른 윤리적 혹은 지성적 개념들에 비해 하나님의 창조적 목적을 가장 적절하고 포괄적으로 묘사하는 개념이라고 그는 본다. 이러한 화이트헤드의 견해를 하트숀은 다음과 같이 설명하고 있다. 예를 들어 동물의 행동에 있어서 윤리적 범주를 적용할 수는 없지만 미학적 선과 악을 적용시킬 수는 있다. 이처럼 "윤리적 선은 몇몇 동물들에게는 적용될 수 없는 범주일 뿐 아니라, 어떤 의미에서는 하나님에게도 적용될 수 없는 범주이다."³⁰⁾ 하트숀은 "생명"(life)이 미학적으로 평가될 수 있을 뿐 아니라, "진리(truth)의 가치는 부분적으로는 미학적 가치의 한 형태"이며, "윤리(ethics)는 미학을 전제로 한다"라고 주장한다.³¹⁾ 때문에 "미학적 악은 하나의 범주이며 어디에도 전적으로 부재하지는 않는 것이다.³²⁾ 우리가 아는 가치의 범주들 가운데 가장 보편적인 것은 미학적 가치라는 논지이다. 하트숀은 "미학이 형이상학과 우주론의 기초를 이룬다"는 통찰을 화이트헤드뿐만 아니라 퍼스(Peirce), 크로체(Croce), 루이스(C. I. Lewis), 바스콘셀로

---

28) *RM* 99, 100; cf.《종교》, 104, 105.
29) *RM* 103; cf.《종교》, 107.
30) Hartshorne, *Creative Synthesis & Philosophic Method*, 309.
31) Ibid., 308. 미학적 가치의 형이상학적 우선성에 대해서는 Hartshorne, "God as Composer-Director, Enjoyer, and, in a Sense, Player of the Cosmic Drama," 244; idem, "The Aesthetic Dimensions of Religious Experience," 13 등도 참조하라.
32) Hartshorne, "Whitehead's Idea of God," 523.

(Vasconcellos), 그리고 셸링(Schelling) 등에서 배웠다고 밝힌다.[33] 이런 맥락에서 우리는 종래의 칸트가 제안한 도덕적 신존재 증명(道德的 神存在 證明)을 화이트헤드가 일종의 미학적 신존재 증명(美學的 神存在 證明)으로 변환시키고 있다고 해석할 수도 있을 것이다.

> 이러한 사유는 칸트의 논쟁을 보다 확장시키고 있다. 칸트는 도덕적 질서의 필요성에서 하나님 존재의 필요성을 보았다. 하지만 그는 자신의 형이상학에서 우주론적 신존재 증명을 거부한다. 반면 우리가 이 책에서 제시하고 있는 형이상학적 견해는 칸트처럼 인식론적(cognitive) 혹은 개념적(conceptive) 경험에서 세계의 기초들을 발견하려 시도하기보다는, 오히려 미학적(aesthetic) 경험에서 그러한 기초들을 발견하려 시도한다. 따라서 모든 질서는 미학적 질서(美學的 秩序)이며, 도덕적 질서(道德的 秩序)는 단지 미학적 질서의 특정한 모습들이다. 현실세계는 미학적 질서의 산물이며, 미학적 질서는 하나님의 내재성에서 유래하는 것이다.[34]

화이트헤드의 미학적 신존재 증명을 우리는 간략하게 이렇게 볼 수 있을 것이다. 우선, '현실세계'가 존재한다. 하지만 이러한 현실세계가 존재하기 위해서는 그 현실세계를 구성하고 조정하는 화이트헤드가 광범위한 의미에서 미학적이라고 부르는 '질서'가 필요하다. 나아가 미학적 질서는 우주에 그러한 질서를 부여하는 어떤 지성적 존재자 혹은 질서자로서 '하나님'을 요구하는 것이다. 이처럼 칸트가 도덕적 필요성에 기초해 하나님의 존재를 요청한 반면, 화이트헤드는 존재론적 혹은 미학적 필요성에 기초에 요청하고 있는 것이다. 칸트주의적 도덕질서는 일종의 화이트헤드주의적 미학질서의 한 측면이라고 보는 것이 단순히 도덕의 가치를 부정하거나 평가절하 시키는 것으로 이해될 필요는 없다. 화이트

---

33) Hartshorne, *Reality as Social Process*, 44-45.
34) *RM* 104-105; cf.《종교》, 108-109. 미학적 신존재 증명에 대한 하트숀의 논리적 분석으로는 Hartshorne, *Creative Synthesis & Philosophic Method*, 286-287을 참조하라.

헤드는 여기서 도덕의 가치를 부정하고 있는 것이 아니라, 그러한 도덕적 가치가 지니는 일반적 혹은 형이상학적 구조를 분석하고 있기 때문이다. 우리 경험에 비추어 볼 때 이러한 견해는 또한 설득력을 가지는 것 같다. 예를 들어, 어떤 행동이 가지는 아름다움의 느낌이 종종 우리의 도덕적 행동을 가능케 하는 동기로서 역할 하는 것을 종종 경험한다. 아름다움 혹은 미(美)는 자신의 존재가치를 스스로 증명하는 자기인증적 가치(自己認證的 價値, a self-justifying value)이다. 이렇게 더 이상의 추가적 증명을 필요로 하지 않는 일종의 미학적 도덕관 없이는, '왜 우리는 도덕적으로 선한 삶을 살아야 하는가?'라는 근본적인 질문을 대답하기가 무척 어려울 것이다. 요컨대, 칸트의 도덕적 공리의 자명성(自明性)이라는 생각을 화이트헤드는 미학적 가치의 자명성으로 재해석하고 있는 것이다.

화이트헤드의 미학적 존재론은 악의 문제에 대해 종래의 보복적 정의(報復的 正義, retributive justice)라는 전통적인 도덕적 접근법과는 다른 새로운 미학적 접근법을 가능케 한다. 우주에 대한 하나님의 목적은 보복에 있는 것이 아니라, "새로운 미학적 경험의 탄생"에 있다.[35] 이러한 우주의 미학적 느낌 혹은 심미감의 성취과정은 두 근본 원칙, 즉 개개 가치의 명확성이 보존되어야 한다는 "동일성"(identity)의 원칙과, 가치의 생생함 혹은 질적 차별화도 생산되어야 한다는 "차이성"(contrast)의 원칙에 의해 이루어진다.[36] 여기서 가치의 동일성은 과거와 현재 사이의 일종의 연속성을 의미하는데 반해, 가치의 차이성은 이 둘 사이의 환원될 수 없는 대조를 가리킨다. 이러한 두 원칙들은 화이트헤드가 《과학과 근대세계》에서 말하고 있는 보존의 정신과 변화의 정신에 유비되어진다고 해석될 수 있을 것이다. 요컨대, "모든 미학적 경험은 느낌의 동일성 가운데 차이성의 실현이다."[37]

---

35) *RM* 115; cf.《종교》, 118.
36) *RM* 115; cf.《종교》, 118.
37) *RM* 115; cf.《종교》, 118.

하지만 비록 하나님이 가치 혹은 느낌의 "동일성 가운데 차이성의 실현"을 위한 최상의 가능성 혹은 최고의 이상을 개개 현실적 존재들에게 제시하더라도, 모든 현실적 존재들 속에 내재하는 보편적 자유 혹은 창조성은 하나님의 뜻과 그것의 현실세계에서의 창조적 실현 둘 사이에 정확한 상응이나 일치를 형이상학적으로 불가능하게 만든다. 화이트헤드는 여기에 불가피한 악의 근원이 있다고 보는 것이다.

> 우주 안에 있는 모든 개개의 사물들이 그 세부적인 면에 있어 정확하게 이러한 속성(this character)과 완전히 일치하는 것은 아니다. 거기에는 얼마간의 일치와 얼마간의 차이가 있게 될 것이다.…일치가 불완전한 한에 있어서, 세계 내에는 악이 존재하게 된다.[38]

악이란 한편으로 개개 사물들의 가치의 실현과 다른 한편으로 우주의 "이러한 속성" 사이에 존재하는 불완전한 일치인 것이다. 화이트헤드는 이러한 속성을 "보편적인 요구," "형성적 원리," "개개 경우들에 상관 있는 이상," "속성의 계시," "사물들의 본질 속에 영구적으로 내재하는 속성의 이해," "사물들의 본성 내에 존재하며 그 사물들의 작용인(作用因, efficient cause)과 목적인(目的因, final cause) 둘 모두에 영향을 끼치는 영구한 옮음의 속성"이라고 다양하게 표현하고 있다.[39] 화이트헤드가 말하는 이러한 속성이란 비(非)결정적인(non-deterministic) 원인으로 활동하는 하나님의 뜻을 가리키고 있는 듯하다.[40]

---

38) *RM* 61-62; cf. 《종교》, 70.
39) *RM* 60-61; cf. 《종교》, 69-70.
40) 존스(Judith A. Jones)는 《종교》에서 화이트헤드가 하나님의 "뜻"(will)이라는 측면을 완전히 생략하고 있다고 보는데, 왜냐하면 그것이 일종의 神의 자의적이고 일방적인 결정론을 가져오기 때문이라는 것이다. 그래서 존스는 여기서의 화이트헤드의 견해가 스피노자의 神的 필연성에 가깝다고 제안한다. *Religion in the Making* 再版에 새롭게 추가되어 있는 그녀의 "Introduction"을 참조하라(New York: Fordham University Press, 1996, xxxiv). 화이트헤드가 신학적 결정주의를 피하려고 의도하고 있는 것은 분명하다. 하지만 《종교》에서 화이트헤드가 그러한 이유에서 하나님의 속성으로부터

일치는 두 가지 방식으로 왜곡될 수 있다. 실현 가능했던 가치보다 작은 가치를 실현시켰을 때, 우리는 불필요한 사소함의 악을 초래하게 된다. 사소함의 악은 우선적으로 여기에 관련된 "그 사람 자체에 초래되는 악"(an evil for the man himself)인데, 그 사람은 자신의 경우에 있어 "저등한 경험을 선호함으로써 보다 고등한 경험의 기회를 상실하게 되는 것이다."[41] 사소함의 악 혹은 저속화의 악은 가능하였을 수도 있었던 것에 비해 너무도 작은 가치를 창조하는 것을 가리킨다.

> 돼지는 그 자체로 악한 짐승은 아니다. 하지만 사람이 돼지의 수준으로 전락하여 보다 훌륭한 가치들을 쇠퇴시킬 때, 그는 돼지만큼은 악한 것이다. 궁극적 저속화(窮極的 低俗化 the final degradation)로서의 악은 '현실의 경우'(what is)를 '가능했을 수도 있었던 경우'(what might have been)에 비교해 볼 때 분명하게 드러난다.[42]

예를 들어 "선하지만 공감(共感)의 폭이 협소한 사람들"은 일종의 자기 보존이라는 가치, 즉 "이기주의적인 선(善)"을 누린다. 하지만 그들은 어떤 의미에서는 "돼지의 차원으로 완전히 전락해 버린 그 사람의 경우와 유사하다."[43] 왜냐하면 그들은 그보다는 나은 사람들이 될 수도 있었기 때문이다.[44] 또한 우리는 이러한 개인적 차원과는 별도로, 사회적 차원에

하나님의 인격적(personal) 혹은 의지적(volitional) 측면을 완전히 배제하고 있다고 필자는 생각하지 않는다. 우리의 형이상학적 상황에 존재하는 의지들의 다원성(the plurality of wills) 그 자체만으로도 이러한 신학적 결정주의는 피할 수 있기 때문이다. 또한 화이트헤드가《종교》후반부에서 발전시키고 있는 하나님의 결과적 본성 혹은 자기초월체적 본성이라는 생각은 하나님의 인격적 의지 혹은 뜻이라는 차원을 떠나서는 쉽게 설명될 수 없을 것이다.

41) *RM* 97, 95; cf.《종교》, 102, 101.
42) *RM* 97; cf.《종교》, 102.
43) *RM* 98; cf.《종교》, 103.
44) 유사하게 헤겔도《정신현상학》에서 도덕론자들이 지니는 "불행한, 소위 아름다운 영혼"(the unhappy, so-called beautiful soul)을 비판하고 있다. *Phenomenology of*

서 "다른 사람들에게 초래되는 악"(an evil for others)을 함께 고려하여야만 한다.[45] 자신이 실현시킨 가치와 다른 이가 실현시킨 가치가 충돌할 때, 우리는 서로가 서로에게 부조화의 악을 초래하는 것이다. "사물들이 서로 교차(交叉)하는 목적들을 지닐 때, 악은 존재하게 된다"(There is evil when things are at cross purposes).[46]

마지막으로, 우리는 화이트헤드가 《과학과 근대세계》에서의 논의를 보다 발전시켜, 하나님이 형이상학적 궁극성이 없이도 세계 내 존재하는 악을 책임져야 한다는 비평가들의 도전을 대답하고 있는지 살펴보고자 한다. 화이트헤드는 이러한 문제를, 《과정과 실재》의 용어를 빌려서 표현하면, 하나님의 원초적(primordial) 본성이 가지는 전지성(全知性, omniscience)과 하나님의 결과적(consequent) 혹은 자기 초월체적(superjective) 본성이 가지는 전선성(全善性, omnibenevolence)을 구분함으로써 부분적으로 대답하고 있다. 화이트헤드는 하나님이 전지하시다는 생각을 옹호하는데, 왜냐하면 하나님은 그의 마음속에서 모든 영원적 객체들을 알고 있어야 하기 때문이라는 것이다.

> 따라서 가치의 구체적 양태들이 지니는 관계들에 대한 하나님의 지식은 '자신의 관념세계 내에서 이미 개념적으로 실현되어진 것'(what is already conceptually realized in his ideal world)이 다시 '현실세계 내에서도 실현된다'(the realization in the actual world)는 사실에 의해 증가되거나 방해받는 것은 아니다.[47]

어떤 주어진 현실적 경우에 대해서 가장 적절한 가능성 혹은 영원적 객체를 제공하기 위해서는, 하나님은 모든 영원적 객체들과 그것들 사이의 모든 상호관계적 순차성(順次性, sequences)도 또한 알고 있어야 한다.

Spirit, 400.
45) RM 97; cf.《종교》, 102.
46) RM 97; cf.《종교》, 102.
47) RM 154; cf.《종교》, 152.

따라서 화이트헤드는 하나님의 원초적 본성 내에 존재하는 모든 가능성들에 대한 '개념적 파악'으로부터, 그러한 개념적 파악에 또한 포함되고 있는 악한 가능성들에 대한 일종의 '능동적 바램 혹은 향유'를 구분하고 있는 듯하다. 하나님의 전지성을 옹호하기 위해 하나님은 악에 대해서도 지식적 혹은 관념적으로 알고 있다는 전통신학적 견해를 수용하면서도, 동시에 하나님의 선하심 혹은 전선성이 악에 대한 능동적 향유를 불가능하게 만드는 형이상학적 한계로 기능한다는 사실을 화이트헤드는 강조한다. 즉 악한 것을 바랄 수 없는 것이 하나님의 형이상학적 한계이다.

> 하나님의 한계는 그의 선하심이다(The limitation of God is his goodness).···하나님이 모든 측면들에 있어 무한하다는 생각은 잘못된 것이다. 만약 그러하다면, 하나님은 선한 동시에 악하기도 할 것이기 때문이다.[48]

하나님의 지식은 무한한 반면, 하나님은 오직 선만을 의지한다. 즉 화이트헤드는 악을 하나님의 지식 속에 포함시키는 한편, 다른 한편으로 하나님 속에 포함된 악이 능동적 악함의 속성을 가지지는 않는다고 본다. 그래서 "하나님은 자신의 본성 속에 악, 고통, 저속화에 대한 지식을 가지나, 그것들은 선에 의해 극복되어진 모습으로 존재한다"라고 화이트헤드는 주장한다.[49] 하나님은 단지 "선을 악으로부터 고립시킴"(the isolation of good from evil)으로써, 즉 그의 전지한 마음에서 악의 기억을 단순히 지워버림으로써 악을 극복하는 것은 아니다. 이러한 말소는 형이상학적으로 바람직하지도 가능하지도 않다. 오히려 하나님은 "악을 선으로 극복하신다"(the overcoming of evil by good).[50] 달리 말해 하나님은 우리의 개별적 실패들을 단지 고립적으로 보시는 것이 아니라, 현

---

48) *RM* 153; cf.《종교》, 152.
49) *RM* 155; cf.《종교》, 155.
50) *RM* 155; cf.《종교》, 155.

실세계에서는 상실되어 버렸지만 하나님의 마음속에는 여전히 존재하고 있는 우리의 가장 이상적인 가능성들과 관계지어서 보시는 것이다. 이렇게 악을 선으로 변환시키는 기능이 바로 하나님의 결과적(結果的, consequent) 본성이다.

> 하나님은 '상실되어진 것'(what has been lost)을 자신의 본성 안에서 '살아 있는 사실'(a living fact)로 변환시키는 가장 이상적인 동반자(同伴者)이다. 그는 모든 피조물에게 각자의 위대성을 드러내 보여주는 거울인 것이다.[51]

필자는 이것을 다음과 같이 해석한다. 하나님은 우리를 가장 근본적인 의미에서 '기억'(re-member)하시는 분이다. 즉 하나님은 현실세계에서의 우리의 악(惡)한 가치 실현을, 하나님 자신의 관념세계에 보존되어있는 실현되지 않은 대안적 가능성에 재결합(re-join)시키고 다시 한 몸으로 만드는(re-member) 치유자이다. 기억이 용서이다. 어쩌면 이것은 종교에서 말하는 '하나님의 용서'를 화이트헤드가 형이상학적으로 하나님의 결과적 본성으로 다시 표현하고 있는 것이다.

나아가 하나님은 변환되고 바뀐 우리의 모습 혹은 정체성을 다른 이들을 위한 새로운 가능성으로 세계 속에 다시 소개한다. 화이트헤드가 《과정과 실재》에서 하나님의 자기 초월체적(superjective) 본성이라 부른 이러한 측면을 《종교》에서는 이렇게 묘사하고 있다.

> 악의 선으로의 변환(變換, transmutation)은 하나님의 본성에 포함되어진다는 이유에서 다시 현실세계 속으로 들어오게 된다. 선을 회복시키기 위해서 그러한 하나님의 본성은 개개 '현실적 악'(actual evil)을 자신의 본성 속에 포함된 '이상적 비전'(ideal vision) 혹은 가능한 '새로운 결과'(a novel consequent)와 만나게 하고 접목시킨다.[52]

---

51) *RM* 154-155; cf. 《종교》, 154-155.

하지만 우주의 "새로운" 가능성이 어떻게 모든 영원적 객체들과 그 상호 결합들을 파악하고 있는 하나님의 전지한 원초적 본성에 관련되는지 분명하지는 않다. 전지한 하나님에게 어떤 새로운 것이라도 있을 수 있다는 말인가? 여기서 화이트헤드는 관념세계에서 존재하는 영원적 객체들의 '형식적 가능성'(formal possibility)과는 별도로, 그러한 영원적 객체들이 실현되었을 때 이제까지 없었던 '느낌의 미학적 색조 혹은 강도'(aesthetic tone or intensity of feeling)가 새롭게 발생하는 것으로 본다고 필자는 생각한다.

하나님과 현실세계를 이어주는 매개체는 영원적 객체들이다. 이상의 유혹으로서의 하나님의 자기 초월체적 본성은 "우리의 목적들이 우리 자신을 위한 가치를 넘어서서 다른 이들을 위한 가치로 확장된다"라는 것을, 그리고 이것이 보다 깊은 의미에서 "우리 자신을 위한 가치"가 된다는 것을 의미한다.[53] 비록 우리는 주체적(subjective)으로 불멸하는 것은 아니지만, 객체적(objective)으로 불멸하는 것이다.

III. 《과정과 실재》에서의 신정론

화이트헤드는 《과정과 실재》에서 악의 문제를 가장 자세하고 종합적으로 다루고 있다. 여기서 그가 보여주는 다양한 해답의 시도는 형이상학적 일원론을 거부하고 대신 형이상학적 다원론을 주장하는 신정론 I, 전통적 자유의지 신정론에 대한 재해석으로서의 신정론 II, 그리고 소위 객체적 불멸성에 대한 사상으로서의 신정론 III으로 나누어 분석될 수 있을 것이다. 이러한 세 형태의 신정론은 서로 대립되기보다는, 세 독특한 단계를 거치는 하나의 거대한 신정론으로 조화되고 있다. 세 형태의 신정론은 대략적으로 데이터 혹은 여건(data), 결정(decision)의 과정, 그

---

52) *RM* 155; cf.《종교》, 155.
53) *RM* 158; cf.《종교》, 158.

리고 만족(satisfaction)으로서의 결과라는 우주에 대한 그의 삼중적 해석과 일치하는 것 같다. 첫 번째 단계인 우주의 데이터 혹은 여건은 우리의 형이상학적 상황이 다원적인 요소들로 이루어지고 있고, 거기서 하나님의 원초적 본성도 단지 한 요소로 작용한다는 것을 보여준다. 또한 몇몇 해석자들은 여기서 하나님의 원초적 본성이 가지는 느낌에의 유혹이라는 기능에 이미 하나님의 자기 초월체적 본성도 순환론적으로 관계되는 것으로 본다. 두 번째 결정 혹은 자유의 단계는 가장 궁극적으로 존재하는 사실은 현실적 존재들 혹은 현실적 경우들에 내재하는 창조적 자유라는 것을 보여준다. 이것은 현실적 존재들이 가지는 사적(私的)인 자유 혹은 프라이버시(privacy)의 단계로서, 그 어떠한 작용인(作用因, efficient cause)에 대한 분석으로도 환원될 수 없다. 마지막 만족의 단계는 우주의 창조적 모험이 산출하는 결과로서, 이렇게 성취된 진보는 하나님의 결과적 본성 속에 영구히 보존되는 것이다. 가을적 아름다움이 수학적 아름다움이라는 영원불멸성을 획득하게 되는 것이다. 이 세 단계들을 하나의 조화로운 신정론으로 함께 구성함으로써 화이트헤드는 하나님을 옹호하는 것이다.

1. 신정론 I 혹은 형이상학적 일원론의 거부

악의 존재에도 불구하고 하나님을 옹호하는 가장 직접적인 방법은 하나님이 우주에서 일어나는 모든 일들에 대해 일일이 책임을 가지는 유일무이한 형이상학적 궁극자라는 생각을 거부하는 것이다. 이것이 바로 화이트헤드가 하나님, 창조성, 그리고 영원적 객체들이라는 하나(一)가 아닌 다수(多)의 형이상학적 궁극자들을 제안함으로써 시도하고 있는 것이다. "스피노자의 철학이나 절대적 관념론 등의 일원론적 철학에서는 이런 궁극자가 신이며," 이런 생각은 우주 내에 일어나는 모든 개별적 사건들에 대해 하나님이 전적인 책임을 가지게 만든다.[54] 이와는 대조적으로 화이트헤드의 유기체(organism)의 철학에서 하나님은 이러한 공허한 형이상학적 칭송을 필요로 하지 않는다. 유기체의 철학이라는 말 자체가 이미 제시하듯이 우주의 창조적 진화는 단일한 궁극자에 의해 이루어지는 것이 아니라 다양한 존재들의 유기적인 영향과 공헌에 의해 이루어지는 것이다. 시간적으로는 연속성을 통해서 그리고 공간적으로는 포괄성을 통해서, 우주의 존재들 전체가 서로가 서로를 자신의 안에 품는 하나의 창조적인 생명을 이루어가고 있는 것이다. 따라서 화이트헤드의 철학적 일반화에서 가장 궁극적인 것으로 드러나는 것은 다름 아닌 창조성이다. 하나님이 가장 일반적이고 보편적이라는 의미에서의 궁극자는 아닌 것이다. 우리가 우주에서 가장 일반적이고 보편적으로 발견하게 되는 것은 창조적 자유의 충동이다. "유기체의 철학에서는 이런 궁극자를 가리켜 창조성"(創造性, creativity) 혹은 과정(過程, process)이라고 부르며, "신은 그것의 원초적인 비시간적 우유성"(偶有性, its primordial, non-temporal accident)이라고 본다.[55] 반면 창조성은 스스로 독특한 "그 자신의 성격"을 가진다기보다는 하나님과 다른 현실적 존재들에 의해 주어지는 성격을 가지게 된다.[56] 화이트헤드의 존재론적 원리에 따르면 창조성은 현실적 존재들에 내재함을 떠나서는 존재할 수 없다. 바로 이러한 사실이 과정철학의 우주를 다원주의적으로 만드는 것이다. 어떤 단일한 존재도 우주 전체의 역사적 과정을 홀로 결정할 수는 없다. 이렇게 화이트헤드는 "일원론적 우주"(a monistic universe)와 "다원론적 우

---

54) *PR* 11;《과정과 실재》, 56. 하지만 나아가서 형상학적 일원론은 사건 자체, 즉 변화 자체를 설명할 수 없는 내재적 한계를 가진다. 셔번의 해석에 따르면, "일원론적 존재론은 파르메니데스의 그것처럼 변화를 설명하는데 있어 적용이 불가능하거나, 혹은 그것을 설명하기 위해서 스피노자의 양태들과 같은 어떤 것을 도입함으로써 비일관적이 된다고 화이트헤드는 강하게 느꼈다." Sherburne, *A Whiteheadian Aesthetic*, 14.
55) *PR* 11;《과정과 실재》, 56.
56) *PR* 47;《과정과 실재》, 96. 바로 이 때문에 창조성과 하나님을 "궁극자"(the ultimate)와 "그것의 원초적인 비시간적 우유성"이라고 화이트헤드가 묘사한 것이 일종의 조잡한 가치의 우열에 대한 평가로 이해되어서는 안 된다. 창조성은 "우유성에 힘입어 현실적인 것으로 존재하게 되는 궁극자"이기 때문이다. *PR* 10; cf.《과정과 실재》, 56.

주"(a pluralistic universe)라고 하는 철학적 선택을 제시하며 자신은 후자의 입장을 받아들인다.[57] 과정철학의 다원론적 우주에서는 하나님이 다른 형이상학적 원리들을 그 철학적 아포리아(aporia)에로의 붕괴에서 구출하는 '도구적 하나님'(deus ex machina)으로 요청되기보다는, 그러한 형이상학적 원리들을 구체적으로 드러내는 가장 중요한 "예"(例, exemplification)로서 사유된다.[58] "현실적 존재의 일반적 속성에 대한 묘사는 가장 저등한 현실적 경우뿐만 아니라 하나님까지 포괄해야한다"라고 화이트헤드는 말한다.[59] 하나님으로부터 땅의 가장 사소한 먼지에 이르기까지 모든 현실적 존재는 일반적인 창조성의 자유가 다양하게 표현되어진 것이다.

일원론적 형이상학에 대한 화이트헤드의 거부는 우주가 단지 하나님의 뜻을 목적론적(目的論的, teleological)으로 실현해가는 장소라고 보는 전통적 견해를 수정하는 결과를 가져온다. 우주 내에는 단일한 형이상학적 궁극자가 없듯이, 또한 거기에는 "유일한 이상적 '질서'"도 없는 것이다. 하나의 단일한 목적론적 질서라는 생각은 단지 사유의 추상일 뿐이며, 실제로는 오직 구체적인 질서들과 구체적인 이상들만이 순간순간 존재한다. 단일한 우주적 질서를 요구하는 것은 "사유의 바람직하지 못한 과도한 도덕화"일 뿐이다.[60] 악이란 하나님의 우주에 대한 계획에 반하는 도덕적 위반이라는 종래의 율법적 견해를 우리는 근본적으로 다시 사유해야만 하는 것이다.

> … 머나먼 저편에 있는 하나의 신적(神的)인 사건,
> 창조물 전체가 그것을 향해 나아가네

---

57) *PR* 122-123;《과정과 실재》, 177.
58) *PR* 521; cf.《과정과 실재》, 591.
59) *PR* 168; cf.《과정과 실재》, 225.
60) *PR* 128; cf.《과정과 실재》, 183-184.

라는 테니슨의 싯구는 시적(詩的)으로는 매우 감동적이나, 형이상학적 관점에서 볼 때는 일종의 "잘못된 우주관"을 표현하고 있는 것이다.[61] 다시 말해 우주에 하나님의 단일하게 고정된(fixed) 미래의 계획이란 없다. 그렇다면 우리는 모든 현실적 존재들에 유연하게(flexible) 적용될 수 있는 하나님의 보편적 목적을 어떻게 사유해야 하는 것인가? 아니면 하나님은 우주에 대해 아무 계획도 없다는 말인가? 이를 김경재는 다음과 같이 신학적으로 표현한다. "화이트헤드의 형이상학은 그리스도교의 목적론적 종말론과는 다른 입장이다. 우주창생의 전체 과정을 하나로 통일하는 神의 구원론적 섭리신앙이나 종말론적 성취를 지향하는 통일성을 거부한다. 그럼에도 불구하고 만약 화이트헤드의 형이상학에 있어서 우주 또는 자연의 전과정에 어떤 목적론을 말한다면 오직 아름다움(美)을 창출해가는 과정으로서 파악된다. 美는 자연의 全實在의 내적 관계성에서 추구하는 자기 목적적인 구성적 목적인 것이다."[62] 이런 이유에서 하트숀은 화이트헤드의 목적론을 "미학적 목적론"으로 해석한다.[63] 우주는 아름다움의 창조를 목표로 한다. 그것은 아름다움의 이미 실현된 종말론에 가깝다. 아름다움의 창조가 미래에 또 다른 추가적 목적에 도구적으로 봉사하는 것이 아니라 그 자체로서 내재적인 목적의 현실적 실현을 가져오기 때문이다. 도덕은 도구적일 수 있지만 미학은 자기완성적이다. 화이트헤드는 하나님의 목적을 존재들이 가지는 가치 혹은 느낌의 강도를 증가시키는 것이라고 제안한다. 우주 내에서 가치 혹은 느낌의 증가는 두 가지 방식으로 이루어진다. 하나님 이외의 다른 현실적 존재들은 물리적 극에서 개념적 극으로 움직여 나아가는 운동에서 창조성을 예증하지만, 하나님은 자신의 개념적 극에서 출발하여 물리적 극으로 움직여 나아가는 운동에서 창조성을 예증하는 것이다. 이러한 차이가 바로 화이트헤드가 하나님의 원초적 본성과 결과적 본성을 구분함으로써 가리키

---

61) *PR* 169; 《과정과 실재》, 226-227.
62) 김경재, "화이트헤드의 過程思想과 栗谷의 理氣論", 543.
63) Hartshorne, "Whitehead's Idea of God," 539.

고 있는 것이다. 우선 우리는 여기서 하나님의 원초적 본성에 대해 먼저 알아보고, 하나님의 결과적 본성은 나중에 객체적 불멸성을 분석할 때 알아보도록 하자.

하나님의 '원초적 본성'이라는 화이트헤드의 개념은 헤겔의 '내재적 삼위일체'의 개념과 유사한 형이상학적 위상을 지닌다. 즉 '세계 이전의 하나님'을 논리적으로 상정하는 것이다. 화이트헤드는 하나님의 원초적 본성이 그 내용에 있어 빈약하고 불충분한 것으로 보았다고 하트숀과 많은 다른 해석자들은 제안한다. 얼핏 보기에 그렇지 않게 생각될 수도 있다. 하나님의 원초적 본성은 모든 고립된 영원적 객체들뿐만 아니라 그것들 사이에 가능한 모든 연관관계들을 자신 속에 포함하고 있기 때문이다. 다음의 진술은 이러한 주장을 뒷받침하고 있다. "영원적 객체들의 서로에 대한 일반적 관계들, 다양성과 패턴의 관계들은 하나님의 개념적 실현 안에 존재하는 서로에 대한 관계들이다."[64] 따라서 화이트헤드가 강조하듯 하나님의 원초적 본성은 영원적 객체들을 창조하지는 않지만, 거기에 이미 포함되지 않은 "새로운 영원적 객체라는 것은 있을 수 없다."[65] 왜냐하면 하나님의 원초적 본성은 "절대적으로 풍부한 가능성(potentiality)이 무제한적으로 개념적으로 실현된 것"(conceptual realization)을 가리키기 때문이다.[66] 그렇다면 영원적 객체들 혹은 가능성들에 대한 하나님의 이러한 절대적이고 무제한적인 등급 매김이 가지지 못한 것은 어떤 새로운 영원적 객체들 혹은 그것들의 어떤 새로운 연관관계는 아닐 것이다. 여기서 절대적 가능성이란 말 그대로 무한한 절대를 의미하기 때문이다. 오히려 하나님의 원초적 본성에서 부족한 것은 "느낌의 충만함"(fulness of feeling)이다.[67] 하나님의 원초적 지식에서 모든 사건들의 형상적(formal) 요소들은 거기 완벽하게 있으나, 거기에

---

64) *PR* 392; cf.《과정과 실재》, 460.
65) *PR* 34;《과정과 실재》, 80.
66) *PR* 521; cf.《과정과 실재》, 591.
67) *PR* 522; cf.《과정과 실재》, 591.

아직 존재하지 않는 것은 그러한 사건들이 순차적으로 시간 속에서 발생시키는 일종의 "느낌의 색조"(feeling-tone)이다.[68] 다시 말해 하나님은 세계 전체의 사건들 자체와 그 사건들의 결합이 지니는 가능성에 대한 완벽한 지식 혹은 하트숀이 경험의 "총체성의 숫자적 질서"라고 부른 것을 가지지만, 이러한 사건들이 실제로 현실화될 때에는 "새로운 특질들"이 발생하게 되고 이것이 "개방적인 무한성"으로서의 하나님의 느낌 속으로 무한히 모아진다는 것이다.[69] 하트숀은 문학적 메타포를 사용하며 하나님의 미학적 성장을 "결코 끝나지 않는 시(詩)"에 비유한다.

> 하나님은 모든 가능한 시들을 포함하고 있는 하나의 시가 아니다.···혹은 그는 모든 현실의 시들의 단순한 총합도 아니다. 그는 다른 시들 가운데 단지 하나의 시도 아니다. 혹은 마지막으로 그는 모든 규정할 수 있는 형태들과 패턴들을 단지 초월하는 것도 아니다. 오히려 하나님은 모든 현실적 시들을 자신의 부분적 시구(詩句)들로 가지며, 모든 우주의 경과한 시간들을 자신의 시행(詩行)으로 가지는 결코 끝나지 않는 시이다. 그의 "계속될 것임"은 장차 무한히 이어질 시적 창조에 대한 약속이다.[70]

이처럼 하나님은 세계의 느낌을 느끼는 것을 목적으로 하신다. 이러한 세계의 '느낌의 느낌'(God's feeling the feeling of the world)이라는 하나님의 목적은 그 기본적인 특성에 있어 도덕적이라기보다는 미학적이라고 볼 수 있다.

화이트헤드는 하나님의 원초적 본성을 무도덕적(無道德的, amoral) 혹은 전도덕적(前道德的, premoral)인 것으로 묘사한다. 그것은 개개 현실적 경우들에 대한 어떤 특정한 고려나 배려함 없이 모든 영원적 객체들 혹은 가능성들을 공평무사하게 질서 짓고 자리매긴다.

---

68) Hartshorne, *Man's Vision of God and the Logic of Theism*, 223.
69) Hartshorne, *Creative Synthesis & Philosophic Method*, 126, 242.
70) Hartshorne, *Man's Vision of God and the Logic of Theism*, 226-227.

[하나님의 원초적 본성이 지니는] 개념적 파악(概念的 把握, conceptual prehension)은 선 혹은 악의 가능성들, 즉 현실적 존재들이 어떤 구체적인 모습들로 될 수 있는가 하는 가능성(possibility)에 대한 일종의 직접적인 봄(vision)이다. [하지만] 이러한 개념적 파악이 어떤 특정한 현실적 존재들 혹은 어떤 특정한 세계에 [직접] 연관되지는 않는다. '선 혹은 악'이라는 말은 [특정한 현실적 존재들이 가설적으로 앞으로 가질 수도 있을] 주체적 형식(subjective form)과의 연관 때문에 덧붙여진 것으로서, 단지 '봄'이라는 말은 이러한 [구체적인] 측면을 개념적 파악에서 배제시킨다. …

아마 [직접적인] '봄'(vision)이라는 말보다는 [단지 가설적으로] '마음에 그려본다'(envisagement)는 표현이 더 적절할 지도 모르겠다. 요약하면, 하나님의 '원초적 본성'(原初的 本性, primordial nature)은 '구체적인 존재들'(particulars)과 직접 관계를 가지는 것은 아니다. 따라서 원초적 본성은 명제들(propositions)을 포함하고 있어서 '순수하지 않게 되는' 지성적 인식들을 배제한다(제3부 참조). 원초적 본성이란 추상 속에 존재하는 하나님, 즉 단지 홀로 존재하는 하나님이다. 이러한 원초적 본성은 하나님이 지니는 단지 한 요소에 불과하며, 현실태를 결여하고 있다.[71]

많은 깊고 난해한 생각들이 압축되어있는 이 본문에서 우리는 단지 화이트헤드가 중요하게 구분하고 있는 하나님의 원초적 본성과 하나님의 결과적 본성, 즉 순수한 "선 혹은 악의 가능성들"과 그것들이 실현된 "구체적인 모습들"에 대해서만 주목하고자 한다. 왜냐하면 우리는 여기서 화이트헤드가 자신의 하나님 관념이 악을 포함한 "사물들이 가지는 모든 구체적 특질의 근거"로서 보아질 수 있다는 테일러의 비판에 대해 대답하고 있는 것으로도 해석할 수 있기 때문이다.[72] 화이트헤드는 어떠한 형태의 일원론적 결정론도 전적으로 거부하고 있기 때문에, 하나님이 악의 가능성들까지 포함한 모든 가능성들을 가설적으로 '그 마음속에서

---

71) *PR* 50; cf. 《과정과 실재》, 99-100.
72) A. E. Taylor, "Dr. Whitehead's Philosophy of Religion," 38.

그려보는 것'(envisagement)은 실제 세계의 진행과정을 '직접 결정'을 내리는 것과는 구분되어야 한다고 본다. 화이트헤드는 한편으로 하나님의 전지성을 옹호하는 동시에, 다른 한편으로 하나님의 역사에 대한 직접적인 통제라는 혐의를 비판적으로 대답하고 있는 것이다. 다소 단순화시켜 말한다면, 하나님은 어떤 현실적 존재가 선택할 수 있는 모든 가능한 선택들 혹은 모든 가능한 선택의 경로들을 '개념적으로' 알고 있지만, 그 현실적 존재가 '실제로' 어떤 선택을 하는지 기다리며 지켜본다는 것이다. 여기서 우리는 한 주어진 경우에 대한 개념적 추상과 현실적 인식이라는 다소 미묘한 차이를 강조해야 하는 것이다. 화이트헤드가 말하고 있듯이, 그 원초적 본성에 있어 하나님은 역사 내 존재할 수도 있는 모든 영원적 객체들을 자신의 마음속에서 전부 그려보지만, 이러한 하나님의 개념적 파악이 "그 때문에 역사의 진로에 직접 관련하는 것은 아니다."[73] 역사의 진로는 어떤 단일한 존재에 의해서도 결정될 수 없고, 오직 모든 현실적 존재들이 다 같이 결정하여 나가고 있기 때문이다.

두 문제가 즉각적으로 제기될 수 있다. 첫째로, 화이트헤드의 하나님은 그 원초적 본성에 있어 '무도덕적'(無道德的, amoral)이라고 한다면, 그는 또한 '비도덕'(非道德的, immoral)이기도 한 것인가? 하나님은 자신의 원초적인 개념적 파악에 있어서 어떤 현실적 존재에 대해서도 고려하거나 배려하지 않는다고 화이트헤드는 주장한다. 둘째로, 하나님이 역사과정에 '직접' 관련하지 않는다고 한다면, 그는 어떤 목적을 가지고 어떤 '간접적인' 방식으로 세계와 관계를 가지는 것인가?

화이트헤드는 첫 번째 질문에 대해 하나님의 원초적 본성과 결과적 본성을 구분함으로써 대답하고 있다. 도덕적 선이라는 개념은 하나님의 원초적 본성과 관련하여 논의될 수는 없는 성격을 지닌다. 왜냐하면 원초적 본성은 "추상 속에 존재하는 하나님, 즉 단지 홀로 존재하는 하나님"이기 때문이다. 하나님의 도덕성이라는 문제는 하나님이 다른 현실적

---

73) *PR* 70; cf. 《과정과 실재》, 119.

존재들과 가지는 관계의 맥락에서만 오직 제기될 수 있다. 논리적 혹은 형이상학적으로 볼 때, "하나님은 현실적 경우가 생겨날 때마다, 거기에 그의 자상한 애정을 쏟는다."[74] 하나님은 실현된 혹은 실제로 존재하게 된 현실적 경우들을 인격적으로 보살피는데, 이에 대해 우리는 나중에 "보존하는 기능"과 "이상화하는 기능"이라는 하나님의 결과적 본성이 가지는 두 기능에 대해 살펴볼 때 보다 자세히 논의할 것이다. 단지 여기서 우리는 하나님이 그 원초적 본성에 있어 비도덕적이라고 비난받을 수 없다는 것을 분명하게 이해하고자 한다. 비도덕성의 비난이 하나님의 원초적 본성에 적용될 수 없는 이유는 그가 우주에 질서를 부여하는 일종의 '비인격적'(impersonal) 원리이기 때문이 아니라, 이 단계에 있어서 하나님이 도덕적으로 그리고 인격적으로 보살피고 배려할 수 있는 '그 어떤 구체적 존재도 우주 내에 아직 존재하지 않기 때문이다'(nothing). 물론 하나님의 원초적 본성은 모든 의식을 결핍하고 있다고 화이트헤드는 본다. 하지만 하나님의 '의식'(consciousness)과 하나님의 '개념적 파악'(conceptual prehension)을 그가 《과정과 실재》에서 구분하고 있듯이, 하나님의 원초적 본성에서 의식의 부재가 곧 바로 인격성의 부재로 이해되어져서는 안 된다. 여기에 화이트헤드가 《과학과 근대세계》에서 제시하고 있는 신관념과 그가 《과정과 실재》에서 제시하고 있는 신관념 사이의 중요한 차이가 존재하는 것이다. 《과학과 근대세계》에서 영원적 객체들은 하나님과 떨어져서 독립적으로 그 자신들이 가지는 논리적 속성 때문에 질서 지어지는 것으로 보이고 있는 듯하다. 이에 반해, 《과정과 실재》에서는 이러한 독립적 질서는 불가능하다고 보아지고 있다. 왜냐하면 여러 영원적 객체들의 "다수성이라는 사실 그 자체가 단순히 그런 다양한 구성요소들로부터 일종의 통일성을 가져오는 것은 아니기 때문이다."[75] 다양한 영원적 객체들 혹은 가능성들이 통일성과 상호관계성

---

74) *PR* 161; cf. 《과정과 실재》, 217-218.
75) *PR* 73; cf. 《과정과 실재》, 123.

을 가지기 위해서는 모든 가능성들을 논리적으로 등급매기고 관계지어 주는 어떤 인격적 원리, 즉 하나님의 원초적 본성이 필요한 것이다.

두 번째 질문은 우리로 하여금 또 다시 화이트헤드의 미학적 신정론을 고려하게 만든다. 하나님은 역사의 진로를 직접적으로 결정하는 것이 아니라, 개개 현실적 존재에게 영원적 객체들 혹은 행동의 가능성들이라는 일종의 "느낌에로의 유혹"(the lure for feeling)을 간접적으로 제공하는 것이다.[76] 이미 언급하였듯, 화이트헤드는 우주에 하나의 어떤 고정되고 미리 계획된 목적이 있다고 보지는 않는다. 오히려 그는 인간과 인간이 아닌 존재들을 포함한 모든 현실적 존재들에게 적용될 수 있는 어떤 보편적이고 포괄적이면서도 동시에 유동성을 가지는 하나님의 목적을 이론적으로 설명하고자 시도한다. 화이트헤드는 생명 혹은 삶에 대한 하나님의 궁극적인 목적이 다름 아닌 미학적 가치로서의 '느낌의 강도'를 획득하고 확장하는 데 있다고 제안한다. 이것은 현실태의 진리(the truth of actuality)로서도 환원될 수 없는, 현실태의 진리 그 이상의 목적이다. 요컨대, 세계에 대한 하나님의 목적은 강렬한 '아름다움에로의 유혹'(the lure for beauty)인 것이다.

> 하나님이 원초적으로 욕구하고 추구하는 목적은 강도(强度, intensity)의 획득이지, 보존(保存, preservation)이 아니다. 그러한 욕구는 원초적이며, 그렇기 때문에 거기에는 보존할 어떤 것도 아직 존재하지는 않는다. 하나님은 그 원초적 본성에 있어, 이런 혹은 저런 구체적인 존재에 대한 사랑 때문에 움직이는 것은 아니다. 왜냐하면 이렇게 창조성의 기초를 놓는 과정에는 미리 만들어져 있는 그 어떤 구체적 존재들도 없기 때문이다.…[현실적 존재 속에서] 하나님이 목표하는 것은 만족의 깊이(depth of satisfaction)로서, 이것이 하나님 존재의 완성(the fulfillment of his own being)을 향한 중간단계로서 역할 하는 것이다. 하나님은 현실적 경우가 생겨날 때마다, 거기에 그의 자상한 애정을 쏟는다.

---

76) PR 287; cf.《과정과 실재》, 353.

따라서 창조적 진보에 있어서 하나님의 목적은 강도들의 발생(the evocation of intensities)에 있다. 사회들의 발생(the evocation of societies)은 이러한 절대적 목적(絕對的 目的)에 단지 보조적일 뿐이다. … 반복이라는 과거의 사슬에서 자유로울 때, 강도 있는 경험이 존재할 수 있는 것이다.[77]

여기서 화이트헤드는 "보존"이라는 미학적 가치보다는 모험 혹은 새로운 느낌의 "강도"라는 미학적 가치에 형이상학적 우선성을 분명히 부여한다. 이러한 미학적 비전이 또한 역사 과정의 이해에도 투사되고 있다. 강도 높은 새로운 가치의 창조가 역사 내 하나님의 목적이라는 것이다. "하나님은 강도의 획득(intensification)을 지향하는, 새로움의 기관(the organ of novelty)이다."[78]

우리가 위에서 다소 길게 인용하고 있는 본문에 근거해서, 엘리 (Stephen L. Ely)는 화이트헤드의 하나님 관념이 종교적으로 만족스럽지 못하다고 비판한다. 왜냐하면 화이트헤드의 하나님은 개개인의 보존에 신경을 쓰지 않기 때문이라는 것이다.[79] 그래서 엘리는 화이트헤드의 하나님이 마치 개개인의 공포와 염려는 완전히 무시해버리고 전체 우주의 아름다움에만 이기적으로 관심을 가지는 일종의 "도덕성 없는 미학자"(an amoral aesthete)와 같다고 주장한다.[80] 엘리의 견해에 따르면, 화이트헤드의 하나님에게 있어 개인은 별로 중요성을 가지지 않는다. 하지만 필자는 위의 본문이 화이트헤드의 철학 '전체'의 맥락에서 이해되어져야 한다고 본다. 원초적 본성으로서의 하나님은 일종의 추상적인 하나님으로, 실제적 하나님과는 또 다르다. 그리고 우리는 화이트헤드가《과정과 실재》후반부에서 하나님의 원초적 본성과 하나님의 결과적 혹은

---

77) *PR* 160-161; cf.《과정과 실재》, 217-218.
78) *PR* 104; cf.《과정과 실재》, 157.
79) Ely, *The Religious Availability of Whitehead's God*, 31-32.
80) Cf. Bernard M. Loomer, "Ely on Whitehead's God," *Journal of Religion* 24, no. 3 (July 1944): 177.

자기 초월체적 본성을 관련지어 사유한다는 사실을 간과해서는 안 된다. 나중에 보다 자세히 살펴보게 되겠지만, 여기서는 단지 하나님의 원초적 본성이 가지는 영원적 객체들의 논리적 자리매김이라는 기능에 있어서, 어떤 구체적인 현실적 존재도 관련되지 않음을 재확인하는 것으로 충분할 것 같다. 화이트헤드가 말하듯, "하나님은 현실적 경우가 생겨날 때마다, 거기에 그의 자상한 애정을 쏟는다."

우리에게 보다 중요하고 시급한 문제는 이렇게 "강도"의 획득을 목적으로 하는 하나님의 원초적 본성이 악의 문제와 어떤 관련을 가지는지 알아보는 일이다. 강도의 추구는 화이트헤드가《과학과 근대세계》에서 언급한 변화의 정신과 보존의 정신 사이에, 혹은《과정과 실재》에서의 강도의 획득과 질서의 보존 사이에 일종의 미학적 역설 혹은 패러독스를 필연적으로 가져오기 마련이다. 질서와 새로움 사이의 이러한 궁극적인 미학적 패러독스가 악의 가능성을 제공하고 있는 것이다.

> 따라서 세계는 다음과 같은 패러독스(paradox)를 직면하게 된다. 적어도 보다 고등한 현실적 존재들의 경우를 놓고 볼 때 세계는 새로움을 갈망하지만, 동시에 세계는 그 자신이 친숙한 것들 혹은 그 자신이 사랑하는 것들이라는 과거를 상실하게 될 지도 모른다는 두려움에서 한시도 자유롭지 못하다.[81]

질서와 새로움은 항상 긴장의 관계 속에서 공존하는 두 미학적 가치이다. 그러한 긴장관계가 거의 참을 수 없는 지경에 올 때, 우리는 불필요하게 사소한 조화 혹은 지나치게 강한 부조화라는 두 가지 악에 대한 형이상학적 가능성을 가지게 되는 것이다. 하지만 이미《관념의 모험》에서 살펴보았듯, 화이트헤드는 전자보다는 후자를 선호한다. 일정 정도의 부조화는 가치 혹은 느낌의 강도를 확장하기 위해서 형이상학적으로 요구되는 것이다. 따라서 부조화 혹은 "혼돈(chaos)이 그 자체로 악과 동

---

81) *PR* 516; cf.《과정과 실재》, 584.

일시되어서는 안 되며," 조화도 일정 정도의 혼돈을 도움이 되는 것으로 요구한다.[82] 오직 이러한 새로움에 대한 요구가 혼돈의 독점적 지배로 전락하게 될 때, 그것은 악이 되는 것이다. 부조화의 독점으로서의 악이란 자신에게 "적절한 계절이 아닌데 태어나고자 고집하는 것"이다.[83] 여기서 우리는 자유의지 신정론의 요소뿐만 아니라, 다른 추가적인 요소도 발견하게 된다. 화이트헤드는 현실적 존재의 이렇게 잘못된 자유의 주장을 다시 주체적 통일성, 객체적 동일성, 그리고 객체적 다양성의 "범주적 조건들"(categoreal conditions)이라는 보다 넓은 형이상학적 상황의 맥락에서 생각하기 때문이다.[84]

다시 말해, 화이트헤드는 악에 대한 두 가지 미묘한 입장을 중재하고 있는 듯하다. 우선 한편으로 '하나의 현실적 존재'(an actual entity)를 놓고 생각해 볼 때, 악의 발생은 필연적이기보다는 우연적인 성격을 가진다는 전통적 자유의지 신정론의 입장을 그는 수용하고 있다. 악은 여기서 어떤 형이상학적 필연성을 가지지는 않는다. 하지만 다른 한편으로 '전체 우주의 형이상학적 상황 혹은 구조'(the metaphysical situation of the whole universe)를 놓고 고려할 때, 악은 질서와 새로움의 미학적 패러독스라는 근본논리 때문에 필연적으로 발생할 수밖에 없다고 하는 일종의 형이상학적 필연성을 가진다. 단순히 말해, '누가' 악한 일을 할지는 전적으로 그 사람의 자유이나, '누군가는' 악한 일을 필연적으로 하게 되어있다는 것이다. 이렇게 볼 때, 악은 개별적으로 우연적이면서 동시에 형이상학적으로 필연적이라는 양면성을 가진다. 나아가, 화이트헤드는 이렇게 형이상학적으로 필연적인 악을 하나님이 세계를 진보시키는데 도구적으로 선용한다고 확신한다.

사물들이 구체화되는데 있어 그 과정을 지배하는 범주들(the categories

---

[82] *PR* 171; cf.《과정과 실재》, 228.
[83] *PR* 341; cf.《과정과 실재》, 406.
[84] *PR* 340; cf.《과정과 실재》, 405.

governing the determination of things)이 바로 왜 악이 있어야만 하는
가 하는 이유들이다. 또한 그러한 범주들이 세계의 진보에 있어서 왜 구
체적인 악의 사실들이 궁극적으로 극복되는지 그 이유들이다."[85]

하나님이 이러한 범주적 조건들을 창조한 것은 아니라고 화이트헤드는
본다. 이것들은 단지 사물이 존재 가능한 방식들, 즉 궁극적으로 주어진
존재의 조건들인 것이다. 그래서 위의 인용문을 그리핀은 다음과 같이
해석하고 있다: "과정 신정론이 주장하는 가장 중요한 생각은 진정한 악
의 가능성은 세계가 지니는 형이상학적 (따라서 필연적) 특성들에 뿌리
를 두고 있다는 것이다."[86] 우리는 질서의 보존과 새로운 가치의 창조를
동시에 가질 수는 없으며 오직 순차적으로 가실 수 있을 뿐이다. 필연적
인 미학적 혹은 형이상학적 패러독스는 악을 초래하지만, 이것이 단지
부정적인 측면만을 지니는 것은 아니다. 왜냐하면 우리가 앞으로 화이트
헤드의 객체적 불멸성과 관련하여 살펴보게 되겠지만, 하나님은 우주의
창조적 과정에서 발행하는 악을 매우 긍정적인 어떤 것으로 능동적으로
변환시키고 계시기 때문이다.

2. 신정론 II 혹은 존재론적 자유의지 신정론

신정론 I과 신정론 II는 마치 동전의 양면과도 같다. 신정론 I이 '하나
님의 책임 없음'(God's non-responsibility)을 강조하는 반면, 신정론 II
는 '하나님이 아닌 다른 현실적 존재들의 책임'(the responsibility of
non-divine beings)을 강조하기 때문이다. 화이트헤드의 신정론 II는 종
래의 인간론적 자유의지 신정론을 단지 인간만이 아니라 자연 존재들에
도 적용될 수 있도록 보다 근본적으로 확장하고 존재론화 시킨 것이다.
전통적 형태의 자유의지 신정론은 '도덕적 악'은 설명할 수 있었으나

---

85) *PR* 341; cf. 《과정과 실재》, 406-407.
86) Griffin, *God, Power, and Evil*, 276.

'자연적 악'은 설명하기는 힘든 한계를 가졌다. 이에 반해, 화이트헤드의 유기체적 세계관은 도덕적 악과 자연적 악을 보편적 자유(普遍的 自由, the universal freedom)라는 단일한 원리로서 설명할 수 있는 장점을 지닌다. 화이트헤드는 존재한다는 것은 어떤 의미에서는 자신과 다른 이들을 위한 자유의 결정이라고 본다.

화이트헤드의 "자유와 결정성"이라는 아홉 번째 범주에 따르면, 우주가 보여주는 창조적 진보는 항상 두 측면에서 고려되어야 한다. 어떤 한 주어진 현실적 존재 혹은 경우에 있어서, 다른 현실적 존재들은 일종의 주변 환경 혹은 작용인으로서 '결정의 여건 혹은 데이터'(the data of determination)를 제공하지만, 궁극적인 결정은 바로 그 현실적 존재의 '자유'(freedom)에 달려있는 것이다.

> 개개 현실적 존재의 합생(合生, concrescence)은 내적으로 결정되며(internally determined), 외적으로 자유롭다(externally free). 이러한 범주는 다음과 같은 공식으로 요약될 수 있다. 개개의 합생에 있어서 [미리] 결정될 수 있는 무엇이든지 결정되어 [전해지지만], 거기에는 항상 그 합생과정의 주체-자기 초월체(the subject-superject)가 결정해야 할 어떤 것이 남아있는 것이다.[87]

합생의 여건 혹은 데이터는 이미 결정되어진 것으로 현실적 존재에 전달된다. 이것이 바로 다른 현실적 존재들이 만든 과거의 결정이 가지는 자기 초월체적 특성, 즉 화이트헤드가 "세계의 공공성"(the publicity of the world)이라고 부르는 것이다.[88] 과거 세계는 공공적 여건 혹은 데이터로 주어지며, 여기에 대해 현실적 존재는 "외적으로 자유롭다." 왜냐하면 그 현실적 존재는 밖으로부터 주어지는 여건을 긍정적으로 혹은 부정적으로 파악할 수 있는 자유를 가지기 때문이다. 결정은 궁극적으로

---

87) *PR* 41; cf. 《과정과 실재》, 88-89.
88) *PR* 443; 《과정과 실재》, 509.

주체로서의 그 현실적 존재에 달려있는데, 이것이 주어진 여건 혹은 데이터에 대한 반응이 지니는 "즉각적, 사적(私的), 개인적 정체성"을 표현하고 있다.[89] 그래서 반응은 항상 "내적으로 결정되며," 일종의 프라이버시를 지니는 것이다. 결정에 있어서 "개인의 사적 자유 혹은 프라이버시"(the privacy of the individual)가 없다면, 우주는 과거의 반복이라는 사슬에 의해 서서히 권태 속으로 붕괴할 뿐이다. 결정의 사적 자유 혹은 프라이버시는 다름 아닌 창조성의 신비로서 이것은 더 이상 어떻게 설명될 수 없는 궁극적 원리들 중의 하나이다. 그러한 창조성의 신비가 모든 설명의 궁극적 틀을 제공하기 때문이다. 로우(Victor Lowe)에 따르면 화이트헤드의 궁극적 원리들은 또 다른 어떤 것에서 "도출"이 될 수 없는 성질의 것으로서, "그 철학자가 세상을 그러한 방식으로 보는 것이다."[90] 설명의 시작은 더 이상 설명될 수 없다.

결정은 현실적 존재가 지니는 단순히 "일시적인 부속물"과 같이 이해되어서는 안 된다.[91] 현실태라는 의미 자체가 이러한 자신과 미래의 다른 현실적 존재들을 위한 자유로운 결정에 놓여있기 때문이다. 현실적 존재는 결정으로 생성되어가는 것이다. "'현실태'(actuality)는 '가능태'(potentiality)의 한복판에서의 결단이다."[92] 따라서 악이 결정과 관계되는 한에 있어서, 악의 존재는 이런 혹은 저런 현실적 존재에게 돌려져야 하는 것이다.

> 존재론적 원리(存在論的 原理, the ontological principle)는 모든 결정이 하나의 혹은 그 이상의 현실적 존재들에 돌려질 수 있다고 선언하는 것이다. 왜냐하면 현실적 존재들을 떠나서는 아무 것도 없고, 단지 비존재(non-entity)만이 있을 뿐이다. — '나머지는 단지 침묵일 뿐이다.'[93]

---

89) *PR* 443; cf.《과정과 실재》, 509.
90) Lowe, "The Development of Whitehead's Philosophy," 115.
91) *PR* 68;《과정과 실재》, 116.
92) *PR* 68;《과정과 실재》, 117.

공공적인 가능성들 한복판에서 하나의 가능성을 자유롭지만 잘못되게 선택하여 현실화시킨 것으로서의 악은 하나님에게 돌려질 수는 없는 것이다. 만약 그러하다면, 모든 신학의 문법은 파괴될 것이다. 따라서 존재론적 원리에 따라서 우리는 그 악의 기원을 하나님이 아닌 다른 현실적 존재들에서 찾아야만 한다. 왜냐하면 나머지는 단지 존재하지 않는 침묵일 뿐이기 때문이다. 화이트헤드는 라이프니츠의 "가능한 세계들 중 최고의 세계"(the best of possible worlds)라는 이론에 대해 비판적인 입장을 보인다. 왜냐하면, 그러한 견해는 세계가 가지는 불완전성에 대한 "우리의 책임의 경험"을 제대로 표현하거나 전달하지 못하고 있기 때문이다.[94] 이러한 책임의 경험이 우리의 삶 전체에 근본 색조로 퍼져있는 것이다. 밖에서 주어지는 여건, 느낌, 목적이라는 세계의 공공성만으로는 합생의 전체 과정이 결코 설명될 수 없다. 이러한 요소들이 우리의 결정에 가지는 작용력을 넘어서서, 거기에는 항상 주어진 데이터나 여건에 대한 우리의 자유로운 반응 혹은 사적인 느낌이라는 궁극적인 측면이 남아있기 때문이다. "이러한 궁극적인 반응은 작용인(作用因, efficient cause)이 전달하는 이미 결정되어진 것들 위에다가 창조적 강조(創造的 强調, creative emphasis)라는 자신의 결정적인 마지막 도장을 찍음으로써 자기-창조적 활동을 완결 짓는다."[95]

화이트헤드의 다원론적 우주론은 전통적으로 오직 하나님에게만 돌려졌던 자기 원인(自己 原因, causa sui)이라는 사상을 어떻게 보면 보편화, 민주화시키고 있는 것이다. 하나님만이 아니라 모든 존재가 자기-원인자이다. 찰스 하트숀은 이를 가리켜 "민주주의의 형이상학"(metaphysics of democracy)이라고 부른다.[96] 따라서 과정철학의 우주에서는

---

93) *PR* 68; cf.《과정과 실재》, 116.
94) *PR* 74; cf.《과정과 실재》, 124.
95) *PR* 75; cf.《과정과 실재》, 125.
96) Hartshorne, *The Divine Relativity*, 50; idem, *Creative Synthesis & Philosophic Method*, 8 참조.

완전한 결정론이란 형이상학적으로 불가능하다. 하나님을 포함한 모든 현실적 존재들은 우주의 보편적 창조라는 하나의 거대한 공동작업에 참여하는 것이고, 거기서 발생하는 의미 혹은 중요성은 나중에 우주에 대한 하나님의 영원한 기억 속으로 저장되는 것이다. "세계는 자기-창조적이다. 그리고 자기-창조적인 피조물(self-creating creature)이라는 현실적 존재는 [다시] 초월적 [관념]세계의 부분적-창조자(part-creator of the transcendental world)라는 불멸의 기능으로 전환되는 것이다."[97] 바로 이것이 우주에서 어떻게 아름다움이 전진하는지 보여주는 것이다. 하나님이 아닌 다른 현실적 존재들이 선물처럼 가지고 오는 새로운 놀라움이라는 이러한 차원 없이는, 하나님의 지식은 무한한 반복의 지루함 혹은 권태 속으로 붕괴될 뿐이다. 모든 현실적 존재는 그 자신의 결정 이유이다. 또한 여기에 새로운 아름다움에 대한 희망이 있는 것이다. "다자(多者)는 일자(一者) 속으로 들어오며, 다시 그 일자에 의해 증가되는 것이다"(The many become one, and are increased by one).[98] 이러한 방식으로 우주는 긴, 어쩌면 영구한, 호흡을 하는 것이다. 우주 전체가 한 단일한 존재 속으로 모아지고, 다시 우주 전체는 그 존재가 가지고 오는 '느낌의 사적인 색조'에 의해 보다 더 시적(詩的, poeticized)으로 변화되는 것이다. 어쩌면 다음과 같은 미학적 화두(話頭)가 지금까지의 우리의 논의를 요약할 수 있을 것이다: 우주란 자유로운 아름다움의 진화적 팽창이다(The universe is an evolutionary expansiveness of free beauty).

3. 신정론 III 혹은 객체적 불멸성

"영원은 시간의 산물들을 사랑한다"(Eternity is in love with the productions of time)는 윌리엄 블레이크의 시적 진술을 어쩌면 가장 적

---

97) *PR* 130; cf.《과정과 실재》, 185.
98) *PR* 32; cf.《과정과 실재》, 79.

절하게 형이상학적으로 표현하고 있는 것이 화이트헤드의 과정철학이다.[99] 과정사상의 신관념에 따르면, 세계에 대한 하나님의 사랑은 한편으로는 생성하는 시간적 존재들을 자신의 결과적 본성에서 보존(saving)하고 이상화(idealizing)하는 기능들에서 드러나며, 또한 다른 한편으로는 이렇게 불멸화된 존재들을 자신의 자기 초월체적 본성을 통해서 다시 세계 속으로 소생(vivifying)하게 만드는 기능에서도 표현된다. 앞의 두 신정론 사상이 하나님은 개별적 악과는 관련이 없다는 일종의 수동적 변증이라고 한다면, 세 번째 객체적 불멸성의 신정론은 하나님이 어떻게 세계를 능동적으로 그리고 인격적으로 소멸의 궁극적 악으로부터 보살피는지 보여준다. 화이트헤드가 말하듯, "신학의 과제는 어떻게 세계가 단지 덧없는 사실들 너머 그 어떤 것에 근거하고 있는 지를, 또한 어떻게 세계가 단지 소멸해버리는 경우들 이상의 그 어떤 것을 산출할 수 있는 지를 보여주는 데 있다."[100] 성취된 만족이 가져오는 객체적 불멸성은 단순한 기쁨이나 슬픔보다 더 깊은 것이다. 시간의 산물들을 향한 하나님의 사랑은 거기서는 더 이상 아무 것도 잃어지지 않는 자상하신 인격적 돌보심이다. 가을적 아름다움은 수학적 아름다움의 영원불멸성을 가지게 되는 것이다.

화이트헤드는 여기서 악의 문제가 왜 불교나 아리스토텔레스의 철학에서 완전히 해결될 수는 없는지 그 이유를 본다. 우주가 가지는 일종의 형이상학적 필연성에 대한 절대적 강조는 비인격적 신관념이라는 결론을 "피할 길이 없다." 여기서 우리가 세계의 슬픔과 상처에 대해 대답할 수 있는 것이라고는 단지 "잠" 혹은 죽음으로서의 해결책뿐이다.[101] 형이상학적 무감동(metaphysical apathy)의 이러한 충고는 우리로 하여금 과연 이것이 진리의 전부인가 의심하게 만든다. 세계의 슬픔과 상처를

---

99) William Blake, *The Marriage of Heaven and Hell*, "Proverbs of Hell," ninth proverb.
100) AI 221; cf. 《관념의 모험》, 275.
101) *PR* 519; 《과정과 실재》, 588.

해결하기 위해 요구되는 것은 형이상학적 필연성 이상의 그 어떤 것, 즉 인격적인 하나님인 것이다. 철학적 신학이 초래한 가장 비극적인 실수 중 하나는 하나님을 아리스토텔레스의 철학에서 말하는 "부동의 동자" (不動的 動者, the unmoved mover), 즉 세계의 기쁨이나 상처를 느낄 수도 없고 그것에 의해 조금도 움직여질 수 없는 초월적 신, 너머의 신, 감동 없는 신으로 생각한 데 있다.[102] 형이상학적으로 볼 때도, 상처받을 수 없는 하나님은 아무도 설득하지 않는다. 하지만 동시에 우리는 인격적 하나님에 대한 모든 종교적 신관념들이 똑같은 설득력을 가지는 것은 아니라는 점도 기억해야 한다. 우리는 하나님을 어떤 모습으로 사유해야 하는가? 우주를 "통치하는 시저"로서, "무자비한 도덕가"로서, 아니면 "부동의 동자"로서 사유해야만 하는 것인가?[103] 정치적, 도덕적, 혹은 형이상학적 신학은 하나님의 본성에 대한 보다 깊은 미학적 통찰, 즉 보편적 공감(共感, universal sym-pathy)과 느낌의 느낌(the feeling of feelings)을 목표로 하는 사랑의 인격체로서의 하나님이라고 하는 일종의 신학적 미학에 의해 극복되어야 한다고 화이트헤드는 제안하는 듯하다. "사랑은 결코 지배하려 하지 않고, 움직여지지 않는 것도 아니며, 또한 조금은 도덕을 잊어버리기도 한다."[104] 화이트헤드의 미학신학은 종래의 힘의 하나님, 필연성의 하나님, 혹은 도덕의 하나님에 대한 아름다운 하나님의 호소이다.

하나님은 자신 속에 시간의 산물들을 소중히 간직하는 세계의 연인(戀人)이다. 여기서 우리는 이러한 하나님의 인격적 보살핌이 어떻게 객체적 불멸성이라는 선물을 가져다주는지 살펴보고자 한다. 오직 하나님의 사랑 때문에, 도저히 있을 수 없는 것이 우주의 굽힐 수 없는 완고한 사실로 여전히 있게 되는 것이다.

---

102) *PR* 519;《과정과 실재》, 588.
103) *PR* 520;《과정과 실재》, 590.
104) *PR* 520-521 ("Love neither rules, nor is it unmoved; also it is a little oblivious as to morals."); cf.《과정과 실재》, 590.

모든 관계성은 현실적 존재들의 관계성에 기초하고 있다. 그리고 이러한 관계성은 산 자가 죽은 자를 자신의 일부로 만드는 것, 즉 산 자가 죽은 자를 전유(專有)하는 것(the appropriation of the dead by the living)에서 온전히 드러난다. 우리는 이것을 '객체적 불멸성'이라 부를 수 있다. 이에 의해 스스로의 살아있는 직접성을 잃어버린 자가, 그럼에도 불구하고 살아있는 직접성을 가진 다른 자들의 생성 속에서 한 실재적 구성요소가 될 수 있는 것이다. 이는 세계의 창조적 진보는 사물들의 생성(生成, becoming), 소멸(消滅 perishing), 객체적 불멸성(客體的 不滅性, objective immortality)이라는 것, 또한 이런 것들이 함께 굽힐 수 없는 엄연한 사실(stubborn fact)을 구성한다는 학설이다.[105]

위의 인용문은 화이트헤드가 제시하는 객체적 불멸성의 신정론을 제대로 이해하기 위해서는 적어도 세 가지 문제를 다루어야 한다는 것을 보여주고 있다. 첫째로, 스스로의 살아있는 직접성을 잃어버린 "죽은 자"라는 누구 혹은 무엇인가? 이것은 다름 아닌 과정철학에서의 개인의 정체성(personal identity)의 문제이다. 둘째로, 죽은 자가 소멸함에도 불구하고 객체적 불멸성을 가질 수 있도록 자신의 일부로 만드는 작용을 하는 "산 자"라는 누구 혹은 무엇인가? 이것은 다름 아닌 시간적인 현실적 존재들을 무시간적으로 보존하고 이상화하는 하나님의 결과적 본성(God's consequent nature)의 문제이다. 마지막으로, 어떻게 하나님의 영원한 기억 속에서 객체적으로 불멸하게 된 자가 또다시 세계 내에서 다른 살아있는 자들의 "한 실재적 구성요소"가 될 수 있는가? 이것은 다름 아닌 새로움에로의 격려라고 하는 하나님의 자기 초월체적 본성(God's superjective nature)의 문제이다. 이런 새로움을 향한 격려가 있기 때문에, 천국이 오늘 우리와 함께 있는 것이다.

과정 신정론의 이러한 세 근본문제를 차례로 살펴보도록 하자. 첫째로, 화이트헤드는 종래의 데카르트 철학이 제시하는 형이상학적 존재론

---

105) PR viii-ix; cf.《과정과 실재》, 43-44.

과 또한 그것이 수반하는 불변하는 영혼 혹은 실체라는 학설을 버릴 것을 우리에게 권고한다. 우리의 자기 정체성 혹은 자기됨은 단지 우리의 의식 이상의 어떤 것이다. 그것은 현실적 경우들 혹은 경험들이 순차적으로 조직화된 것이라는 독특한 학설을 화이트헤드는 제시한다.

> 결합체(nexus)는 (α) 그것이 한 '사회'(society)일 때, 그리고 (β) 그 구성원들 간의 발생적 관계성이 그 구성원들을 '순차적으로'(serially) 질서 지을 때, '개인적 혹은 인격적 질서'(personal order)를 향유하게 된다.[106]

다소 난해하고 기술적인 해석을 요구하는 이 인용문을 이해하기 위해서, 먼저 화이트헤드가 제시하고 있는 데카르트의 예를 살펴보도록 하자. 어쩌면 이러한 데카르트의 예가 화이트헤드의 견해가 지니는 독특성을 가장 손쉽게 전달하는 것 같다. '나는 생각한다, 고로 존재한다'(cogito, ergo sum)는 데카르트의 견해를 화이트헤드는 존재란 다름 아닌 행동이고 사건이라는 근본사실에 대한 올바른 통찰이라고 높이 평가한다. 그러나 아쉽게도 데카르트는 정신적 행동 혹은 작용을 일종의 어떤 지속적이고 변하지 않는 실체로 고정시키고 말았다고 그는 비판한다. 달리 말해, 이 둘은 개인의 정체성에 대해 다음과 같이 다른 견해를 가지고 있다. 데카르트의 견해에 따르면, 그가 '나는 생각한다, 고로 존재한다'고 말할 때마다 그 화자는 동일한 데카르트이다. 반면에 화이트헤드의 견해에 따르면, '나는 생각한다, 고로 존재한다'라고 말할 때마다 그러한 진술을 하는 화자는 한 명의 데카르트가 아니라 (이런 표현이 가능하다면) 여러 명의 데카르트들이라는 것이다.

> "나는 있다, 나는 존재한다라는 명제는 내가 그것을 말할 때마다, 혹은 내가 그것을 마음속에서 생각할 때마다 필연적으로 참이 된다."라는 《성

---

106) *PR* 51; cf. 《과정과 실재》, 101.

찰》II의 부분에서, 데카르트는 경험의 행동 혹은 행위가 현실적 경우의 주된 형태라는 입장을 받아들이고 있다. 그러나 이러한 생각을 나중에 발전시켜가는 과정에서, 데카르트는 자신의 정신적 실체들이 변화를 견뎌내며 지속되는 것으로 가정하게 된다. 하지만 이러한 가정은 자신의 원래 논의의 범위를 넘어서는 주장이다. 왜냐하면 그가 '나는 있다, 나는 존재한다'고 매번 말할 때마다, 현실적 경우(the actual occasion) 혹은 자아(the ego)가 달라지기 때문이다. 이러한 두 자아들(the two egos) 사이에 공통적인 '그'(he)란 하나의 영원적 객체이거나 아니면 순차적 경우들의 결합체이다.[107]

위의 인용문에서 화이트헤드는 영혼의 단일성과 불멸성이라는 개인에 대한 종래의 견해를 근본적으로 다시 새롭게 사유할 것을 촉구하고 있다. 데카르트 개인의 정체성은 하나의 단일한 영혼 혹은 불변하는 실체로 이해될 수는 없고, 데카르트가 순차적으로 하는 여러 경험들, 여러 현실적 경우들, 혹은 여러 데카르트들 사이의 어떤 연속성으로 이해되어야 한다는 것이다. 화이트헤드에 따르면, 근대의 형이상학은 "개개에 내재하는 본질적 가치"라고 하는 중세의 개인의 도덕적 책임성에 대한 강조와 "개개의 독립적으로 실체적인 존재"라는 데카르트의 개인적 실체의 학설을 혼동하고 동일한 것으로 여기는 실수를 범하였다.[108] 이 둘은 상당히 다른 것이다.

개인적 정체성이란 여러 현실적 경우들이 순차적으로 조직화되어 하나의 사회를 구성하는 것을 가리킨다. 보다 구체적으로, 한 인간의 개인적 정체성이란 "인간 경험의 경우들 사이의 일종의 발생적 관계" 혹은

---

107) *PR* 116; cf.《과정과 실재》, 170-171. 이러한 맥락에서 호킹은 헤겔과 화이트헤드를 이렇게 비교한다. 헤겔은 "실체가 주체로 고양되어야 한다"(Substance must be raised to subject)고 말한 반면, 화이트헤드는 "실체들은 주체들로 고양되어야 한다"(Substances must be raised to subjects)고 말하는 것이다. William Ernest Hocking, "Whitehead on Mind and Nature," 390.

108) *SMW* 272; cf.《과학과 근대세계》, 281.

"태어나서 죽을 때까지, 각자의 삶 전체"를 말한다.[109] 여기서 삶의 여러 경험들을 조직화시키는 기능을 하는 미리 선재(先在)하는 단일한 영혼이 있는 것은 아니다. 오히려 개인의 정체성 혹은 영혼은 다양한 경험들이 일종의 통일성 혹은 사회를 이루도록 조직화되어가는 과정에서 발생적으로 생겨나는 것이다. 우리는 세계 속에서 "일시적인 사실의 경우들이 그 자신들을 개인적 정체성으로 순차적으로 통일시켜가는 경향"을 관찰하게 된다.[110] 하지만, 단지 그러한 경우들 혹은 경험들을 다 합친 것이 개인적 정체성을 바로 가져오는 것은 아니다. 거기에는 경험들을 하나의 독특한 속성으로 조직하는 순차성(seriality)의 원리가 또한 필요한 것이다. 순차성이 중요한 이유는 바로 그것이 가치들 혹은 경험들이 가지는 색조적 측면을 향유하는데 중요한 영향을 끼치기 때문이다. 예를 들어, 당신이 식사를 즐길 때 "식사가 지니는 선행적 특성, 그리고 당신의 초기의 배고픔"이 당신의 식사 경험을 결정하게 된다.[111] 만약 선행적 특성이 동일한 식사라도 당신의 초기의 배고픔이 아니라 당신의 초기의 포만감 상태와 결합된다면, 당신의 식사 경험은 새로운 색조(tone)를 가지고 당신의 정체성 속에 포함되게 되는 것이다. 바로 이 때문에 우리의 정체성은 우리의 현실적 경우들 혹은 경험들이 단지 모아진 것이라기보다는 순차적으로 모아진 것, 즉 우리의 경험들이 걸어간 일종의 역사적 경로(歷史的 經路, a historical route)인 것이다. 정체성은 경로이다. 화이트헤드에 따르면 "한 개인이란 각자의 경험들이 하나의 통일된 흐름(coordinated stream)을 이루는 것으로, 그것이 내 삶의 줄거리(thread) 혹은 당신 삶의 줄거리이다."[112]

---

109) AI 239-240; cf.《관념의 모험》, 295.
110) Whitehead, "Immortality" in Paul Arthur Schilpp ed., *The Philosophy of Alfred North Whitehead* (1941; second ed., New York: Tudor Publishing Company, 1951), 688.
111) Ibid., 686.
112) MT 221-222; cf.《사고의 양태》, 221.

개인이란 순차적 경험들의 사회이고, 거기에는 정체성과 변화 둘 다가 발견된다. 우리는 변하여 가지만, 또한 여전히 우리로 남는 것이다. 따라서 우리의 개인적 정체성(identity)이란 보다 정확하게 말하면 우리의 개인적 '변화-속-정체성'(identity-in-change)이다. 주어진 어떤 경우에 있어서, 정체성 혹은 변화가 우리의 개인적 정체성을 그때그때 지배하게 된다. 화이트헤드가 예를 들고 있듯이, 어떤 사람이 "overwhelming"이라는 단어를 발음하는 경우에 있어서 "'over'라고 말한 그 사람은 마지막 부분의 'ing'이라고 말한 그 사람과 거의 동일한 것이다."[113] 여기서 변화는 별로 관여되지 않는다. 하지만 종종 우리는 보다 급격한 변화가 우리의 경험을 지배하는 경우도 알고 있다.

> 유산을 상속받는 문제와 관련하여 볼 경우, 10개월짜리 유아와 후일 성장하여 30세가 된 성인 사이에는 동일성 혹은 정체성(identity)이 주도적인 위치를 차지한다. 그러나 요트로 항해를 한다고 할 때는, 성인과 어린이 사이의 차이들(differences)이 본질적인 것으로 등장한다. 이 경우, 동일성 혹은 정체성은 형이상학적으로 무관한 것으로 전락해 버린다.[114]

이 두 가지 경우에서 드러나듯 우리의 개인적 정체성이란 정체성과 변화 둘 다를 포함하는 것으로, 보다 엄밀하게 말해 "가치의 이차적 변화들 가운데 일차적 특성의 정체성"을 가리키는 것이다. 화이트헤드는 이러한 일차적 특성 혹은 정체성을 "스타일"(style)이라는 미학적 개념에 비유하기도 한다. 우리는 한 예술가의 다양한 작품들 속에서 그만의 독특한 스타일을 포착할 수 있다. 우리의 도덕적 정체성도 또한 다양한 적용의 경우들에 있어 어떤 지속적인 특성을 보여주고 있는 것이다. 화이트헤드는 이렇게 지속적인 정체성의 측면을 "지배적인 특성"이라고 부른다.[115]

---

113) Whitehead, "Immortality," 689.
114) *MT* 129; cf. 《사고의 양태》, 134.

개인의 독특한 정체성 혹은 새로운 존재 스타일은 왜 전체 우주가 단지 과거를 반복하지는 않는지를 설명해 준다. 비록 하나님의 원초적 마음 혹은 본성이 모든 영원적 객체들과 그것들의 모든 가능한 순차적 결합의 예들을 미리 포함하고 있더라도, 이것들이 현실세계 속에서 실제로 결합될 때 그러한 결합은 어떤 새로운 것, 즉 어떤 새로운 미학적 느낌이나 색조를 발생시키기 때문이다.[116] 가장 근본적인 의미에서 개인의 정체성이란 이렇게 그 개인이 새롭게 우주 속에서 발생시킨 독특한 느낌의 색조 혹은 느낌의 스타일인 것이다. 바로 이 때문에, 화이트헤드는 개인의 불멸성을 그 개인이 자신의 경험의 역사적 경로에서 구체적으로 실현시킨 느낌 혹은 가치의 불멸성과 동일시한다. 개인의 불멸성이란 하나님과 세계 속에 존재하는 실현된 가치의 불멸성에 대한 단지 구체적인 한 예인 것이다.

---

115) Whitehead, "Immortality," 689-690.
116) 화이트헤드는 모든 영원적 객체들(all eternal objects)이 하나님의 원초적 본성 속에 포함되어 있다고 분명하게 주장하는데 반해, 이러한 영원적 객체들의 가능한 모든 조합 혹은 결합의 예들(combinations)이 또한 거기에 포함되어 있는지에 대해서 아주 분명하게 말하고 있지는 않다. 필자는 후자도 또한 하나님의 원초적 본성에 포함되어 있는 것으로 본다. 거기에 대한 증거로 화이트헤드의 다음의 진술을 앞에서 제시하였다. "영원적 객체들의 서로에 대한 일반적 관계들, 다양성과 패턴의 관계들은 하나님의 개념적 실현(God's conceptual realization) 안에 존재하는 서로에 대한 관계들이다." *PR* 392; cf. 《과정과 실재》, 460. 이러한 조합 혹은 결합의 차원 없이는, 모든 영원적 객체들에 대한 하나님의 등급 매김 혹은 마음속에 그려봄(envisagement)이 어떤 중요한 의미도 가지기는 힘들다. 의미는 그것이 영원적 객체라고 하더라도 다른 영원적 객체들과의 관계 속에서만 파생될 수 있기 때문이다. 따라서 하나님의 세계에 대한 시간적 경험에 있어 새로운 것이란 새로운 영원적 객체나 혹은 새로운 조합이라기보다는 그것들이 현실화될 때 가져오는 새로운 느낌의 색조 혹은 미학적 색조인 것이다. 화이트헤드는 이러한 측면을 가리켜 세계의 "물리적"(physical) 측면이라고 부른다. 이러한 세계의 물리적 측면이 하나님의 결과적 본성 속에서 "세계의 신격화"(the Apotheosis of the World)를 가져오는 것이다. *PR* 528-529;《과정과 실재》, 598-599.

> 따라서 "인간의 불멸성"(The Immortality of Man)이라는 생각은 "실현된 가치의 불멸성"(The Immortality of Realized Value)이라는 보다 큰 맥락에서는 단지 하나의 부수적 문제일 뿐이다. 실현된 가치의 불멸성이란, 시간성 속에 존재하던 단순한 사실이 가치의 불멸성을 획득하게 되는 것을 가리킨다.[117]

태어남에서 죽음까지 한 인간의 삶이 마감될 때, 하나님은 그 사람의 "시간적 개인성"(temporal personality)을 가치의 관념세계 속에서, 즉 하나님의 마음속에서 그 사람의 "불멸하는 개인성"(immortal personality)으로 보존하시는 것이다.[118] 요컨대, 사람은 죽지만 또한 자신이 실현한 가치로서 불멸한다.

둘째로, 죽은 자를 전유하는 "산 자"라는 누구 혹은 무엇인가의 문제를 살펴보도록 하자. 개인의 불멸성이란 그 사람의 개인적 정체성이 하나님의 결과적 본성(God's consequent nature)에 의해 전유되는 것으로 화이트헤드는 본다. 이러한 전유는 하나님을 제외하고는 다른 현실적 존재들에 의해서는 직접적으로 그리고 완전하게 이루어질 수는 없는 과정이다. 왜냐하면, 하나님을 제외한 어떤 단일한 현실적 존재 혹은 현실적 존재들의 사회도 그 죽은 자의 역사적 경로 전체를 조금도 상실함이 없이 보존하고 기억할 수는 없기 때문이다. 예를 들어, 어떤 자식도 그 부모가 걸어온 삶의 경로 전체를 모조리 기억할 수는 없다. 자식이 없었던 때가 있었으며, 그 때에도 부모는 존재하였기 때문이다. 나아가, 하나님을 제외한 다른 현실적 존재들은 스스로도 끊임없이 소멸하고 있다. 자식은 그 자신도 부모가 되어 소멸하기 때문이다. 완전한 전유는 소멸하지 않는 비시간적 존재로서의 하나님에 의해서만 가능하다.

하나님의 태초의 혹은 원초적인 목표가 우주 내에서의 가치의 창조적 진보에 있듯이, 이러한 목표에 대한 가장 심각한 위협은 실현된 가치

---

117) Whitehead, "Immortality," 688.
118) Ibid., 698.

가 완전히 잃어지는 것이다. 이것이 바로 악은 개개의 악한 행동들이라는 구체적인 모습뿐만 아니라, 어떤 보다 근본적인 위협이라는 형이상학적 특성을 가진다고 화이트헤드가 본 이유이다.

> 시간적 세계에 있어서, 궁극적 악(ultimate evil)은 어떤 구체적인 악(specific evil)보다도 그 뿌리가 더 깊다. 그것은 과거가 사라져 간다는 사실, 시간(時間)은 '끊임없는 소멸'(perpetual perishing)이라는 사실에 있다.[119]

궁극적 악 혹은 "끊임없는 소멸"로서의 시간은 일종의 궁극적 사실로서, 사물들 사이의 파괴적 간섭 혹은 배제라고 하는 우발적이고 구체적인 악과는 차원이 다른 형이상학적 위상을 지닌다. 현실적 존재 내에서 혹은 현실적 존재들의 사회 내에서 논리적으로 서로 양립될 수 없는 것들이 우주의 영속적인 진행과정 속에서는 어쩌면 양립될 수도 있다. 왜냐하면, "과정이란 우주가 양립불가능한 예들의 배제에서 탈출하는 방법인 것이다."[120] 양립불가능한 가치들을 잠시 시간적으로 배제시키는 것은 완전한 상실(喪失)이라기보다는, 미래의 실현을 위한 일종의 연기(延期)이다. 반면에, 우리를 궁극적으로 위협하는 것은 다름 아닌 모든 실현되어진 가치들을 무자비하게 파괴하고 부정하는 시간 자체인 것이다. 바로 이 때문에 화이트헤드는 시간의 절대적인 부정을 부정하는 궁극원리로서, 하나님의 결과적 본성 혹은 하나님의 기억이라는 생각을 도입하게 되는 것이다. 현실태 혹은 현실적 존재는 시간적 소멸에서 "주체적 즉각성 혹은 직접성"(subjective immdiacy)을 상실하게 되지만, 반면 하나님의 기억 속에서 "객체성"(objectivity)을 획득하게 된다.[121] 우리의 시간 속에서의 쉼이 없는 창조적 수고는 하나님 안에서의 쉼을 획득하게 되

---

119) *PR* 517; cf. 《과정과 실재》, 585.
120) *MT* 75; cf. 《사고의 양태》, 81.
121) *PR* 44; cf. 《과정과 실재》, 92.

는 것이고, 우리가 이룬 가치는 하나님의 영원한 기억 속으로 추수되는 것이다. 나아가 하나님은 우리가 이룬 가치에 대한 그의 기억을 우주의 항구적 전진을 위한 새로운 작용인으로서 선용하신다. 우리의 자연인으로서의 존재 혹은 시간적 개인성은 없어지게 되나, 또한 우리는 실현된 가치의 불멸하는 개인성으로 새롭게 존재하게 되는 것이다. 이러한 우리의 불멸하는 개인성은 더 이상 사적(private)이거나 즉각적(immediate)이라기보다는, 공적(public)이며 끝마쳐진(completed, fixed) 것이다.[122] 더 이상 수고함이 없이, 쉼이 있게 되는 것이다. 화이트헤드의 객체적 불멸성의 학설을 하트숀은 다음과 같이 문학적으로 표현하고 있다. 하나님의 기억은 "모든 사실과 실현된 가치의 보물창고" 혹은 "모든 아름다움의 저장고"이며, 지금 "우리는 하나님의 집 벽에 영원히 걸리게 될 그림을 만드는 것이다."[123]

그 결과적 본성이 가지는 "보존"(saving)의 기능과 "이상화"(idealizing)의 기능을 통해서, 하나님은 개개 존재를 객체적으로 불멸하게 만든다.[124] 끊임없는 소멸이라는 궁극적 악은 모든 현실적 존재를 조금의 상실도 없이 기억하는 하나님의 "지혜"에 의해 극복된다. 보다 정확하게 말해, 하나님의 기억에서 개인의 악의 경우들은 사소함 속으로 잊혀져 버리나 그 개인이 실현시킨 가치들은 영구하게 기억되는 것이다. 하지만 악의 경우들이 단지 잊혀져 버릴 수 있을 정도로 사소하지 않을 때는, 하나님은 그 경우들을 "완성된 체계"(a perfected system) 속으로 통합시킨다.[125] 이런 가능태와 현실태의 통합체로서의 한 완성된 체계 속에서는, 현실적 존재가 가져온 황폐와 악이 그것의 이상적 가능성과 함께 대

---

122) Cf. *PR* 94;《과정과 실재》, 146.
123) Hartshorne, *Man's Vision of God and the Logic of Theism*, 298. Idem, Reality as Social Process, 42. Idem, *The Logic of Perfection and Other Essays in Neoclassical Metaphysics*, 259.
124) 이러한 구분은 엘리에 의해 제시된다. Ely, *The Religious Availability of Whitehead's God*, 39-40 참조.
125) *PR* 525;《과정과 실재》, 594-595.

조적으로 통합되는 것이다.[126]

하나님의 결과적 본성(the consequent nature of God)은 세계에 대한 하나님의 심판이다. 하나님은 세계가 하나님 자신의 삶의 즉각성 혹은 직접성 속으로 들어올 때, 그 세계를 보존하신다. 하나님의 결과적 본성은 보존될 수 있는 어떤 것도 잃어버리지 않는 자상함의 심판(the judgment of a tenderness)이다. 그것은 또한 시간의 세계 속에서는 단지 황폐일 뿐인 것을 선용하시는 지혜의 심판(the judgment of a wisdom)이다.[127]

---

126) 바리뉴는 하나님 안에서 현실적 존재의 "잊혀짐이 없음"(no loss)과 "조금은 잊혀짐"(some loss)이라는 두 가지 생각들을 화이트헤드가 동시에 주장하는 것(cf. PR 525; 《과정과 실재》 594-595)에 대해 또 다른 대안적인 해석을 제공한다. 그에 의하면, "잊혀짐이 없음"은 악을 포함한 현실적 존재의 전체 과거 혹은 전체 역사적 경로를 생생하고 직접적으로 기억하는 하나님의 결과적 본성이 가지는 보존의 기능을 가리키는데 반해, "조금은 잊혀짐"은 미래의 새로운 가능 혹은 비전을 위해서 악은 잊어버리고 현실적 존재의 긍정적 가치의 실현만을 기억하는 하나님의 결과적 본성이 가지는 이상화의 기능을 가리키는 것으로 본다. R. Maurice Barineau, *The Theodicy of Alfred North Whitehead*, 113-114. 필자는 바리뉴의 첫 번째 해석에 원칙적으로 동의한다. 하지만 필자는 하나님의 보존의 기능에서도 "조금은 잊혀짐"이 관련되는 것으로 본다. 왜냐하면, 필자는 악의 기억이 사소할 때는 그냥 그 악을 사소한 상태로 기억하고 보존하는 것 자체가 일종의 잊혀짐일 수도 있다고 생각하기 때문이다. 따라서 필자의 해석은 루머의 입장에 보다 가깝다. 그에 따르면, 하나님의 보존하는 기능은 모든 경험들을 기억하는 것을 의미하지만, 그 기억들이 "보다 큰 혹은 보다 적은 강도나 생생함"을 가질 수 있는 것이다. Bernard M. Loomer, "Ely on Whitehead's God," 169. 또한 바리뉴의 두 번째 해석과는 달리, 필자는 하나님의 이상화 기능은 단지 악의 기억은 잊어버리고 선의 기억만을 증폭시킨다고 보지는 않는다. 이것도 가능할 것이다. 하지만 또한 악이 사소하지 않을 때 하나님은 그것을 대조적인 가능성과 비교함으로써도 이상화시킬 수 있다고 생각한다. 이상화는 강조 혹은 증폭만이 아니라 대조를 통해서도 가능하며, 이 둘이 결합될 수도 있는 것이다. 하지만 이 모든 해석들에 있어, 하나님이 현실적 존재를 변환(transmutation)시키는 데는 하나님의 보존의 기능(saving function)과 하나님의 이상화의 기능(idealizing function)이 동시에 관여한다는 엘리의 주장이 전제되고 있는 것이다.

127) PR 525; cf. 《과정과 실재》, 595.

자상함과 지혜를 통한 하나님의 보존-이상화의 기능을 화이트헤드는 "변환"(transmutation)이라고 부른다. 현실적인 경험들 혹은 "경우들의 경로"로서 지속되던 시간적 개인성은 이러한 하나님의 기억 혹은 결과적 본성에 포함되는 변환 과정을 통해서 "보다 온전한 삶의 통일성"을 가지게 되는 것이다.[128] 개인의 즉각적이고 직접적이던 슬픔과 고통은 승리의 모습으로 변환되는 것이다. 화이트헤드는 하나님의 보존-이상화의 기능을 일종의 하나님의 미학적 행동에 비유하고 있다. 이러한 하나님의 미학적 행동이 우주 속에서 하나님이 행동하시는 방식을 구체적인 한 예로서 드러낸다는 것이다.

> 바로 이것이 세계 속에 편만해 있는 고난을 통한 구속(redemption through suffering)이라는 생각이다. 이런 생각은 예술 속에 발견되는 부조화들의 미학적 가치(the aesthetic value of discords in art)라는 아주 사소한 예를 [철학적으로] 일반화(一般化 generalization)시킨 것이다.[129]

필자는 이 본문이 화이트헤드의 미학적 신정론이 가지는 방법론적 측면을 이해하는데 결정적으로 중요하다고 본다. 여기서 화이트헤드는 대조적 조화라고 하는 아우구스티누스의 미학적 신정론과 최소한 그 방법론에 있어 연속성을 보여주고 있는 것이다. 아우구스티누스는 대조적 조화라는 미학의 논리를 역사화하고 존재론화 시켜서, 일종의 '유비적 희망'(an analogical hope)의 방법론을 가지고 우주라는 전체 스크린에 이 미학적 논리를 투사시켰다. 이와 유사하게, 화이트헤드도 "일반화의 방법론"(method of generalization) 혹은 "철학적 일반화"(philosophical generalization)의 방법론이라고 자신이 부르는 접근을 시도하고 있는 것이다.[130] 우리가 이 책에서 살펴보고 있는 미학적 신정론의 경우, 화이

---

[128] PR 531; cf.《과정과 실재》, 602.
[129] PR 531; cf.《과정과 실재》, 601.
[130] PR 8; cf.《과정과 실재》, 53.

트헤드는 예술에서 발견되는 부조화의 미학적 극복이라는 특정한 경험에서 출발하여, 이것을 세계의 고난과 슬픔을 극복하는 하나님의 활동방식으로 철학적으로 확장시키고 일반화시키고 있는 것이다. 하지만 내용적 측면에 있어서는 화이트헤드가 아우구스티누스보다는 더 급진적인 것 같다. 아우구스티누스는 악을 극복하는 대조적 조화가 우주 내에서 일어나는 것으로 본데 반해, 화이트헤드는 그것이 하나님 내에서 일어나는 것으로 보았다. 결과적으로 아우구스티누스는 하나님이 변화할 수 없다고 보았으나, 화이트헤드는 하나님이 우주 전체의 진화론적 과정을 자신 속으로 끌어안고 포괄시킴을 통해서 영구히 자신을 변화시켜가고 확장시켜가는 존재로 보았다.[131] 또한 화이트헤드의 신학적 미학사상은 조화라는 아우구스티누스주의적인 미학적 축 뿐만 아니라 모험의 축도 함께 하나님 안에서 발견하는 것이다.

우주가 과정 속에서 진보하여 감에 따라, 하나님도 또한 진보하여 가는 것이다. 전자는 물리적 세계가 하나님의 결과적 본성 속에서 그 자신의 개념적 완성을 획득하게 되는 것을 가리키고, 후자는 하나님의 원초적 혹은 개념적 본성이 세계로부터 물리적 느낌 혹은 미학적 색조를 받아들이게 되는 것을 가리킨다. 세계는 물리적 축에서 개념적 축으로 전진하게 되는 것이고, 하나님은 개념적 축에서 물리적 축으로 전진하게 되는 것이다.

> 하나님의 개념적(conceptual) 본성은 그것이 가지는 궁극적 완결성 때문에 변하지 않는다. 하지만 하나님의 파생적(derivative) 본성은 세계의 창조적 전진의 결과에 달려있다. …원초적 본성은 개념적인데 반해, 결과적 본성은 하나님의 원초적 개념들을 [세계에 대한] 하나님의 물리적 느낌들과 함께 결합시킨 것을 가리킨다(The primordial nature is conceptual, the consequent nature is the weaving of God's physical

---

131) 이 둘의 신정론을 과정신학적 관점에서 비교한 논문으로는 이경호, "신정론(Theodicy)에 있어서 어거스틴과 과정사상의 비교연구: In Whiteheadian Perspective"(감리교신학대학교 석사학위논문, 1994)가 있다.

feelings upon his primordial concepts).[132]

세계가 객체적 불멸성을 지니도록 하나님이 자신의 마음속에서 세계를 보존·이상화하는 것을 화이트헤드는 신학에서 말하는 "세계의 신격화"(the Apotheosis of the World)로 본다.[133] 문자적으로, 세계는 하나님 존재의 한 부분이 되는 것이다. 한편으로 세계는 하나님의 영속적인 기억을 통해 끊임없는 소멸에서 구출되며, 다른 한편으로 하나님은 "자신의 단지 개념적인 현실태가 가지는 결여성"을 세계의 물리적 느낌을 통해 보완하고 완성시키게 되는 것이다.[134] 결과적으로 우리의 관점에서 볼 때, "존재할 수 없는 것임에도 여전히 존재한다"(what cannot be, yet is)는 믿기지 않는 사실 즉 불멸성의 기적을 우리는 가지게 되는 것이다.[135] 하나님의 관점에서 볼 때, 우주 속에서 발생하는 삶의 고통, 실패, 그리고 황폐뿐 아니라 또한 함께 발생하는 삶의 새로운 가치의 창조와 그 아름다움을 하나님은 물리적으로 느낄 수 있게 되는 것이다. 화이트헤드는 하나님을 "참 좋은 동반자—이해하며 같이 고통받는 자"(the great companion—the fellow-sufferer who understands)라고 부른다.[136]

셋째로 그리고 마지막으로, 우리는 어떻게 하나님 안에서 객체적 영원성을 획득하여 고정된 한 존재가 다시 세상에 관계될 수 있는지의 문제를 다루고자 한다. 죽은 자에 대한 산 자의 전유는 단지 하나님에 의한 전유에만 그치는 것은 아니다. 우주의 모험은 계속 진행되어야 하는 것이다. 하나님의 자기 초월체적(superjective) 본성은 자신의 결과적 본

---

132) *PR* 523-524; cf.《과정과 실재》, 593.
133) *PR* 529; cf.《과정과 실재》, 599.
134) *PR* 530; cf.《과정과 실재》, 600.
135) *PR* 531; cf.《과정과 실재》, 601.
136) *PR* 533; cf.《과정과 실재》, 603. 오영환은 보다 시적(詩的)이고 깊게 "위대한 동반자—이해하는 일련탁생(一蓮托生)의 수난자"로 번역하고 있다. "일련탁생"이란 "좋든 나쁘든 행동, 운명을 같이 함" 혹은 "죽은 뒤 함께 극락왕생하여 같은 연대(蓮臺)에 몸을 의탁함"이라는 불교사상을 가리키는 것이다.

성 속에서 완성되고 완결된 개개의 가치들을 다른 살아 있는 현실적 존재들을 위한 새로운 공적(公的)인 가능성으로 다시 제시하는 기능을 한다. 이것이 객체적 불멸성이 가지는 다른 측면이다. 우주의 움직임은 일종의 순환으로서, 화이트헤드는 여기서 불교와 자신의 사상의 유사점을 발견한다. 그는 우주의 모험이 가지는 네 순환적 단계들을 다음과 같이 제시하고 있다: (1) "개념적 발생의 단계"(the phase of conceptual origination) 혹은 하나님의 원초적 본성, (2) "물리적 발생의 시간적 단계"(the temporal phase of physical origination) 혹은 활동(活動)의 세계, (3) "완성된 현실태의 단계"(the phase of perfected actuality) 혹은 하나님의 결과적 본성 혹은 가치(價値)의 세계, 그리고 (4) "개별적인 경우들을 위한 개별적인 섭리"(the particular providence for particular occasions)의 단계 혹은 하나님의 자기 초월체적 본성 혹은 다시 활동의 세계로 돌아옴.[137] 이러한 순환적 모험의 과정을 통해서, 하나님은 새로운 가치의 가능성을 가지고 활동의 세계 혹은 사실의 세계를 대면하는 것이다. 활동의 세계 혹은 사실의 세계는 명제들(propositions)을 통해 침투하는 가치의 세계에 의해서 보다 아름답게 시적으로 변화하게 된다. 그래서 화이트헤드는 하나님을 "진·선·미에 관한 자신의 비전을 통해서 자상하게 그리고 인내하며 세계를 이끌어 가는, 세계의 시인(the poet of the world)"이라고 부른다.[138] 화이트헤드의 하나님은 자신 속에

---

137) *PR* 532; cf. 《과정과 실재》, 602-603. 화이트헤드가 한편으로 하나님의 원초적 본성과 다른 한편으로 하나님의 결과적 그리고 자기 초월체적 본성이 가지는 관계를 어떻게 보았는지 아주 분명하지는 않다. 필자의 순환론적 해석은 하나님의 원초적 본성이 가지는 최초의 목표 혹은 최초의 지향(initial aim)이 이미 하나님의 결과적 그리고 자기 초월체적 본성에 의해 중재된다고 본 캅과 바리뉴의 견해를 따른다. Cobb, *A Christian Natural Theology*, 183-184; Barineau, *The Theodicy of Alfred North Whitehead*, 143 참조. 또한 "활동의 세계"(the World of Activity)와 "가치의 세계"(the World of Value)라는 화이트헤드의 구분에 대해서는 그의 에세이 "Immortality," 684ff. 참조.

138) *PR* 526; cf. 《과정과 실재》, 595.

보존-이상화된 개인을 전통적인 의미에서 '부활'(resurrection)시키는 것이 아니라, 그 개인을 통해 가능하게 된 새로운 존재의 이상 혹은 원형(原型, archetype)으로 '소생'(vivification)시키는 것이다. 우주의 창조적 모험은 이러한 새로운 원형적 가치 형태를 가능하게 만든 바로 그 개인에게 빚지게 되는 것이다. 비록 그 개인은 미래에 자신의 원형적 가치를 직접적 혹은 즉각적으로 다시 경험할 수는 없게 되지만, 바로 이 가치로서의 소생이라는 사실 때문에 자신을 초월한 보다 큰 의미를 지금 느낄 수 있는 것이다. 즉 그는 다른 이들을 위한 가치의 초월성으로 인해 지금 현재적 만족을 가질 수 있는 것이다. 화이트헤드는 여기서 개인의 "수단으로서의 기능"과 "목적으로서의 기능" 사이에 어떠한 모순도 존재하지 않는다고 본다.[139] 왜냐하면 이것이 바로 도덕의 의미이기 때문이다: "보편적인 선과 개인적인 이익 사이의 대립은 오직 그 개인이 자신의 이익을 보편적 선에 둘 때 비로소 없어지게 된다."[140]

객체적 불멸성은 주체적 불멸성과는 다른 것이다. 여기서는 "개인의 절대성"(individual absoluteness)이 단지 그 개인의 직접적이고 물리적인 생존을 의미하는 것이 아니라, 그 개인이 "자신을 넘어선 의미를 가지는 결정"(a decision referent beyond itself)으로 실현시킨 가치의 절대적 생존을 의미하는 것이다.[141]

> 창조(Creation)는 가치(Value)를 지향적으로 목표하는 반면, 가치는 창조의 과정에 그 자신이 행사하는 영향을 통해서 공허한 추상으로부터 구출되는 것이다. 하지만 이러한 합류(合流, fusion) 속에서, 가치는 자신의 불멸성(Immortality)을 보존하게 된다.[142]

---

139) *PR* 531; cf.《과정과 실재》, 601.
140) *PR* 23; cf.《과정과 실재》, 69.
141) *PR* 94; cf.《과정과 실재》, 146.
142) Whitehead, "Immortality," 686.

개인의 불멸성이란 그 개인에 의해 실현된 가치의 불멸성으로, 이는 하나님과 세계 속에서 굽힐 수 없는 완고한 사실로 영원히 존재하게 되는 것이다.

4장 화이트헤드의 비평가들

비판은 언제나 중립적이라기보다는 실존적이다. 서론의 마지막 부분에서 우리가 제시한 비판적 질문들은 전통적인 유신론의 관점에서 의식적으로 구성된 것이다. 하지만 과정 신정론은 바로 이 전통적인 유신론적 사유의 틀 자체를 근본적으로 반대하고 있는 것이다. 하나님의 전능성 혹은 형이상학적 궁극성은 과정사상의 다원주의적 우주에서는 일종의 공허한 형이상학적 칭송으로 부정된다. 이는 우리가 구성한 질문들이 과정 신정론의 성공을 평가하는데 직접 적용될 수 없다는 것을 의미한다. 따라서 우리가 여기서 목표로 하는 것은 내적 비평(內的 批評, internal criticism)이라기보다는 일종의 대조적 비평(對照的 批評, contrastive criticism), 즉 악의 문제에 대한 전통적인 유신론적 대답과 과정신학적 대답 사이의 견해의 차이들을 정직하게 설명하고 분명하게 하는 것이다. 신정론의 성공에 대한 어떠한 척도도 그것이 지니는 역사성(historicity), 패러다임-구체성(paradigm-specificity), 혹은 공동체-구체성(community-specificity)으로부터 자유로울 수는 없고 또 그래서도 안 된다. 형이상학적 패러다임이나 세계관이 변함에 따라, 판단의 척도도 변하는 것이다. 따라서 과정 신정론이 전통적인 유신론적 가치 척도들을 충족시키지 못한다고 하여, 그것을 실패한 것으로 평가해서는 안 되는 것이다. 모든 신정론의 궁극적 성공은 그것이 하나의 형이상학적 혹은 신학적 사유의 틀 속에서 악의 문제에 대한 일관성 있고 설득력 있는 대답을 제공하는가에 달려있다. 그리고 이러한 형이상학적 사유의 틀 자체가 참인지 거짓인지의 진리 여부는 우리의 궁극적인 직관 혹은 실존론적 결정에 달려있다고 필자는 생각한다. 그 형이상학적 우주는 정말 거주할 수 있는 곳인가? 그 형이상학적 우주에 기꺼이 거주하고자 우리는 정말 희망하는가? 이것은 몇몇 개별적 증명들과 반증들에 의해 결정되기 보다는, 우리의 살아온 경험 전체에 의해서만 결정될 수 있는 물음이다.

우리는 아래에서 악의 문제 그 자체를 구성하고 설정하는 방식에 있어 전통적인 유신론과 과정 유신론이 가지는 차이점을 먼저 살펴본 후, 우리의 비판적 질문들을 과정 신정론에 적용시켜 보고자 한다. 화이트헤드의 신정론은 다음과 같은 해답을 제공하는 것으로 이해될 수 있다: 악을 극복하는 방식과 관련하여 악에 대한 '승리'(defeat)가 가능하며, 구속의 범위와 관련하여 악의 '개별적'(individual) 극복이 가능하다. 하지만 화이트헤드의 신정론에서 악의 '균형 잡기'(balancing-off)나 악의 '우주적'(global) 극복은 적용될 수 없는 것 같다. 왜냐하면 이것들은 하나님이 세계를 자신이 의도하는 상황 속으로 일방적으로 조종하거나 강요할 수 있을 때 가능하기 때문이다.

I. 심판대에 선 전능자: 신정론은 일원론의 문제인가 아니면 힘의 문제인가

악의 문제란 무엇인가? 이 책을 시작할 때 우리는 그것을 흄이나 맥키가 제안한 철학적 아포리아, 즉 하나님의 전능성(omnipotence), 하나님의 전선성(omnibenevolence), 그리고 악의 존재(the reality of evil)라는 양립불가능하게 보이는 세 가지 생각들이 전통적인 유신론의 신앙 속에 공존하고 있음으로 인해 생기는 이론적인 긴장으로 보았었다. 맥키는 사유의 논리적 일관성을 위해서는 이 셋 중에 어느 하나가 포기되어야 한다고 주장한다. 파이크, 치숌, 그리고 아담스와 같은 유신론자들은 이러한 도전에 두 가지 방식으로 대응하였다. 한편으로, 이 셋 중에 어느 하나라도 포기되기 위해서는 다음과 같은 파이크-아담스의 추가적 명제가 참된 것으로 증명되어야 한다고 제안되었다: "(P5) 전능하고 전지한 존재는 고통의 예들을 허락할 어떤 (도덕적으로, 문화적으로, 미학적으로, 혹은 종교적으로) 충분한 이유들도 가지지 않는다." 하지만 이 명제는 증명되지도 반증되지도 않기 때문에, 유신론의 비일관성에 대한 맥키의 도전은 결론이 나지 않은 것으로 이해되었다. 증명의 짐이 다시 무신론적 입장에 옮겨진 것이다. "왜"(why) 세계에 악이 존재하는가에 대한 하나님의 여러 가능한 이유들이라는 이러한 첫 번째 변증에 추가적으로, 우리는 "어떻게"(how) 그리고 "얼마만큼"(how much) 하나님은 악을 극복하는가 하는 추가적인 질문들을 물었다.

과정 신정론은 악의 문제 그 자체를 아주 다르게 설정한다. 이 입장은 형이상학적으로 하나님이 힘을 독점한다(God's monopoly of power)는 명제를 받아들이지 않는다. 바로 이 때문에 과정 신정론자들은 가치의 차원에서의 첫 번째 변증, 즉 "전능하고" 전선한 존재가 어떤 중요한 이유에서 고난의 예들을 "허락"할 수도 있다는 논리적 변증을 수용하지 않는다. 하나님의 "왜" 혹은 가치의 차원에서, 우주의 목적론적 구조는 어떤 미학적 이유를 가진다는 아우구스티누스와 화이트헤드의 견해가 일견 유사하게 보이지만, 이 둘이 각자의 형이상학적 틀을 넘어서 서로 동일한 것으로 이해될 수 없는 이유도 여기에 있는 것이다. 아우구스티누스의 미학적 신정론은 우주의 대조적 아름다움을 위해서 하나님이 악을 자발적으로 허용하고 전적으로 통제한다는 생각을 강조하는데 반해, 화이트헤드의 미학적 신정론은 어떠한 성공의 보장도 없으나 하나님은 아름다움의 전진과 진보를 위해 위험을 감수하는 모험을 선택했다는 생각을 강조한다. 따라서 화이트헤드의 미학적 신정론은 전통적인 유신론적 사유의 틀 속에서 제기되어진 악의 문제를 대답하지는 않는다. 왜냐하면 그는 그렇게 전제된 사유의 틀을 공유하지 않기 때문이다.

필립 헤프너(Philip Hefner)와 데이비드 그리핀(David Griffin) 사이의 대화가 악의 문제에 대한 두 접근법이 가지는 차이를 분명하게 하는 데 도움이 되는 것 같다. 헤프너는 악의 문제가 그리핀이 제시하듯 전능성의 오류의 문제(a problem of the fallacy of omnipotence)인지, 아니면 자신이 제시하듯 일원론의 문제(a problem of monism)인지 살펴보기를 제안한다. 유대인과 기독교인은 근본적으로 볼 때 일원론자라는 사실을 헤프너는 존중하여야 한다고 본다. 전통적 신정론의 일원론적 원칙이 문제가 없다고 그가 생각하는 것은 아니다. 하지만 유신론적 일원론을 희생시키는 것이 유대인과 기독교인에게 동일한 혹은 보다 큰 문제들을 가져다준다는 것이다. 필자는 유신론적 일원론의 틀 속에서 제기되는 악의 문제의 핵심을 다음과 같은 두 주장들 사이의 역설적(逆說的) 긴장으로 본다: (1) 하나님은 만물들에 대한 궁극적인 설명의 끝이다(God is the ultimate terminus of explanation of all things), 그리고 (2) 하나님은 악의 근원이 될 수 없다(God cannot be the source of evil). 전통적인 유신론적 일원론은 전자의 생각을 옹호하고자 후자를 보다 분명하게 설명치 못하는 한계를 지니는 반면, 과정신학은 후자의 생각을 옹호하고자 전자인 일원론 즉 하나님의 형이상학적 궁극성을 희생시키는 한계를 지닌다. 따라서 전통적 유신론자는 과정신학이 신정론의 문제를 대답한다기보다는, 그 문제 자체를 해체해버리는 것으로 볼 수도 있는 것이다. 헤프너는 신정론의 역설적 긴장을 이렇게 표현하고 있다.

> 유대인과 기독교인은 일원론자들이다. 그들은 모든 사물들과 모든 사건들이 궁극적으로는 한 단일한 실재에 뿌리를 내리고 있다고 확신한다. 하지만 악과 선의 대립을 직면하여, 어떻게 이 단일한 뿌리가 주장될 수

있는지 그들이 이해하지는 못한다. 이러한 뿌리의 단일성(this oneness in origin), 모든 만물들은 하나님에게서 유래한다는 이러한 신념이 바로 악의 문제의 핵심이다.[1]

예를 들어 헤프너는 그리핀이 전통적인 '무에서의 창조'(*creatio ex nihilo*)의 교리를 부정하는 사실에서, 뿌리의 단일성이라는 이러한 일원론적 원리도 함께 부정된다고 본다. 대신 원초적 혼동이 존재한다는 가설이 도입되고, 바로 이 가설이 그리핀으로 하여금 악을 하나님에게 돌리지 않아도 되게끔 해결책을 제공한다는 것이다. 하지만 헤프너에 따르면 이러한 가설은 이전의 전통 신학이 수행한 악의 합리화만큼이나 나쁜 것이다. 신정론의 문제에 관여된 세 요소들 중에서, 전통적인 신정론 이론이 하나님의 선함과 전능함을 구출하고자 악을 다소 비실재적(非實在的, unreal, apparent)으로 만드는 오류를 범한데 비해, 과정 신정론은 하나님의 선함과 악의 실재적 존재를 구출하고자 하나님의 전능함 혹은 형이상학적 궁극성을 희생시킨다고 헤프너는 본다.

> 그렇다면 논리적으로 볼 때, 그리핀이 반대하는 고전적 유신론자들이 그들의 인질을 운명에 저당잡힌 것과 마찬가지로, 그리핀도 또한 자신의 인질을 저당잡힌 것이다. 그들의 인질이 진정한 악의 존재를 희석(稀釋)시킨 것이었다면, 그리핀의 인질은 하나님이 모든 존재하는 것의 근원이라는 주장을 희석시킨 데 있다.[2]

악의 실재를 부정하지도, 하나님의 형이상학적 궁극성을 희생시키지도 않는 제 삼의 해결책이 필요하다고 헤프너는 본다. 유대교적 혹은 기독교적 경험은 한편으로 하나님이 모든 존재하는 것의 유일한 원초적 원리임을 가르쳐주는 반면, 다른 한편으로 선과 악 둘 모두 어떤 의미에서

---

1) Philip Hefner, "Is Theodicy a Question of Power?," *Journal of Religion* 59, no. 1 (January 1979): 89.
2) Ibid., 91.

는 원초적으로 하나님 안에 있음을 또한 암시한다. 이런 맥락에서 헤프너는 "기독교 철학자는 몇몇 문제들에 있어서는 도움을 받기 위해 화이트헤드보다는 헤겔을 보다 자세히 볼 필요가 있다"라는 간략하지만 흥미 있는 제안을 한다.[3]

그리핀의 입장이 유대교와 기독교의 일원론적 전통에 충실하지 못하다고 본 헤프너의 비판에 대해, 그리핀은 그것이 단지 "외적" 비평일 뿐이라고 주장한다.[4] 하나님은 전능하고 모든 것을 결정하는 존재라는 것을 받아들이는 것, 또한 하나님은 절대적 무로부터 만물을 만들었다는 것을 받아들이는 것은 "일원론이 궁극적 진리이다"라는 형이상학적 결정을 하는 것이라고 그리핀은 본다.[5] 이에 반해, 과정 신학자들은 유일신론은 수용하면서도 일원론은 거부하는 또 다른 형이상학적 결정을 하는 것이라고 그리핀은 제안한다.

> 본인의 해결책은 유일신론(唯一神論 monotheism)이 곧 일원론(一元論 monism)을 의미한다는 것을 분명하게 거부하는 데 있다. 절대적 무로부터의 창조를 부정하는 것, 그리고 하나님과 창조성을 구분하는 것은 이렇게 하나님과 세계 사이의 진정한 이원성을 허락하는 동시에 유일신론을 주장하는 입장의 일부분이다. 유한한 현실적 존재들의 영역도 그 스스로의 내재적 힘을 지니는 것이다. 따라서 신정론은 힘의 문제(a question of power)이며, 우리 사이의 논쟁점은 우리가 "하나님"이라고 부르는 존재가 우주 내에서의 유일한 힘인지 그렇지 않은지의 여부이다.[6]

그리핀에게 있어서 창조, 하나님과 창조성, 그리고 힘에 대한 과정철학의 사상은 어떻게 사물들이 존재하는가에 대한 단지 일종의 대안적인

---

3) Ibid., 93.
4) David Ray Griffin, *Evil Revisited: Responses and Reconsiderations* (Albany: State University of New York Press, 1991), 175.
5) Ibid., 183.
6) Ibid.

논리적 기술이라기보다는 사물들이 다른 방식으로 존재할 수는 없다고 하는 확신이다. 사실 이것이 형이상학적 확신이 의미하는 것이다.[7] 결과적으로, 악의 문제는 곧 일원론의 문제라는 헤프너의 문제설정은 과정철학에서는 적용되지 않는 외부적 요소이다. 만약 그것이 일원론의 문제였다면, 하나님의 도덕적 선함은 회의될 수밖에 없다고 형이상학적으로 확신하는 것이다. 이러한 철학적 의사소통의 어긋남 혹은 패러다임의 충돌에서 과정신학자들이 할 수 있는 일이란, 자신들의 과정사상적 신관념에서 볼 때 "만물들의 기원이 됨"(being the origin of all things)은 "전적으로 선하심"(being wholly good)에 비해 보다 덜 중요하다고 하는 일종의 대조적 비평을 발전시키는 것이다.[8] 그리핀에 따르면, "완전한 도덕적 선함"이 기독교의 하나님 관념의 핵심을 이루며, 이러한 신관념은 "일원론적 유일신론의 거부"를 요구한다.[9] 결과적으로 우리가 어떤 신학적 혹은 형이상학적 패러다임 속에 거주하는가에 따라서, 그리핀은 전통적인 일원론적 문제로서의 악의 문제를 해결하기보다는 해체(deconstruction)하였다고 보는 헤프너의 입장에 동의할 수도, 혹은 헤프너는 악의 문제를 단지 일원론의 가짜 문제(pseudo-problem)로 만든다는 그리핀의 입장에 동의할 수도 있는 것이다. 그리핀은 신정론의 진짜 문제는 힘의 문제이며, 이것을 형이상학적으로 올바르게 기술(記述)하는 것이 신정론의 과제라고 보는 것이다. 일원론적 형이상학에 대한 화이트헤드의 거부도 사물들이 단지 우주 속에서 일방적으로 결정되지는 않는다는 바로 이러한 기술의 시도이다. "악의 문제에 대한 화이트헤드 그 자신의 해결책은 하나님과 창조성 사이의 강한 구분에 달려 있는 것이다."[10]

형이상학적 결단은 일종의 존재의 모험이다. 헤프너와 그리핀의 대화가 우리에게 가르쳐주고 있는 것은 근본적으로 다른 종류의 형이상학적

---

7) Ibid., 175-176.
8) Ibid., 185.
9) Ibid., 184.
10) Ibid., 188.

제안을 단지 외부에서 빌려온 어떤 개념이나 척도를 가지고 손쉽게 비판할 수는 없다는 사실이다. 대조적 비평은 부분적(piecemeal)이 아니라 "총체적"(global)이어야만 하는 것이다.[11] 하나의 형이상학적 틀 속에서 설명되어야 하는 것은 우리 경험의 전부이다. 따라서 여기서의 우리의 비판적 고찰은 강한 의미에서 과정 신정론의 성공여부를 판단하기 위한 시도라기보다는, 전통적인 고전적 신정론과 과정 신정론 사이의 생산적인 대화를 보다 활성화시키기 위한 시도로 이해되어야 한다.

II. 나는 과연 살아남는가: 개인의 개별적인 삶 속에서의 악의 극복

우리가 화이트헤드의 신정론에 대한 엘리의 비판에서 볼 수 있듯이, 전통적인 유신론적 변증은 하나님의 도덕적으로 선하심을 옹호하기 위해 아담스가 "개별적"(individual) 악의 극복이라고 부르는 것, 즉 인간의 개인적 혹은 개별적 삶 속에서 악의 극복을 매우 중요하게 생각한다. 이 세상에서 사람이 끔찍하고 황폐한 악을 경험하게 됨에도 불구하고, 앞으로 올 세상에서 하나님은 그 사람의 영혼 혹은 정체성을 보존하심으로 각각의 개인을 선하게 보살피신다는 것이다. 반면 엘리의 비판에 대한 과정 신학자들의 대답은 화이트헤드의 사상이 개별적 혹은 주체적 불멸성에 대한 전통적 관심에서 얼마나 차이가 나는가를 잘 보여주고 있다. 과정사상에 따르면 개인은 주체적으로 불멸하는 것이 아니라 객체적으로 불멸하기 때문이다.

엘리(Stephen Lee Ely)는 화이트헤드가 정말 자신이 의도했던 것처럼, "종교적인 목적에 도움이 되는 신관념"을 제공하고 있는지 반문한다.[12] 엘리는 여기에 대해 회의적인 입장을 보이는데, 화이트헤드의 신학

---

11) Griffin, *God, Power, and Evil*, 256. Cf. Hartshorne, *Creative Synthesis & Philosophic Method*, 276.

과 신정론에는 아주 중요한 한 요소 즉 각각의 개인에 대한 하나님의 관심이 빠져 있다고 생각하기 때문이다. 엘리는 이러한 개별자에 대한 관심이 전통적인 종교적 목적에 있어 핵심적인 위치를 가진다고 본다. 화이트헤드의 형이상학적 다원주의와 그의 보편적으로 존재하는 자유와 창조성에 대한 강조, 혹은 우리가 화이트헤드의 신정론 I과 신정론 II로 부른 것이 하나님의 전능함을 제한함으로써 악의 문제를 일정정도 대답하고 있음을 엘리는 인정한다. "모든 사건들은 자유롭게 발생한다는 사실이 하나님에 의해 정해진 것이 아니라, 모든 실재들의 한 필연적인 형이상학적 속성이라고 한다면," 하나님의 원초적 본성이 세계 내 존재하는 악으로 인해 비난될 수는 없는 것이다.[13] 하지만 동시에 악에 대해 하나님의 책임 없음(God's non-responsibility)을 증명하는 것이 곧바로 하나님의 선하심(God's all-goodness)을 증명하는 것도 아닌 것이다. 바로 여기에 하나님의 선하심이 객체적 불멸성이라는 화이트헤드의 신정론 III에서 증명되어야 하는 이유가 있다. 이와 관련하여, 엘리는 객체적 불멸성이 가지는 세 차원을 구분한다: 하나님의 결과적 본성이 가지는 "보존"(saving)의 기능, 하나님의 결과적 본성이 가지는 "이상화"(idealizing)의 기능, 그리고 하나님의 자기 초월체적 본성이 가지는 영향력 (influencing)의 기능.[14] 이를 차례로 살펴보도록 하자.

첫째로, 엘리는 하나님의 결과적 본성이 "실현된 가치의 창고(倉庫)"라는 기능을 통해서 궁극적 악인 끊임없는 소멸을 극복하는 것을 인정한다.[15] 우주의 소멸하는 순간과 가치가 지니는 아름다움은 영구히 확장

---

12) 엘리는 여기서 화이트헤드의 "a God available for religious purposes"라는 *SMW*, 242 의 진술을 가리키고 있는 것이다(cf.《과학과 근대세계》254). Ely, *The Religious Availability of Whitehead's God: A Critical Analysis*, 8.
13) Ibid., 25.
14) 엘리의 "보존"의 기능과 "이상화"의 기능에 대한 구분으로는 ibid., 39-40을 참조하라. 마지막 "영향력"의 기능이라는 표현은 ibid., 42에 나오는 엘리의 진술에 바탕하여 필자가 제안한 것이다.
15) Ibid., 40. 엘리는 하나님의 "보존"의 기능이 궁극적 악으로서의 끊임없는 소멸을 극

II. 나는 과연 살아남는가: 개인의 개별적인 삶 속에서의 악의 극복

하는 하나님의 기억 속에 모두 모아들여지기 때문이다. 하지만 엘리는 하나님이 나에 의해서 실현된 가치들을 보존하는 것이 "나의 개별성"(my individuality)을 보존하는 것과 동일하지는 않다고 주장한다. 화이트헤드의 하나님이 가치들의 영속적 소멸이라는 궁극적 악을 극복할지는 몰라도, "우리의 입장에서 본다면 소멸의 악은 여전히 존재하는 것이다." 따라서 화이트헤드의 신정론에서 우리는 기껏해야 "하나님의 기쁨을 위한 도구들"로 보일 뿐이고, "개개의 유한한 존재들은 별로 중요시되지 않는 듯하다."[16] 엘리에 따르면, 화이트헤드의 하나님은 전통적인 유신론이 말하는 도덕적 선을 지니지는 않고 있다.

둘째로, 하나님의 결과적 본성이 지니는 이상화의 기능도 또한 유사하게 해석된다. 나의 황폐한 삶이 하나님 안에서 어떤 이상적인 삶의 모습으로 변환된다는 사실이 나에게 위안을 주는 것은 아니다. 왜냐하면 미래의 변모되고 이상화되어진 내 삶의 모습을 내 자신이 직접적으로 경험할 수는 없기 때문이다. 오직 하나님만이 이것을 경험하게 되는 것이다. 악과 황폐의 변환이 단지 하나님의 결과적 본성에서만 일어난다면, "어떻게 내가 그것을 즐길 수 있는가?" 화이트헤드의 견해에 따르면, 일단 한 개인이 객체적 불멸성을 획득한 후에는, 자신의 경험의 직접성 혹은 주체적 의식은 상실하게 된다. 이 때문에 악의 극복 혹은 악의 변환에 대해 내 자신이 가질 수 있는 즐거움이란 일종의 "대리적 즐거움"(a vicarious joy)일 뿐이다.[17] 실제로 기쁨을 누리는 존재는 내 자신이 아니라 하나님이기 때문이다. 결과적으로, 하나님의 이상화 기능이라는 화이트헤드의 생각은 단지 하나님의 "이기주의적 낙관론"(selfish optimism)만 가져오게 될 뿐이라고 엘리는 본다.[18]

복하는 반면, 하나님의 "이상화"의 기능이 개별적이고 구체적인 악으로서의 사물들 간의 부조화를 극복하는 것으로 보는 듯하다.
16) Ibid., 48-49.
17) Ibid., 49-50.
18) Ibid., 41.

셋째로, 하나님이 자기 초월체적 본성에서 지니는 영향력의 기능은 세계 전반에는 상관이 있을지 몰라도, 내 자신 개인에는 아무런 상관이 없다고 엘리는 본다. 비록 하나님의 자기 초월체적 본성이라는 화이트헤드의 생각이 어떻게 내 자신의 악의 경험이 나중에 하나님의 영향력을 통해서 세계의 보다 큰 선을 위해 유용하게 활용이 되었는지 어렴풋이 알게 만들지는 몰라도, 그것이 현재의 내 고통을 조금이라도 덜 고통스럽게 만드는 것은 아니다. 만약 하나님이 내 자신이 아니라 세계 전반에만 관심을 가진다면, 하나님의 사랑이 "다시 이 세상 속으로 흘러 들어온다"라는 사실을 내가 기뻐할 아무런 이유도 없는 것이다.[19]

요컨대, 엘리는 화이트헤드의 하나님이 전능하지 않을 뿐 아니라 또한 전선하지도 않다고 본다. 그에 따르면, 하나님의 선하심이 훼손된 가장 큰 이유는 화이트헤드가 도덕적 가치보다 미학적 가치를 더 선호한다는 사실 때문이다. 화이트헤드의 하나님은 우주에 대한 자신의 원초적인 목표에 있어서 어떤 도덕적 고려도 하지 않았고 단지 미학적인 고려만을 하였다는 것이다. "미학적 즐거움에 대한 무의식적인 편애 때문에 나머지 우주가 치러야할 대가를 고려하지도 않는 것이 선함이라고 불릴 수는 없는 것이다."[20] 화이트헤드의 하나님이 가지는 결과적 본성과 자기 초월체적 본성에서도 마찬가지로 도덕적 고려는 부재하고 있다. 왜냐하면, 엘리는 하나님의 도덕적 선함을 하나님의 각각 개별적 존재에 대한 보살핌과 동일시하기 때문이다. 과정신학에서 말하는 하나님의 보존-이상화-영향력의 기능이 악과 고난의 예들을 하나님 속에서 그리고 아마 세계 속에서도 변환시킬지는 모르나, 개인 속에서 변환시키는 것은 아니다. 엘리는 악의 문제에 대한 화이트헤드의 해답이 실패하였다고 본다. "왜냐하면 화이트헤드는 하나님이 개인들과 그들이 지니는 가치들을 소중하게 여기신다는 이런 중요한 의미에서, 하나님이 선하시다

---

19) Ibid., 43-45. Cf. *PR* 532 혹은 《과정과 실재》, 603.
20) Ibid., 32.

는 것을 보여주지는 않았기 때문이다."²¹⁾ 화이트헤드가 기껏 증명한 것이라곤 과정철학의 하나님은 도덕적 선함에서가 아니라, 미학적 기교에서 매우 뛰어나다는 것이다.

> 이것은 단지 하나님이 아주 기교 있는 화가라는 것을 증명할 뿐이지, 그가 인간적인 혹은 초인간적인 의미에서의 자비롭다는 것을 증명하는 것은 아니다. 화이트헤드의 악에 대한 견해는 악은 단지 우리의 근시안적 환상(an illusion of our short-sightedness)이라는 오래된 생각의 한 예일 뿐이다. 보다 장기적인 혹은 폭넓은 관점에서 볼 때—즉, 하나님의 관점에서 볼 때—우리에게 얼핏 악으로 보이는 것이 사실 악은 아니라는 견해이다. 이러한 견해의 부적절성은 인간의 근시안적 관점이 곧 궁극적인 악이 되어버리는 사실에서 잘 드러나고 있다. 우리는 하나님이 아니며, 또한 하나님이 되지도 않을 것이다.²²⁾

엘리는 하나님의 도덕성 실종이 유기체의 철학 전반에 편만하여 있다고 본다. 화이트헤드의 하나님이 자신의 원초적-결과적-자기 초월체적 본성 모두를 통틀어 추구하고 있는 것은 진리도 아니고, 선도 아니고, 아름다움이기 때문이다.

> 이것이 왜 하나님은 우리의 유한한 삶이 지니는 고통, 어려움, 그리고 승

---

21) Ibid., 50.
22) Ibid., 51. 여기서 제공되고 있는 엘리의 해석이 전적으로 설득력을 지니는 것은 아닌 것 같다. 왜냐하면 엘리는 위의 인용문에서 화이트헤드의 미학적 신정론이 가지는 논리를 전통적인 혹은 아우구스티누스주의적인 미학적 신정론이 가지는 논리로부터 구분하는데 실패했기 때문이다. 화이트헤드의 미학적 신정론은 아우구스티누스의 경우처럼 근시안적 관점 혹은 인간의 무지(無知, unknowing)의 조건을 강조하고 있는 것이 아니라, 어떤 종류의 가치를 실현하기 위해서는 다른 종류 혹은 형태의 가능한 가치들을 배제할 수밖에 없다고 하는 우리의 형이상학적 상황이 가지는 논리적 혹은 비극적 필연성을 강조하고 있기 때문이다. 이것이 바로 화이트헤드의 미학적 신정론이 일종의 비극적 아름다움(tragic beauty)의 측면을 가지는 이유이다. 이렇게 잃어진 것들은 단지 얼핏 보기에만 잃어진 것이 아니라, 실제로 그리고 진짜로 잃어진 것이다.

리에 대해서 단지 미학적 즐거움의 재료들이라는 측면을 제외하곤 관심을 가지지 않는지를 보다 쉽게 이해시켜준다. 하나님은 강렬한 우주의 아름다움에 넋을 잃어버린 것이다. 이런 하나님은 전적으로 선하지는 않다고 우린 분명 말해야 한다. 그는 선을 원하지 않는다. 그는 아름다움을 원한다.[23]

과정신학의 하나님은 악을 각각의 개인의 삶 속에서 극복하지는 않는다. 왜냐하면 그가 주로 관심을 가지는 것은 개인의 운명이 아니라, 세계적 혹은 우주적 아름다움의 창조이기 때문이다.[24] 화이트헤드의 미학적 신정론은 전통적인 유신론자가 제시하는 악의 개별적 극복이라는 척도를 충족시키지는 않는 것으로 엘리는 결론 내린다.

화이트헤드의 하나님은 단지 비도덕적인 우주의 미학자일 뿐이라는 엘리의 비판에 대해, 과정 신학자들은 세 가지 종류의 반응을 보여준다. 첫 번째 반응은 하나님의 창조적 목표가 가지는 미학적 측면을 최소화

---

23) Ibid., 52.
24) 과정 신정론의 몇몇 비평가들은 하나님의 도덕적 관심과 하나님의 미학적 관심은 대립적일 수밖에 없다는 이러한 해석에 동의하는 것 같다. 예를 들어, 힉은 화이트헤드의 하나님이 미학적 가치 창조에만 관심을 가지는 "엘리트의 하나님"이라고 비판한다. 이러한 하나님 관념은 모든 피조물들을 보편적으로 편애함이 없이 사랑하는 "신약성서의 하나님"과 아주 다르다고 주장한다. John Hick, *Philosophy of Religion*, 4th edition (Englewood Cliffs, New Jersey: Prentice Hall, 1990), 54. 쉴프는 도덕성과 아름다움이 여러 유사점을 가짐에도 불구하고 아름다움이 곧 도덕성은 아니라고 보며, "윤리의 미학에로의 환원"이 "미학의 윤리에로의 환원"만큼이나 위험한 것이라고 주장한다. 그에 따르면, 화이트헤드는 후자의 도덕적 환원이 지니는 위험성은 잘 인식하였으나 전자의 위험성에 관해서는 다소 소홀하였다. Paul Arthur Schilpp, "Whitehead's Moral Philosophy," in Schilpp ed., *The Philosophy of Alfred North Whitehead* (New York: Tudor Publishing Company, 1951), 615. 슐바이스는 "하나님의 미학적 이기주의"라는 비평을 하는데, 여기서는 "과정의 전체에 대한 비전(vison of the whole)이 부분의 공포(the terror of part)를 망각 속으로 지워버렸다"고 한다. Harold M. Schulweis, *Evil and the Morality of God* (Cincinnati: Hebrew Union College Press, 1984), 58-59.

시키려는 시도이다. 두 번째 반응은 화이트헤드의 객체적 불멸성이라는 사상을 일종의 주체적 불멸성에 대한 가능성으로 보충함으로써, 각각의 개별적인 인간에 대한 하나님의 도덕적 선함을 옹호하는 것이다. 마지막으로, 세 번째 반응은 우주의 창조적 과정과 객체적 불멸성에 대해 하나님이 미학적인 관심을 가지는 것은 비도덕적인 것이 아니라, 보다 깊은 의미에서 도덕적인 것이라고 주장하는 것이다.

휘트니(Barry L. Whitney)는 첫 번째 방법을 택한다. 한편으로 그는 화이트헤드의 미학적 신정론을 다른 전통적인 미학적 신정론 이론들로부터 구분하고, 다른 한편으로 하나님이 미학적 목적을 위해서 어떤 악을 의도적으로 허락하신다는 가능성을 부정함으로써 이런 미학적 측면을 축소시키고자 시도하는 것이다. 휘트니에 따르면, 비록 과정 신정론이 우주가 보다 고차원적인 "강도와 조화"를 향해 서서히 진보하기 위해서는 악이 필요하다는 일종의 미학적 이론을 이용하고 있는 것은 사실이지만, 그러한 과정 신정론의 미학적 이론은 "풍성함의 원칙" 혹은 "궁극적 조화"에 기초한 다른 고전적인 미학적 신정론과는 매우 다르다.[25] 이 둘 사이의 가장 중요한 차이는 고전적인 미학적 신정론이 전체의 미학적 선을 위해서 하나님이 얼핏 악으로 보이는 부분을 도구로서 의도적으로 이용한다는 사실을 강조하는데 반해, 과정사상의 하나님은 이러한 불순한 의도에서 완전히 자유롭다는 사실에 있다고 휘트니는 주장한다.

> 과정 신정론의 미학이론은 전통적인 미학적 신정론과는 뚜렷하게 차이가 있다. 하나님이 미학적 목적을 위해서 어떤 악을 의도하고 있는 것(deliberately will)은 아니다. 또한 세계 내 존재들이 겪는 악과 고통은 단지 선 혹은 전체적인 선을 위해 필요한 얼핏 보기에만 악이라고 주장하는 것이 아니라, 실제로 악이라고 여긴다.[26]

---

25) Barry L. Whitney, *Evil and the Process God* (New York: The Edwin Mellen Press, 1985), 33, 36-38.

비록 "화이트헤드의 악에 대한 견해는 악은 단지 우리의 근시안적 환상이라는 오래된 생각의 한 예일 뿐"이라는 엘리의 해석이 완전히 적절하지는 않다고 하더라도, 화이트헤드의 하나님은 "미학적 목적을 위해서 어떤 악을 의도하고 있는 것은 아니다"라는 사실 때문에 그의 미학적 신정론이 다른 전통적인 미학적 신정론과 구분될 수 있다는 휘트니의 해석도 또한 그리 만족스럽지는 못하다. 화이트헤드와 전통적 유신론자들은 분명 서로 다른 미학적 신정론을 제시하고 있지만, 이 둘 사이의 차이를 구분하는 표시가 악에 대한 하나님의 의도성의 여부는 아니라고 필자는 생각한다.[27] 바리뉴가 지적하고 있듯, "세계에 대한 화이트헤드의 종교관은 세계 내에는 얼핏 보기에 악(apparent evils)인 것도 존재할 수도 있다고 보고, 하나님이 '미학적 목적을 위해서 어떤 악을 의도' 할 수도 있다는 생각을 과정 신정론에서 완전히 배제시키는 베리 L. 휘트니의 해석은 정확하지는 않다."[28] 다원주의라는 우리의 형이상학적 상황을 고려해 볼 때, 우주가 미학적 가치의 창조를 향해 느낌의 강도를 증폭시키는 과정을 시작하게 만들 수 있는 유일한 최초의 동력자는 하나님의 원초적 본성일 뿐이라고 과정신학은 제시한다. 이런 제한적인 의미에서 하나님은 사소한 조화 혹은 사소한 혼동을 희생시키는 반면, 새로움과 강도라는 미학적 가치를 확장하고자 의도한 것이다. 하나님은 그 원초적 혹은 개념적 본성에서, "모든 느낌이 서서히 굳어가는 '마비현상'(anaesthesia)이나 그 전조 혹은 징후로서 느낌이 '생기를 잃고 길들여지는 것'(tameness)보다는, 차라리 느낌의 '부조화 혹은 대립'(Discord)을 선택" 했다고

---

26) Ibid., 151. 필자는 휘트니의 저작 전체가 화이트헤드의 신정론이 지니는 미학적 차원을 최소화하려는 시도라고 보고 있는 것이 아니라, 단지 위의 진술이 이러한 시도의 일례로 보일 수 있다고 제시하는 것이다.

27) 필자는 고전적인 미학적 신정론과 화이트헤드의 미학적 신정론의 결정적인 차이는 아름다움의 전진이 곧 하나님의 '우주-만들기'로 해석되는지 아니면 현실적 존재의 '하나님-만들기'로 해석되는지에 놓여 있다고 생각한다. 즉 그 차이는 우주론적 아름다움인지 신학적 아름다움인지에 있는 것이다.

28) Barineau, *The Theodicy of Alfred North Whitehead*, 106-107.

화이트헤드는 본다.²⁹⁾ 이것은 하나님의 의도적인 결정인 것이다. 이러한 원초적 단계에서의 하나님의 판단이 의식적(conscious)이라기보다는 개념적(conceptual)이라는 사실이 하나님이 의도적 결정을 하였다는 사실을 부정하는 것은 아니다. 따라서 바르뉴는 이렇게 해석한다.

> 파괴적 대립 혹은 부조화는 본질적으로 악한 것이다. 하지만 그것이 경험을 전적으로 지배하지 않은 한에 있어서, 하나님은 아름다움의 증가를 위해 그것을 의도할 수 있는 것이다.³⁰⁾

이와 동일하게 그리핀도 "하나님은 세계 내 존재하는 모든 부조화의 악에 대해 한 가지 의미에서 분명 책임을 가진다"라고 해석한다. 왜냐하면 "하나님의 설득의 행동이 유한의 영역을 사소한 혼동의 상태에서 벗어나게 이끌었기 때문이다."³¹⁾ 보다 최근에도 그리핀은 현실적 존재에 있어 선의 능력과 악의 능력은 비례적으로 증가한다는 사실을 강조하며, 이러한 능력의 증폭을 원한 데에 화이트헤드의 하나님이 일정 정도 책임이 있음을 여전히 주장한다.

> 신은 예수, 고타마, 힐데가르드(Hildegaard), 미켈란젤로, 셰익스피어, 뉴턴, 모차르트, 퀴리 부인, 혹은 소저너 트루스(Sojourner Truth) 같은 사람들의 성취를 이끌어 낼 때 어쩔 수 없이 노예제, 대량 학살, 오염, 그리고 인간의 스포츠와 오락을 위해 전체 종(種)을 박멸하려는 악들을 발생시킬 수 있는 역량을 가진 존재를 만들 수밖에 없었던 것이다.
> 우리가 사물들의 본성 속에 고유하게 내재해 있는 가치와 힘 사이의 이

---

29) *AI* 339; cf.《관념의 모험》, 403.
30) Barineau, *The Theodicy of Alfred North Whitehead*, 107.
31) Griffin, *God, Power, and Evil*, 300. 캅과 그리핀에 따르면, "하나님은 우리가 보통 악이라 부르는 것, 즉 부조화의 악 대부분에 대해서 부분적으로 책임을 가진다." John B. Cobb and David Ray Griffin, *Process Theology: An Introductory Exposition* (Philadelphia: The Westminster Press, 1976), 75. cf. 존 캅과 데이비드 그리핀/ 류기종 옮김,《과정신학》(서울: 황소와 소나무, 2002), 130.

러한 모든 상관성들을 인정한다면, 신은 어째서 많은 선으로만 채워질 수 있는 세계와 대규모적인 악들이 발생하지 않는 세계를 만들지 않았던 것인가와 같은 악의 문제에 대한 일반적인 물음을 던지지는 않을 것이다. 왜냐하면 우리는 신이 그러한 세계를 만들 수 없었다는 사실을 잘 알게 되기 때문이다. 따라서 의미 있는 유일한 물음은, 엄청난 악이 우리의 세계 속에 엄연히 존재하고 있기 때문에 신은 세계가 매우 큰 위험에 처해지기 전에 진화론적 과정을 멈추어야만 했던 것은 아닐까 이다. 만일 신이 인간의 생명을 창조하지 않고도 돌고래나 침팬지 수준의 고등동물들의 세계로만 만족했다면, 세계는 위에서 말한 엄청난 악으로부터 자유로웠을 것이다. 신은 이러한 의미에서 인간이 저지르고 경험하는 악에 대해 일정 부분 책임이 있다. 왜냐하면 신이 인간과 같은 존재나 그에 필적하는 고등동물들의 진화를 이끌지만 않았다면 그러한 엄청난 악들은 발생하지 않았을 것이기 때문이다.

그럼에도 불구하고 문제는 인간의 역사를 통해 나타난 악의 발생으로 인해 신이 기소 당할 수 있는가 하는 점이다. 즉 신은 악의 발생 자체 때문에 비난받아 마땅한가 하는 점이다. 그런데 만일 우리가 인간으로 인해 발생한 악이라는 관점에서 인간과 같은 존재의 진화를 이끌지 않고서 신이 보다 단순한 세계에 영원히 안주하는 것이 보다 좋았을 것이라는 점을 정직하게 말할 수 있을 때라야 우리는 이 문제에 대해 확실한 답을 제공할 수 있을 것이다. 우리의 선택이 이런 식으로 진술될 때, 즉 악으로 가득 채워질 수 있는 위험한 세계를 가지던가 아니면 인간과 같은 존재가 전혀 발생하지 않은 세계를 가지던가 하는 식으로 선택이 우리에게 주어졌을 때, 우리가 전자를 선택한다고 해서 신이 기소될 수 있다고 생각하는 사람은 아마도 거의 없을 것이다. 인간들에 의해 발생하고 경험될 수 있는 악이 더욱 엄청날 만큼이나 인간(혹은 적어도 인간과 같은 존재)이 없는 세계는 아무런 흥미를 느낄 수 없는 황량한 세계가 될 것이다.[32]

---

32) 데이빗 그리핀/ 장왕식·이경호 옮김,《화이트헤드 철학과 자연주의적 종교론》(서울: 동과서, 2004), 382-383.

신의 선택의 기소 여부에 대한 그리핀의 마지막 판단은 여기서 논외로 하자.[33] 우리가 주목하고자 하는 것은 우주의 원초적 에로스로서의 화이트헤드의 하나님이 가치와 아름다움의 생산을 우주의 목적으로 분명히 의도하였다는 점이다. 그는 가치의 창조를 위한 모험을 선택한 것이다. 따라서 과정신학의 하나님이 비도덕적인 우주적 미학자라는 비판은 다른 방식으로 대답되어야만 하는 것이다.

포드(Lewis Ford)와 수하키(Marjorie Suchocki)는 하나님의 결과적 본성 속에서 개인의 주체적 불멸성이라고 하는 두 번째 가능성에 집중한다. 그들도 엘리처럼 단지 객체적 불멸성이 "점점 다가오고 있는 자신의 주체성 상실에 대해, 그리고 다른 이들의 같은 경우에 대해 민감한 이들"에게 별로 만족스럽지 못하다는 데 동의한다.[34] 포드와 수하키는 우리의 객체적 불멸성이란 생각이 불멸성에 대한 하나님의 대리적 만족을 가능하게는 만들지만, 우리가 그것을 직접 경험할 수 없다는 문제를 지니고 있다고 본다. 하지만 과정 신학자들이 육체적 죽음 이후에 영혼이 생존한다는 이전의 고전적 관점으로 돌아갈 수는 없다고 생각한다. 그래서 포드와 수하키는 하나님의 결과적 본성 내에서 느낌의 주체적 직접성 혹은 즉각성이 보존된다는 견해를 제안한다. 우리는 그들의 제안을 "영혼-만들기"라는 힉의 신정론과 비교해볼 때 보다 분명하게 이해할 수 있다. 존 힉은 죽음 이후에 영혼은 생존하여 다른 추가적인 경험들을 하게 된다고 제안하는데 반해, 포드와 수하키는 죽음 이후에 하나님의 결과적 본성 속에 보존되는 사람은 그 자신의 경험을 계속할 수도 혹은 바꿀 수도 없다고 주장한다. 하지만 그 사람이 이미 실현되어진 경

---

33) 모든 이가 그리핀의 판단에 동의하지는 않을 것이다. 예를 들어, 도스토예프스키는 《백치》에서 이렇게 말한다: "만약 내가 태어나지 않을 수 있는 힘이 있었다면, 이런 부조리한 조건들 하의 존재를 분명 거부했을 것이다." Fyodor Dostoevsky, *The Idiot*, trans. Alan Myers (Oxford: Oxford University Press, 1992), 437 (3부).

34) Lewis S. Ford and Marjorie Suchocki, "A Whiteheadian Reflection on Subjective Immortality," *Process Studies* 7, no. 1 (Spring 1977): 1.

험을 똑같은 즉각적 혹은 직접적 느낌을 가지고 재현하거나 반복할 수는 있다고 본다.

> 주체적 직접성 혹은 즉각성은 계속될 수는 없으나, 그것이 재현(再現 reenact)될 수 있는 길이 존재할 수도 있을 것이다.
>
> 하나님 안에서의 현실적 존재 혹은 경우는 이 땅위의 과거의 모습과는 아주 중요한 측면에서 다르다. 그것은 더 이상 결정할 수는 없는 것이다. 왜냐하면 그것은 이미 결정을 하였고, 이러한 결정은 바뀔 수 없는 것이다.… 따라서 하나님 안에서 우리는 더 이상 행동(act)하는 것이 아니라, 성찰(contemplate)하는 것이다.[35]

포드와 수하키는 이러한 주체적 불멸성의 가능성을 하나님의 결과적 본성 속에 존재하는 "현실태의 다양한 자유"라는 화이트헤드의 진술에 기초하고 있다.[36]

크래프트(Lori Krafte)는 이러한 주체적 불멸성의 가능성이 화이트헤드의 사상 속에 제기될 때 발생하는 몇몇 중요한 기술적인 문제들을 분석한다. 그 중 하나는 변화 없는 재현이란 과정사상의 우주에서는 불가능하다는 것이다.[37] 뿐만 아니라, 필자는 포드와 수하키가 제시하는 의미에서의 주체적 불멸성이 논리적으로 가능할 수 있다고 인정하더라도, 이러한 주체적 불멸성이 화이트헤드의 하나님의 도덕성에 대한 엘리의 도전을 대답하지는 못한다고 생각한다. 우리는 유대인 대학살의 어떤 한 희생자가 하나님의 결과적 본성 속에서 영원히 지속적으로 살며, 동시에 그가 자신의 느낌의 완전한 주체적 직접성을 가지는 예를 가정할 수 있을 것이다. 포드와 수하키의 견해를 따른다면, 실제로 제안되는 것은 그

---

35) Ibid., 7 그리고 10.
36) Ibid., 5; *PR* 530 혹은 《과정과 실재》, 600.
37) Lori E. Krafte, "Subjective Immortality Revisited," *Process Studies* 9, no. 1-2 (Spring-Summer 1979): 35-36.

희생자가 자신의 아우슈비츠에서의 경험을 그 강도와 생생함에 있어서 고스란히 다시 "재현"하게 된다는 것이다. 주체적 불멸성이 가능할지는 모르나, 그것은 참으로 끔찍한 불멸성일 것이다.[38] 더구나, 정의(正義)의 실현이라는 문제는 최소한 그 희생자에 있어서는 적용이 불가능하게 되어버린다. 역사 내에서의 악의 종말론적 극복이나 혹은 하나님 내에서의 악의 이상화 기능도 최소한 그 희생자의 주체적 불멸성에는 아무 연관도 가지지 않기 때문이다.[39] 주체적 불멸성이 의미하고 있는 것처럼, 그 희생자는 자신의 직접적 경험이 가지는 느낌을 변화시키지는 못하고 반복할 수 있을 뿐이기 때문이다. 따라서 악의 극복 혹은 변환을 경험하게 되는 사람이 있다면, 그가 누구이든지 관계없이 확실히 그 희생자는 아닐 것이다. 왜냐하면, 경험은 변화를 의미하기 때문이다.

셋째로 그리고 마지막으로, 화이트헤드의 하나님은 각각의 개인에게 도덕적으로 선하시나, 종래에 생각하였던 것과는 아주 다른 방식으로 그러하다는 견해가 제시될 수 있다. 이러한 주장이 화이트헤드 자신의 생각에 가장 충실하고 가까운 것 같다. 화이트헤드는 주체는 곧 실체라는 데카르트 철학적 견해를 비판하고, 이와는 아주 다른 과정적 견해를 주장하였다.[40] 주체 혹은 자아는 가치들의 능동적인 실현 과정에서 동시에

---

38) 그리핀은 이런 맥락에서 단지 주체적 불멸성뿐만 아니라 객체적 불멸성까지도 "약속"이라기보다는 일종의 "위협"으로 들릴 수 있다고 인정한다. 이 때문에 그리핀은 현재적 삶을 넘어서서 계속적인 삶이 이어질 수도 있다는 힉의 제안이 부분적으로 타당성을 지닌다고 인정한다. 하지만 죽음 이후의 삶에 대한 그리핀의 제안, 특히 죽음 이후의 "초심리적"(parapsychological) 존재의 가능성에 대한 그의 제안은 그리 분명하지는 않은 것 같다. Griffin, *Evil Revisited*, 36-37 그리고 39-40 참조.

39) 나중에 하트숀의 객체적 불멸성을 비판하며 수하키 자신이 제기하고 있듯이, "문제는 죽음(death)이 아니라, 부정의(injustice)이다." Marjorie Hewitt Suchocki, "Charles Hartshorne and Subjective Immortality," *Process Studies* 21, no. 2 (Summer 1992): 119.

40) 화이트헤드의 주체 혹은 자아에 대한 견해가 애매모호함이나 문제가 없다고 주장하는 것은 아니다. 특히 개인의 정체성에 있어서 변화와 연속성의 문제가 완전히 해결되지는 않은 듯하다. 존 캅은 "시간의 흐름 속에 유지되는 절대적 자기 동일성의 부

그 자신을 끊임없이 구성하게 되는 것이다. 죽음 이후의 추가적인 경험이 부재한다는 엘리의 비판은 화이트헤드의 형이상학적 견해에는 단순히 적용이 되지 않는 것이다. 왜냐하면 여기서 현실적 경우들의 역사적 경로라고 정의되는 개인 혹은 자아는 일단 이러한 전체 경로가 완료되어진 후에는 자신의 경험의 직접성을 또다시 누릴 수는 없기 때문이다. 화이트헤드의 견해에서 볼 때, 궁극적으로 현실적인 것은 데카르트 철학에서 말하는 불변의 실체가 아니라 이러한 현실적 경우들의 역사적 과정인 것이다. 따라서 육체적 죽음 이후에도 영혼은 생존한다는 전통적인 견해는 그리핀의 매우 적절한 표현을 빌린다면 일종의 "잘못 놓인 개체성의 오류"(the fallacy of misplaced individuality)의 예인 것이다.[41]

> 힘과 활동에 대한 화이트헤드의 이해는 바로 이러한 개인들(individuals)에 대한 그의 이해와 상관이 있는 것이다. 결과적으로, 그는 개인들이 그 본질에 있어 활동하거나 힘을 행사하는 것과 떨어져서 존재할 수 있다고 생각하지는 않는다. 개인은 그의 활동이고, 그의 활동은 그 개인의 힘의 행사인 것이다.[42]

화이트헤드는 개인을 단지 엘리가 보는 것처럼 보지는 않는 것이다. 혹은 루머가 표현하듯, 화이트헤드의 "사건의 철학"(event philosophy)은 보다 전통적인 "실체의 철학"(substance philosophy)과는 다른 것이다.[43]

재"가 어떻게 죽음 이후의 삶에 대한 어떠한 견해에도 여러 문제를 가져올 수밖에 없는지 자세하게 분석하고 있다. 캅의 판단으로는, 이러한 모호한 측면을 분명하게 설명하려 시도하기 보다는 화이트헤드는 다른 문제에 보다 관심을 가졌다. 즉 화이트헤드는 죽음 이후에 "어떻게 추가적인 경우들이 발생할 수 있을지 생각해 보기보다는, 어떻게 각 경우의 가치들이 보존될 수 있는지에 보다 관심하였다." Cobb, *A Christian Natural Theology*, 71. 우리가 악의 세계적 극복이라는 척도를 고려할 때, 이러한 신정론의 종말론적 차원은 보다 중요하게 부각된다.

41) David Ray Griffin, "Actuality, Possibility, and Theodicy: A Response to Nelson Pike," *Process Studies* 12, no. 3 (Fall 1982): 172.
42) Ibid., 173.

하나님의 비도덕성이라는 엘리의 비판은 이런 의미에서 잘못 놓인 것이다. 왜냐하면 엘리는 다른 두 철학적 패러다임 사이에서 왔다갔다하기 때문이다.

화이트헤드는 자신의 객체적 불멸성이라는 학설을 통해 하나님은 각각의 개인에게 도덕적으로 선하시다는 것을 제안하고 있다. 개인의 불멸성은 그 개인에 의해 실현된 가치들이 하나님과 세계 속에서 불멸하다는 것을 가리킨다. 화이트헤드의 미학적 신정론의 열쇠는 하나님이 개인적 가치로서 한번 실현된 것은 하나님 자신과 세계 속에서 영원히 소중하게 간직하고, 그것을 보다 아름답게 만든다는 사실에 있다. 과정 신학자들은 이것을 악의 미학적 극복이 가지는 보다 깊은 의미라고 보고, 비도덕적이나 무도덕적인 것이 아니라 도덕적이며 동시에 도덕 이상의 의미를 지니는 것으로 본다. "하나님이 추구하는 아름다움은 도덕적 선에 무관심한 것이 아니라, 도덕적 선을 그 속에 포함하는 것이다."[44] "미학적 선과 도덕적 선의 관계에 있어서, 윤리적이라는 것은 모든 관련된 존재들을 위한 미학적 선을 이루고자 의지하는 것이다"라고 하트숀도 주장한다.[45] 과정신학의 하나님은 개인에 의해 실현된 가치를 자신 속에서 영원히 보존하고 이상화하는 것을 통해서 그 자신의 도덕적 선함을 증명하는 것이다. 엘리가 올바르게 지적하고 있듯이, 이렇게 객체적으로 불멸화된 개인은 죽음 이후에 다른 어떤 것도 경험할 수는 없다. 하지만, 왜 하나님의 선하심이 내 자신의 보존·이상화된 개인성을 직접적으로 혹은 즉각적으로 "오직 내가 그것을 공유할 수 있게 현존하게 될 때" 의미 있는 것으로 보아져야만 하는가? 하나님의 도덕성과 내 개인의 영혼의 생존을 이렇게 동일시하는 것은 어떻게 보면 일종의 "보상"의 신학(reward theology)을 주장하는 것일 뿐이다.[46] 이러한 자기중심적이고

---

43) Loomer, "Ely on Whitehead's God," 178.
44) Griffin, God, *Power, and Evil*, 302.
45) Hartshorne, "The Dipolar Conception of Deity," 286.
46) Loomer, "Ely on Whitehead's God," 178.

인간중심적인 고집에서 우리는 어쩌면 도덕성의 의미 자체를 잊어버리고 있는지도 모르겠다. 화이트헤드는 도덕성이란 보편적인 이익과 개인적인 이익 사이의 대립을 철폐하는 것이라고 본다.[47] 만약 이것이 우리가 전통적인 의미에서 하나님의 선하심으로 기대한 것이 아니라고 한다면, 이러한 차이는 과정신학의 하나님이 비도덕적이라는 것을 드러내는 표시라기보다는 오히려 우리의 도덕적 미성숙을 드러내는 표시일 수도 있는 것이다. "만약 하나님의 뜻의 실현이 내 자신이 현재 지니고 있는 가치 척도들을 파괴시키는 것과 관련이 된다면, 이는 선에 대한 내 자신의 가치 척도가 내 자신과 다른 이들의 최선의 이익을 위해서는 부적절하였다는 것을 의미한다."[48] 따라서, 우리는 과정신학의 하나님이 개인을 기대하지 않은 매우 놀라운 방식으로 구원하신다고 결론내릴 수 있을 것이다.

III. 주사위를 던지는 하나님: 우주 전체 속에서의 악의 극복

화이트헤드의 미학적 신정론에 있어 엘리가 한 개인 속에서의 악의 '개별적' 극복에 집중하였다면, 메든(Edward H. Madden)과 헤어(Peter H. Hare)는 우주 전체 속에서의 악의 '세계적' 극복이라는 측면에 집중하고 있다. 엘리가 화이트헤드의 하나님은 개인들의 운명에 별로 관심하지 않는 비도덕적인 우주적 미학자라고 비판하는데 반해, 메든과 헤어는 똑같은 미학주의의 비판을 제기하고 있지만 다른 이유에서 그리 하는 것이다. 그들에 따르면 화이트헤드의 하나님 관념은 "세계 속에서의 선의 승리," "선의 궁극적인 승리," 혹은 그들이 나중에 과정신학의 용어를 사용하여 자신들의 비판을 보다 정확하게 하고 있듯이, "가치의 성장과 보존"을 보증할 수 없다는 것이다.[49] 미학주의라는 비판의 내용은 동

---

47) *PR* 23; 《과정과 실재》, 69.
48) Loomer, "Ely on Whitehead's God," 176.

일하지만, 이 비판의 이유가 서로 다른 것이다. 과정신학의 하나님은 악의 세계적 극복 혹은 "선의 궁극적인 승리"를 보증할 수 있을까?

메든과 헤어는 악에 대한 선의 궁극적 승리를 하나님이 보증할 수 있는 것이 모든 유신론의 진정성을 가리는 시험의 척도라고 주장한다. 그들은 과정신학이 이러한 시험을 통과하지는 못한다고 본다. 오직 "하나님의 제한 없는 힘"만이 이런 궁극적인 승리를 보증할 수 있으며, 반대로 선의 궁극적인 승리는 전통적인 유신론에서 말하는 이런 하나님의 제한 없는 힘을 요구한다.[50] 하지만 과정신학의 하나님이 현실적 존재들에 대해서 전적인 통제력을 가지고 있지 않다면, 어떻게 종말론적 승리에 대한 어떤 보증이 있을 수 있는지 설명하기 어렵다는 것이다. 따라서 메든과 헤어는 하나님의 설득의 힘이라는 과정신학의 학설은 전통적인 유신론에서 말하는 "무조건적 보증"을 논리적으로 불가능하게 만들며, 선의 악에 대한 승리를 다른 현실적 존재들의 협력여부에 달려있는 "조건적 보증"으로 바꾸어 버린다고 본다. 하지만 그들의 견해에 따르면, 보증이라는 것이 있다면 그것은 조건적일 수는 없으며 무조건적일 뿐이라는 것이다.

> 오직 광범위한 인간들의 협력이 이루어질 때 하나님은 가치의 성장을 보증할 수 있고, 이러한 협력은 인간들이 하나님과 같이 일하도록 강요되는 것이 아니라 설득되는 여부에 달려있다. 이러한 보증을 조건적 보증(conditional guarantee)이라 부를 수 있을 것이다. 이것은 보다 전통적인 유신론에서 말하는 무조건적 보증(unconditional guarantee)과 대조를 이룬다. 여기서는 인간들의 협력여부에 상관 없이 선의 승리가 보증되는 것이다.[51]

---

49) Edward H. Madden and Peter H. Hare, "Evil and Unlimited Power," *Review of Metaphysics* 20, no. 2 (December 1966): 279 and 281; idem, *Evil and the Concept of God* (Springfield, Illinois: Charles C. Thomas, 1968), 115 and 117.

50) Madden and Hare, *Evil and the Concept of God*, 117.

51) Ibid., 121.

메든과 헤어의 이러한 구분은 전통적인 유신론과 과정 유신론 사이의 근본적인 차이를 보여주는데 매우 유용하다. 전통적인 유신론은 "인간들의 협력 여부에 상관 없이" 하나님이 세계 전체에서 악을 극복하실 수 있다고 보는데 반해, 과정 유신론은 하나님을 자신의 운명을 걸고 인간들과 함께 모험하는 동반자로 보고 있다.

메든과 헤어는 하나님의 결과적 본성이 제공하는 객체적 불멸성이 왜 악의 세계적 극복을 가져올 수는 없는지 보다 자세히 분석한다. 엘리가 악의 개별적 극복에서 비판하였던 것과 마찬가지로, 메든과 헤어가 제기하는 비판의 핵심은 선의 승리가 세계 속에서가 아니라 오직 하나님 속에서 이루어진다는 것이다. 달리 말해, 하나님의 결과적 본성에서 모든 실현된 가치들이 보존되는 것은 우리가 전통적으로 세계 속에서 선의 악에 대한 승리라고 부르는 것과는 거리가 있다는 주장이다. 메든과 헤어는 나치 수용소의 두 사람의 예를 든다. 하나님의 결과적 본성은 자신의 기억 속에서 두 사람을 보존-이상화시킴으로써, 첫 번째 사람의 희생자로서의 경험과 두 번째 사람의 가해자로서의 경험을 조화시킬 수는 있을 것이다. 이 두 사람은 악의 개별적 극복이라는 차원에서 각각 구원받은 것으로 보아질 수 있다. 가치들은 실현되었고, 또한 보존-이상화되었다. 하지만 이러한 승리란 도대체 무엇인가? 여기서 일어나지 않은 것은 두 사람 사이의 화해, 역사적 혹은 종말론적 세계에서의 희생자와 가해자 사이의 화해, 즉 우리가 악의 세계적 극복이라고 부르는 것이다. "두 사람은 똑같은 과거에 대해 이해하게 되지만, 두 번째 사람이 첫 번째 사람의 조화의 경험을 이해하거나 혹은 거기서 자극을 받게 되는 것은 아니다."[52] 단지 가치의 보존이 종교적인 의미에서의 구원은 아닌 것이다. 세계적 차원에서의 악의 역사적 혹은 종말론적 극복은 하나님의 보존-이상화의 기능이라는 가설 그 이상을 요구한다. 왜냐하면 이런 유

---

52) Ibid. 수용소의 두 사람을 희생자와 가해자로 해석한 것과, 또한 뒤에 나오는 거대한 컴퓨터의 예는 필자가 제기하는 것이다.

사한 기능은 하나의 거대한 컴퓨터에 의해서도 가설적으로 이루어질 수 있기 때문이다. 거대한 컴퓨터는 세계 내에서 일어나는 모든 사건들을 데이터로 저장할 수 있을지 모르나, 그것이 세계를 조금이라도 변화시키는 것은 아니다.

과정신학의 하나님이 일종의 자기-성장(divine character-building)으로서의 가치의 보존이라는 기능만을 그 결과적 본성에서 수행한다면, 그것은 일종의 신적 이기주의라는 비판을 벗어나기는 힘들 것이라고 메든과 헤어는 결론 내린다. 더군다나, 이러한 견해는 하나님의 역사에 대한 섭리라는 사상을 아주 약화시킨다고 그들은 본다. 화이트헤드의 하나님은 "유신론의 하나님이 반드시 그래야 하듯, 전적으로 선하지는 않다." 왜냐하면, "미학적 가치를 획득하기 위해 어떠한 도덕적 악 혹은 물리적 악의 대가도 기꺼이 지불하는 하나님은 사랑할 수 없는 존재이기 때문이다."[53] 뿐만 아니라, 화이트헤드의 하나님은 역사 속에서 "엄청난 고통의 대가를 치루지 않고는 자신의 미학적 목표를 향해 나아갈 수 없다면, 그는 매우 약한 하나님일 것이다."[54] 그런 하나님은 악의 세계적 극복이나 선의 궁극적 승리를 제공할 수 없을 뿐 아니라, "단지 창조의 기계를 멈출 수 있는 힘조차 가지고 있지 않다."[55] 과정신학의 하나님은 창조성이라는 우주적 기계를 구원하거나 중지시킬 수도 없는 것이다. 전통적인 유신론자들의 입장에서 볼 때, 과정철학의 우주가 뚜렷한 방향성 없이 단지 진행될 뿐이라고 염려할 수 있는 것이다. 왜냐하면 새로움의 방향성은 방향성이 없음이기도 하기 때문이다. 폴킹혼도 이러한 역사적 종말론의 부재를 과정 신정론의 약점으로 제시하고 있다. "우리의 삶은 하나

---

53) Ibid., 123-124. 이와 유사하게, 존 힉은 "모든 존재들이 궁극적으로 참여하게 되는 미래의 천상적 완성" 혹은 "단테가 하나님의 창조적 행동 전체라고 부르는 신곡(神曲)"이 없다면, 과정 신정론은 "엘리트적"인 것으로 남게 된다고 주장한다. 이때 과정 신정론의 궁극적 원리는 "윤리적이라기보다는 미학적일 것이다." John Hick, *Philosophy of Religion*, 54-55.
54) Madden and Hare, *Evil and the Concept of God*, 124.
55) Ibid., 125.

님의 경험을 풍요롭게 하는 데 기여한다는 식의 과정신학적 개념은 단지 기억력을 의미하기 때문에, 필자가 보기에 적절한 설명으로 여겨지지 않는다. 그 개념은 과거의 보전과 미래의 완전을 혼동할 뿐만 아니라, 또한 아브라함과 이삭과 야곱을 향한 하나님의 사랑, 혹은 당신과 나를 향한 하나님의 사랑을 너무 빈약하게 기술한다."[56]

메든과 헤어의 비판과 여기에 대한 과정신학자들의 대답은 지금 우리가 왜 내적 비평이 아니라 대조적 비평만을 할 수 있는지 잘 드러내고 있다. 전통적 유신론자들과 과정 유신론자들은 서로 다른 두 형이상학적 세계 속에 살고 있기 때문이다. 하트숀은 메든과 헤어의 비판에 대해 이렇게 대답한다. "하나님의 존재가 '악에 대한 선의 승리를 보증한다'고 화이트헤드나 본인이 결코 제안한 적이 없다."[57] 이러한 생각은 화이트헤드가 아주 분명하게 거부하고 있는 우주적 목적론이라는 전통적인 유신론의 가설이라는 것이다. 우주의 창조물 전체가 그것을 향해 나아가는 "머나먼 저편에 있는 하나의 신적(神的)인 사건"이란 존재하지 않는다.[58] 더군다나 "그러한 철학적 보증은 진정한 종교적 헌신을 훼손시킨다"라고 포드는 제안한다. 칸트가 이미 논의하였듯이 우리는 어쩌면 신앙의 영역을 확보하고자 지식을 제한하여야 할 때도 있는 것이다. 악의 한가운데에서 삶의 의미를 만들어가기 위해 우리가 필요로 하는 것은 "장인(匠人), 우주의 시계공(時計工)으로서의 하나님"이 아니라 "세계라는 동산의 청지기" 혹은 "우리 속에 있는 최선을 실현시키도록 격려하는 동반자와 친구"로서의 하나님인 것이다.[59]

그리핀은 악의 세계적 극복이 불가능하다는 메든과 헤어의 도전을

---

56) 존 폴킹혼/ 이정배 역,《과학시대의 신론》(서울: 동명사, 1998), 25.
57) Hartshorne, "The Dipolar Conception of Deity," 286.
58) *PR* 169;《과정과 실재》, 226.
59) Lewis Ford, "Divine Persuasion and the Triumph of Good, "*Christian Scholar* 50 (Fall 1967): 235-50. Michael L. Peterson ed., *The Problem of Evil: Selected Reading* (Notre Dame, Indiana: University of Notre Dame Press, 1992)에 다시 실려 있음. 인용문은 이 책의 248-249 참조.

심각하게 받아들이며, 과정신학의 하나님이 궁극적인 선의 승리를 보증할 수 없음에도 선하시다고 옹호할 수 있는지 살펴보고자 한다.

> 하나님이 통제의 힘을 가지고 있지 않다면, 따라서 진정한 악이 발생하는 것을 막을 수 없다고 한다면, 하나님은 세계를 창조하지 말아야 하지 않았을까? 최소한 보다 강렬한 악의 형태들이 가능한 세계는 창조하지 말아야 하지 않았을까?[60]

여기에 대한 그리핀의 대답은 아우구스티누스주의적 미학적 신정론과는 구분되는 화이트헤드주의적 미학적 신정론의 근본적인 형이상학적 신념을 잘 드러내고 있다. 아우구스티누스주의적 미학적 신정론에서는 전체 우주에 대한 하나님의 세세한 통제가 악의 세계적 극복을 절대적으로 보장하기 때문에, 여기서는 강한 의미에서의 비극이란 존재하지는 않는다. 하지만 화이트헤드가 빅슬러와의 대화에서 말했듯 이렇게 "행복한 하나님은 너무도 끔찍할 것이다."[61] 이와는 대조적으로 아메바의 예를 기억하듯이 화이트헤드의 하나님은 원초적으로 주어진 형이상학적 상황에서 "부조화"의 악과 "불필요한 사소함"의 악 사이에서 선택을 하여야만 하였다. 그것은 승리의 보장이 없는 모험의 선택이었다. 화이트헤드의 하나님은 불필요한 사소함이 아니라 부조화를 선택하였고, 이것이 바로 과정사상의 우주 속에서는 "하나님의 아름다움이 항상 비극적인 아름다움" (tragic beauty)의 측면을 가질 수밖에 없는 이유인 것이다.[62] "하나님은 모든 의미에서 '비극 너머에' 존재하는 것이 아니라 어디에서든 누구를 위해서든 비극의 회피 너머에, 완전히 너머에 존재하는 것이다."[63] 그리

---

60) Griffin, *God, Power, and Evil*, 308.
61) Bixler, "Whitehead's Philosophy of Religion," 498.
62) Ibid., 308-309. Cf. *AI* 381; 《관념의 모험》, 446.
63) Hartshorne, *Man's Vision of God and the Logic of Theism*, 295. 하트숀은 비극이 단지 선과 악의 충돌에서가 아니라 선과 선의 어쩔 수 없는 충돌에서 발생하게 되는 것이라고 본다. 즉 우리가 존재하는 형이상학적 상황에서 "모든 아름다움은 다른 아름다

핀은 이러한 모험이 시도될 충분한 가치가 있었다고 생각한다. 왜냐하면 우리는 "'인간의 인간에 대한 비인간성'을 회피하고자, 인간 자체를 회피하는" 하나님을 사랑할 수는 없기 때문이다.[64] 동일한 맥락에서 찰스 하트숀은 "주사위를 던지는 하나님"을 믿을 수는 없다는 아인슈타인의 비(非)결정주의(indeterminism)에 대한 비판을 오히려 거꾸로 비판하며, 하나님의 우주 창조는 마치 주사위를 던지는 것과도 같은 자유의 모험이었다고 본다.

> 아인슈타인이 '주사위를 던지는 하나님'(a dice-throwing God)을 거부한 것은 한 위대한 인물의 실수였다. 인간 개개인들은 마치 주사위와도 같은 것이다. 플라톤의 용어를 빌리자면 '영혼들'은 '자신들을 스스로 움직이는 운동들'이다. 요컨대 그들은 보다 작은 창조자들로서, 능가할 수 없는 창조성에서 튀어나온 불똥들이다. 능가할 수 없는 창조성은 단지 '존재의 근거' 이상의 무한한 어떤 것이다. 또한 그것은 존재의 포월적(匍越的)인 열매 맺음, 곧 숭엄한 보편적 피조물(the sublime and universal Creature)이기도 하기 때문이다.[65]

하트숀은 이런 방식으로 "하나님은 누가 만들었는가?"라는 오랜 질문에 대한 신학의 정형화된 대답을 넘어서고자 한다. 전통신학이 하나님은 아무도 만들지 않고 스스로 자존하는 분이라고 대답한다면, 하트숀은 하나님이 스스로 자신을 만들 뿐 아니라 이러한 하나님-만들기(God-making)라는 미학적 창조의 과정에 우주의 먼지에서 고양이와 인도의 간디까지 온 존재가 함께 신의 작은 창조자들로 동참한다고 본다. 하나님은 자신의 존재를 걸고 주사위를 우주에 던진 것이다.

그리핀은 과정 신정론에는 악의 세계적 극복에 대한 어떤 절대적인

움들을 배제한다." Idem, *Reality as Social Process*, 203.
64) Griffin, *God, Power, and Evil*, 309.
65) Charles Hartshorne, *A Natural Theology for Our Time* (La Salle, Illinois: Open Court, 1967), 113.

보증도 부재하는 것은 아니라고 본다. 과정 신정론은 절대적으로 보증되어진 것과 보증되지는 않았지만 희망되는 것 둘 모두를 제공한다고 그는 주장한다. 세계적 차원에서 보증되어진 것은 인간의 삶이 지니는 궁극적인 의미 있음이다. 핵전쟁 혹은 점진적인 생태학적 파괴를 통한 "인간 종족의 죽음"이나 "지구 위에서의 모든 생명의 죽음"도 그것이 "의미 자체의 죽음"을 가져오지는 못한다는 것이다. 하나님이 자신의 영구한 기억 속에서 실현되어진 의미와 가치를 완고히 붙들고 보존하기 때문이다. 하지만 메든과 헤어가 올바르게 해석하고 있듯이 이것은 역사 속에서가 아니라 하나님 속에서 이루어지기 때문에, 이러한 삶의 의미 있음의 보존은 하나님이 악을 세계적으로 극복하는데 있어 "최소한의 충분한 보장"을 제공하는 것이라고 그리핀은 주장한다.[66] 이와 유사하게 포드도 "궁극적인 완성은 세계 속에서가 아니라 하나님의 경험 속에서 이루어지며, 이것이 우리의 악에서의 구원을 성취하는 것이다"라고 제안한다.[67] 다른 한편으로 보증되지는 않았지만 희망되는 것은 역사적 세계 속에서의 선의 궁극적인 승리이다. 그리핀은 과정 신학자들이 "역사적 과정"에 관하여 보다 유보적인 입장을 보인다는 것을 인정한다. "(화이트헤드가 다소 어색하게 하나님의 '원초적 본성'이라고 부른) 하나님의 창조적 사랑은 보증이 아닌 희망의 근거를 제공하기 때문이다." 지금 우리의 포스트모던적 상황에 있어서 그리핀은 "상대적인 천국"(a relative paradise)이라는 생각이 우리의 근대가 가져온 인간중심주의와 그 왜곡들을 고려할 때 보다 도움이 될 수 있다고 본다.[68]

---

66) Griffin, *Evil Revisited*, 34-35.
67) Lewis Ford, "Divine Persuasion and the Triumph of Good," Peterson ed., *The Problem of Evil*, 259.
68) Griffin, *Evil Revisited*, 35.

Ⅳ. 아름다움의 복음: 악에 대한 균형 잡기와 승리

우리는 하나님의 활동방식에 대한 나머지 두 가지 질문에 대해 다루고자 한다. 이 둘은 이미 우리의 논의에서 계속 전제되어왔기 때문에 간략하게 분석될 것이다. 전통 유신론자는 과정신학의 하나님이 어떻게 악을 극복하는지 물을 수 있을 것이다. 선을 그만큼의 보상으로, 그리고 악을 그만큼의 심판으로 균형 잡는 것은 여기서는 적용될 수 없는 것으로 보인다. 왜냐하면 과정신학의 하나님은 물리적인 힘이 아니라 이상의 힘을 통해서만, 즉 영원적 객체들을 통해서만 세계에 영향력을 끼치기 때문이다. 균형 잡기의 방식이 가능하려면 전통적인 아우구스티누스주의에서 말하는 전능한 하나님이 요구되는 것이다. 이와는 대조적으로, 과정신학의 하나님은 힘을 힘으로 균형 잡기보다는 신적인 아름다움을 향해 세계를 시적(詩的)으로 변화시킨다. 그의 활동방식(*modus operandi*)은 힘이 아니라 설득이며, 형벌적인 정의가 아니라 이상을 통한 느낌의 유혹이다. 존 캅은 "정말 가치 있는 결과를 가져올 수 있는 유일한 종류의 힘은 설득의 힘이다"라고 주장한다.[69] 과정신학의 우주에서는 하나님의 전능성이 논리적으로 그리고 형이상학적으로 불가능한 것으로 배제되고, 악의 균형 잡기(balancing-off) 대신에 가치의 객체적 불멸성을 통한 악에 대한 미학적 승리(defeat)가 진정 악을 극복하는 것으로 이해된다. 하나님은 어떤 제왕 같은 세계의 통치자가 아니라 "세계의 시인"이기 때문이다.[70]

악의 문제가 하나님의 전능성을 포기하지 않고는 해결될 수 없다고 보는 과정신학적 입장에 대해서, 넬슨 파이크는 전통적인 유신론의 입장에서 중요한 도전을 제기한다. 파이크에 따르면, 전능성은 전통적인 유신론의 하나님에 있어서 포기될 수 없는 결정적인 속성 혹은 표시라는

---

69) John B. Cobb, *God and the World* (Philadelphia: The Westminster Press, 1969), 90.
70) *PR* 526;《과정과 실재》, 595.

것이다. 우리가 헤프너와 그리핀 사이의 논쟁을 기억하듯이, 그리핀은 악의 문제를 하나님의 전능성이라는 힘의 문제로 본다. 오직 힘의 일원론을 형이상학적으로 거부할 때, 악의 문제를 풀 수 있게 만든다는 것이다. 그러나 파이크의 견해로는, 《과정과 실재》의 하나님은 단지 신에 못 미치는 어떤 것, 경배의 대상으로는 부적절한 어떤 것이다."[71] 파이크가 전능성에 대한 "표준적 견해"라고 부르는 것에 따르면, "하나님이 전능하다면, 그는 자신의 힘을 가지고 다른 존재들의 모든 활동을 완벽하게 결정할 수 있다."[72] 하지만 파이크는 하나님의 전능성이 인간의 자유를 환상으로 만들지는 않는다고 본다. 왜냐하면, "힘을 가지는 것"(having power)과 "힘을 행사하는 것"(exercising power) 사이에는 분명 중요한 차이가 있기 때문이라는 것이다.[73] 파이크는 하나님이 전능한 힘을 가지지만, 그것을 항상 행사하는 것은 아니라고 본다. 예를 들어, 나는 책상 위에 놓인 컵을 던져서 부숴버릴 힘을 가지고 있지만, 나는 그렇게 하기로 혹은 그렇게 하지 않기로 선택할 수 있는 것이다. 이와 비슷하게, 하나님은 자신의 어떤 목적을 위해 악을 허락할 수도 있다는 것이다. 파이크는 이러한 전능성의 개념은 논리적인 모순에서 자유롭다고 본다. 사실, 이것이 바로 아우구스티누스주의 전통이 악의 문제를 해결한 방식이라는 것이다. 따라서 "악의 문제에 대한 아우구스티누스의 해결책은 (그것이 정말 설득력을 가진다면) 하나님의 전능성에도 불구하고 설득력을 가지는 것이다."[74]

이와는 달리, 그리핀은 한편으로 우리가 현실적 존재라는 것과 다른 한편으로 하나님이 전능하다는 것을 동시에 주장하는 것은 논리적 - 형이상학적으로 불가능하다고 본다. 그리핀은 파이크의 도전에 이렇게 응

---

71) Nelson Pike, "Process Theodicy and the Concept of Power," *Process Studies* 12, no. 3 (Fall 1982): 148.
72) Ibid., 154.
73) Ibid., 157.
74) Ibid., 166.

답한다. "본인의 주장의 핵심은 현실적으로 존재함이라는 논리적(logical) 가능성은 현실적으로 존재함에 대한 어떤 형이상학적(metaphysical) 견해들을 떠나서는 논의될 수 없다는 것이다." 과정사상에서는 현실적 존재란 그 자신의 힘을 행사하는 과정에서 구성되는 것으로 본다. 따라서 파이크가 논리적 가능성으로 제시하는 것처럼, 자신의 힘을 행사하지 않으면서도 변함이 없는 실체로서 남아있을 수 있는 존재라는 개념은 "잘못 놓인 개체성의 오류"를 범하는 것이다.[75] 파이크는 전통적인 아우구스티누스주의적 하나님이 피조물들을 악의 균형 잡기라는 상황 속으로 강제하거나 압도할 수 있는 동시에 악에 대한 미학적 승리를 위해서 그럼에도 불구하고 악을 허용할 수 있는 것으로 본다. 반면에 그리핀은 과정신학적 하나님이 악을 오직 한 가지 방식으로만 극복하는 것으로, 즉 세계를 조화롭고 새로운 아름다움을 향해 전진하도록 인내력을 가지며 유혹하고 시적으로 변화시킨다고 보는 것이다. 하지만 이것이 과정 신정론을 보다 설득력이 떨어지는 것으로 만드는 것은 아니다. 왜냐하면 하나님의 단일한 악의 극복 방법이 필연적으로 그것을 불충분한 것으로 만드는 것은 아니기 때문이다. 이 둘 사이의 근본적이 차이는 파이크가 인간의 자유에 공간을 허락하고자 하나님이 자신의 자유를 스스로 제한하였다고 보는 반면에, 그리핀은 모든 현실적 존재는 이러한 하나님의 의식적 결정 여부에 관계없이 형이상학적 차원에서 필연적으로 자유를 지니는 것으로 보는데 있다. 하나님이 도덕적 선하심으로 인해 자신의 자유를 제한하기로 의식적으로 결정한 것이라기보다는, "하나님은 세계 내 사건들을 통제하지 않을 뿐 아니라 원칙적으로 통제할 수 없다"라고 그리핀은 본다.[76] 보편적 자유 혹은 창조성은 하나님의 결정 여부에 관계없는 형이상학적 조건이다. 하지만 이것이 전적으로 나쁜 것은 아닌데, 우주의 창조적 전진 그 자체가 이러한 자유의 근본조건을 요

---

75) David Ray Griffin, "Actuality, Possibility, and Theodicy: A Response to Nelson Pike," 170, 172.
76) Griffin, *God, Power, and Evil*, 276 그리고 275.

구하고 있기 때문이라는 것이다. 하나님이 바라는 것은 일률성이 아니라, 새로운 평화와 모험이다.

하나님이 원하시는 경배는 안전성의 원칙(a rule of safety)이 아니다. 오히려 그것은 영의 모험(an adventure of the spirit), 도달할 수 없는 것을 향한 비행(a flight after the unattainable)인 것이다.[77]

요컨대 화이트헤드는 "힘의 복음"(the Gospel of Force)과 "획일성의 복음"(the Gospel of Uniformity)에 반대하여, 설득의 복음(the Gospel of Persuasion)과 모험적인 아름다움의 복음(the Gospel of Adventurous Beauty)을 제안하는 것이다.[78]

---

77) *SMW* 269; cf. 《과학과 근대세계》, 278.
78) *SMW* 290; cf. 《과학과 근대세계》, 297.

5장 결론

필자는 화이트헤드의 미학과 신정론에 대한 이제까지의 논의를 간략하게 요약하는 것으로 이 책을 마치고자한다. 그의 미학적 신정론은 우주의 데이터 혹은 여건(data)에 관하여 형이상학적 일원론을 거부하고 대신 형이상학적 다원론을 주장하는 첫 번째 단계, 우주의 결정(decision) 과정에 관하여 전통적인 자유의지 신정론을 인간이 아닌 모든 존재에게 확장시키는 두 번째 단계, 그리고 마지막으로 만족(satisfaction)으로서의 결과에 관하여 이른바 객체적 불멸성의 사상이라는 세 번째 단계로 구성된다. 이것들을 몇몇 해석적 명제들을 통해 간단히 살펴보도록 하자.

I. 일곱 가지 명제들을 통한 요약

명제 1: 우주는 단지 생명 없는 물질의 덩어리가 아니라, 미학적 느낌이라는 존재의 보편적 경험으로 구성된다.

자연을 하나의 거대한 물질 덩어리로 이론적으로 환원시키려는 시도를 화이트헤드는 "잘못 놓인 구체성의 오류," 즉 추상적인 것을 구체적인 것으로 착각하는 오류의 한 예라고 생각한다.[1] 물질이라는 개념도 이미 하나의 추상인 것이다. 오히려 우주에 있어 가장 보편적이고도 굽힐 수 없는 엄연한 사실은 물질의 지속이라기보다는 미학적 사건으로서의 느낌이다: "현실적 사실이란 미학적 경험의 사실이다"(an actual fact is a fact of aesthetic experience).[2] 화이트헤드의 미학적 존재론에 따르면 "자연은 그 미적 가치로부터 분리될 수 없다."[3]

> 명제 2: 미학적 느낌으로서의 존재 경험은 수학적 아름다움인 조화(調和, harmony)와 가을적 아름다움인 강도(强度, intensity)라는 양극적 가치를 추구한다.

화이트헤드의 미학적 존재론은 피타고라스가 보았던 영원한 "수학적 아름다움"으로서의 조화와 에코가 소멸하는 "가을적 아름다움"이라 불렸던 강도의 두 미학적 가치를 중재하려는 시도이다.[4] 수학의 추상개념들은 단순성, 영구성, 질서정연함 등과 같은 일종의 미학적 조화의 가치를 지향한다. 피타고라스는 "수(數)나 형상(形相)과 같은 수학적 존재들(mathematical entities)이 우리들의 지각 경험에 나타나는 현실적 존재들을 구성하는 궁극적 질료(ultimate stuff)"라고 가르쳤던 것으로 전해진다.[5] 화이트헤드는 플라톤의 이데아 혹은 형상의 사상도 그 기원에 있어 피타고라스에게로 소급시킨다.

하지만 존재의 미학적 느낌은 미학적 구체성(美學的 具體性)이라고

---

1) *SMW* 72; 《과학과 근대세계》, 84.
2) *PR* 427; cf. 《과정과 실재》, 494.
3) *SMW* 122; 《과학과 근대세계》, 139.
4) AI 190, 354. 《관념의 모험》, 246, 419. Eco, *The Aesthetics of Thomas Aquinas*, 10.
5) *SMW* 40; 《과학과 근대세계》, 52.

하는 또 하나의 관심축이 요구한다. 전체의 조화와 함께 개체의 강도가, 평화와 함께 모험이 추구되어져야 하는 것이다. 중세 후기 이러한 사물의 구체성이 지니는 강도에 대한 관심은 예술에 있어 "자연주의"의 도래로 대변되었다.[6] 그것은 "우리 주변의 사물들을 이해하는 데서 오는 직접적인 기쁨"을 재발견하게 되었다는 것을, 그리고 우리의 세계에 대한 이러한 직접적인 경험들이 그 자체로 가치를 가짐을 인정하게 되었다는 것을 의미한다.[7]

요컨대, 화이트헤드의 미학적 존재론은 조화와 강도로 대변되는 양극적 구조를 가진다: (1) 자연에 내재하는 논리적이고 수학적인 질서, 달리 말해 화이트헤드가 "논리적 합리성의 조화"(the harmony of logical rationality) 혹은 "논리적 조화"(the harmony of logic)라고 부르는 것과, (2) 냉엄한 사실에 대한 구체적 관심, 달리 말해 그가 "미학적 성취의 조화"(the harmony of aesthetic achievement) 혹은 "미학적 조화"(the aesthetic harmony)라고 부르는 것.[8] 화이트헤드가 말하듯, "논리적 조화(論理的 調和)는 우주가 가지는 냉혹한 필연성(an iron necessity)을 드러내는데 반해, 미학적 조화(美學的 調和)는 보다 섬세하고 미묘한 것들을 산출할 수 있도록 나아가는 우주의 진보가 좌절될 때 이러한 흐름을 다시 가능케 하도록 살아 있는 이상(a living ideal)으로서의 역할을 한다."[9]

《과학과 근대세계》의 "논리적" 조화와 "미학적" 조화라는 대조는 화이트헤드의 양극적 미학사상의 출발점을 이루고 있고, 이 둘의 대조적 공존이 그의 사상 전반에 걸쳐 발견된다. 만물의 본질에는 이렇게 두 가지 형이상학적 미학원리가 내재하고 있으며, "변화의 정신(the spirit of change)과 보존의 정신(the spirit of conservation)" 둘 모두 없이는 어떤 사물도 제대로 존재할 수 없는 것이다.[10] 우주 전체의 이러한 두 거대한

---

6) *SMW* 22;《과학과 근대세계》, 35.
7) *SMW* 22; cf.《과학과 근대세계》, 35.
8) *SMW* 26-27; cf.《과학과 근대세계》, 39.
9) *SMW* 27; cf.《과학과 근대세계》, 39.

미학적 흐름이 삶의 모든 차원들에 침투해서 표출되고 있는 것이다.

명제 3: 조화의 지나친 독점적 추구는 사소함(triviality)의 미학적 악을 가져오고, 강도의 지나친 독점적 추구는 부조화(discord)의 미학적 악을 가져온다.

조화(調和, harmony)와 강도(强度, intensity)의 두 대조적인 미학적 가치는 거기에 상응하는 미학적 선과 미학적 악을 가진다. 조화라는 가치를 단지 독점적으로 추구할 때, 우리는 왜곡된 형태의 저속한 조화 즉 "사소함(triviality)"의 미학적 악을 초래하게 된다. 하지만 이러한 조화의 추구가 강도의 추구와 적절한 균형을 이룰 때 우리는 "평화"(peace)라는 미학적 선을 가질 수 있는 것이다. 반대로, 오직 강도라고 하는 미학적 가치가 추구될 때, 우리는 왜곡된 형태의 파괴적인 강도, 즉 "부조화(discord)"의 미학적 악을 초래하게 된다. 하지만 이러한 강도의 추구가 조화의 추구와 적절한 균형을 이룰 때 우리는 "모험"(adventure)이라는 미학적 선을 가질 수 있는 것이다. 요컨대, 우리의 미학적 상황은 '조화-사소함-평화'의 축과 '강도-부조화-모험'의 축 둘로 구성되는 것이다.

명제 4: 화이트헤드의 미학적 존재론이 궁극적으로 가치를 두는 것은 조화의 보존이라기보다는 강도의 획득이다.

화이트헤드가 조화와 강도 둘 다를 요구하는 건 분명하지만, 그가 궁극적으로 선호하는 것은 강도의 획득과 모험의 중요성이다. 문명은 강도 높은 모험이 없이는 권태의 화석화 현상을 초래하게 된다. "우리는 어쩌면 모든 느낌이 서서히 굳어가는 '마비현상'(anaesthesia)이나 그 전조 혹은 징후로서 느낌이 '생기를 잃고 길들여지는 것'(tameness)보다는,

---

10) *SMW* 281;《과학과 근대세계》, 289.

차라리 느낌의 '부조화 혹은 대립'(Discord)을 선택해야 할 것이다. 왜냐하면, 보다 저차원에서의 완성은 고차원에서의 미완성보다 가치 없는 것이기 때문이다."[11] 화이트헤드는 보다 고차원적인 느낌의 개별적 강도를 획득하려 시도하다 실패하고만 "부조화(Discord)"의 악이, 어떻게 보면 그 폭에 있어 아주 지협적이고 거의 강도를 가지지 못한 저등한 느낌의 사소한 조화(triviality)를 성공적으로 획득하는 것보다 더 중요한 가치를 가진다고 제안하는 듯하다. 이것은 화이트헤드가 기존의 고전적인 수학적 존재론의 '조화의 축'보다는 가을적 아름다움이라는 '강도의 축'(모험·창조성·진보)에 형이상학적 우선성을 부여하고 있음을 보여준다.

아름다움과 진리가 세계 내에서 전진하기 위해 필요한 것은 반복이 아닌 발견이다. 화이트헤드가 말하듯, "가장 아름다운 진리는 언어의 사전적 의미(the dictionary meanings of words) 너머에 존재한다."[12] 아름다움의 확장이라는 문명의 가장 중요한 목표는 과거의 사슬에서 벗어나 새로운 이상을 찾아 나설 때 가능하다. 과거의 창고(倉庫)로서의 사전은 가장 아름다운 진리를 제공할 수는 없는 것이다. 바로 이 때문에 가치의 완전성을 단지 정적(靜的)으로 보존하려는 것은 형이상학적으로 볼 때 불가능하고, 플라톤의 아름다움에 대한 수학적 개념조차도 다소 결함이 있는 것이다: "초기 사상에 있어 플라톤은 '변하지 않는 완전성(unchanging perfection)에서 드러나는 수학의 아름다움(the beauty of mathematics)'에 현혹되어서, 영원히 완전하고 영원히 상호연관된 관념들(이데아 ideas)의 영역이 세계 너머에 존재한다고 생각했었다."[13] 플라톤의 생각은 가치의 정적 보존(靜的 保存)이라는 오류의 한 예인 것이다. 하지만 태초에 "하나님이 원초적으로 욕구하고 추구하는 목적은 강도(强度, intensity)의 획득이지, 보존(保存, preservation)이 아니다."[14]

---

11) *AI* 339; cf.《관념의 모험》, 403.
12) *AI* 343; cf.《관념의 모험》, 407.
13) *AI* 354; cf.《관념의 모험》, 419.

명제 5: 조화와 강도라는 우주의 양극적인 미학적 존재구조 때문에 필연적으로 발생할 수밖에 없는 악은 하나님에게 책임을 돌릴 수 없다.

화이트헤드는 우주의 형이상학적 상황 혹은 구조가 하나님이라는 단일한 원리에 의해 만들어진 것이 아니라, 태초부터 주어진 것으로 본다. 만약 우주의 시작에 하나님 홀로 존재하였고 모든 것을 결정하였다는 일원론적 세계관을 고수한다면, "우리는 모든 선의 근원뿐만 아니라 모든 악의 근원도 하나님 안에서 찾을 수밖에는 없는 것이다."[15] 반면, 악의 존재에도 불구하고 하나님을 옹호하는 가장 직접적인 방법은 하나님이 우주에서 일어나는 모든 일들에 대해 일일이 책임을 가지는 유일무이한 형이상학적 궁극자라는 생각을 거부하는 것이다. 바로 이것이 화이트헤드가 하나님, 창조성, 그리고 영원적 객체들이라는 하나가 아닌 다수의 형이상학적 궁극자들을 제안함으로써 시도하고 있는 것이다. "사물들이 구체화되는데 있어 그 과정을 지배하는 범주들(the categories governing the determination of things)이 바로 왜 악이 있어야만 하는가 하는 이유들이다."[16] 이러한 진술에 대해 그리핀은 다음과 같은 해석을 제시한다: "과정 신정론이 주장하는 가장 중요한 생각은 진정한 악의 가능성은 세계가 지니는 형이상학적 (따라서 필연적) 특성들에 뿌리를 두고 있다는 것이다."[17] 신정론이라는 종교적 상황에서 볼 때, 일원론적 세계관에 대한 화이트헤드의 비판적 거부는 존 캅의 표현을 빌리면 하나님의 "선하심"(goodness)을 옹호하기 위해 하나님의 "형이상학적 궁극성"(形而上學的 窮極性, metaphysical ultimacy)을 희생시키거나 제한하려 한 시도라는데 많은 해석자들이 동의한다.[18]

---

14) *PR* 160;《과정과 실재》, 217.
15) SMW 250-251; cf.《과학과 근대세계》, 261.
16) *PR* 341; cf.《과정과 실재》, 406-407.
17) Griffin, *God, Power, and Evil*, 276.

명제 6: 존재의 보편적 자유는 악의 발생을 가능케 할 뿐 아니라 아름다움의 전진도 가능케 한다.

일원론적 세계관에 대한 화이트헤드의 거부가 하나님의 책임 없음을 강조한다면, 우주의 보편적 자유에 대한 화이트헤드의 긍정은 개개 존재하는 것들의 악에 대한 책임성을 강조한다. 과거 고전적 신학의 섭리론은 세계가 가지는 불완전성에 대한 "우리의 책임의 경험"을 제대로 표현하거나 전달하지 못하였다.[19] 하지만 이러한 궁극적 책임의 경험은 우리의 삶 전체에 근본 색조로 퍼져 있다. 밖에서 주어지는 여건, 느낌, 목적이라는 세계의 공공성만으로는 합생의 전체과정이 결코 설명될 수 없다. 이러한 요소들이 우리의 결정에 가지는 인과적 작용력을 넘어서서, 거기에는 항상 주어진 데이터나 여건에 대한 우리의 자유로운 반응 혹은 사적인 느낌이라는 궁극적인 측면이 남아있기 때문이다. "이러한 궁극적인 반응은 작용인(作用因, efficient cause)이 전달하는 이미 결정되어진 것들 위에다가 창조적 강조(創造的 強調, creative emphasis)라는 자신의 결정적인 마지막 도장을 찍음으로써 자기-창조적 활동을 완결짓는다."[20]

모든 존재하는 것의 자유에 대한 화이트헤드의 긍정은 전통적으로 오직 하나님에게만 돌려졌던 '자기 원인'(自己 原因, causa sui)이라는 사상을 어떻게 보면 존재론적으로 보편화시키고 민주화시키고 있다. 하나님만이 아니라 모든 존재가 자기 원인자이다. 따라서 과정철학의 우주에서 완전한 결정론이란 형이상학적으로 불가능하다. 또한 여기에는 도덕적 악과 자연적 악을 구분할 논리적 이유도 없다. 하나님을 포함한 모든 현실적 존재들이 우주의 창조적 진보라는 하나의 거대한 공동작업에

---

18) Cobb, *A Christian Natural Theology*, 143. 또한 Ford, *The Emergence of Whitehead's Metaphysics* 1925-1929, 106을 참조하라.
19) *PR* 74; cf.《과정과 실재》, 124.
20) *PR* 75; cf.《과정과 실재》, 125.

참여하는 것이고, 거기서 발생하는 의미 혹은 중요성은 나중에 우주에 대한 하나님의 영원한 기억 속으로 저장되는 것이다. 바로 이 때문에 우주에서 아름다움이 전진할 수 있는 것이다. 유한한 존재들이 선물처럼 가지고 오는 새로움과 놀라움 없이는, 하나님의 지식은 무한한 반복의 지루함 혹은 권태 속으로 서서히 붕괴될 뿐이다. 모든 현실적 존재는 그 자신의 결정이유이다. 또한 여기에 새로운 아름다움에 대한 희망이 있는 것이다. "다자(多者)는 일자(一者) 속으로 들어오며, 다시 그 일자에 의해 증가되는 것이다"(The many become one, and are increased by one).[21] 이러한 방식으로 우주는 긴, 어쩌면 영구한, 호흡을 하는 것이다. 우주 전체가 한 단일한 존재 속으로 모아지고, 다시 우주 전체는 그 존재가 가지고 오는 새로운 '느낌의 사적인 색조'에 의해 보다 더 시적(詩的 poeticized)으로 변화되는 것이다. 우주란 자유로운 아름다움의 진화적 팽창이다.

명제 7: 하나님은 우주의 아름다움의 전진을 자신 속에 받아들여 하나님 존재의 아름다움의 전진으로 변환시키고, 바로 이러한 신적 아름다움의 영원불멸성(永遠不滅性)이 궁극적 악으로서의 소멸(消滅)을 극복하는 것이다.

우주 속에서 난 가치를 실현시켰고 아름다움을 전진시켰다. 하지만 내가 소멸한다면 내가 실현시킨 가치도 그리고 나도 소멸하고 마는 것인가? 화이트헤드는 개인의 불멸성이란 하나님 속에 존재하는 이미 실현된 가치의 불멸성에 대한 단지 한 구체적인 예라고 본다: "따라서 '인간의 불멸성'(The Immortality of Man)이라는 생각은 '실현된 가치의 불멸성'(The Immortality of Realized Value)이라는 보다 큰 맥락에서는 단지 하나의 부수적 문제일 뿐이다. 실현된 가치의 불멸성이란, 시간

---

21) *PR* 32; cf.《과정과 실재》, 79.

성 속에 존재하던 단순한 사실이 가치의 불멸성을 획득하게 되는 것을 가리킨다.[22] 태어남에서 죽음까지 한 인간의 삶이 마감될 때, 하나님은 그 사람의 "시간적 개인성"(temporal personality)을 가치의 관념세계에서, 즉 하나님의 마음속에서 그 사람의 "불멸하는 개인성"(immortal personality)으로 보존하시는 것이다.[23] 요컨대, 사람은 자신이 실현한 가치로서 불멸한다.

하나님의 태초의 혹은 원초적인 목표가 우주 내에서의 가치의 창조적 진보에 있듯이, 이러한 목표에 대한 가장 심각한 위협은 실현된 가치가 완전히 잃어지는 것이다. 이것이 바로 악은 개개의 악한 행동들이라는 구체적인 모습뿐만 아니라, 어떤 보다 근본적인 위협이라는 형이상학적 특성을 가진다고 화이트헤드가 본 이유이다. "시간적 세계에 있어서, 궁극적 악(ultimate evil)은 어떤 구체적인 악(specific evil)보다도 그 뿌리가 더 깊다. 그것은 과거가 사라져 간다는 사실, 시간(時間)은 '끊임없는 소멸'(perpetual perishing)이라는 사실에 있다."[24]

끊임없는 소멸이라는 궁극적 악은 모든 현실적 존재를 조금의 상실도 없이 기억하는 하나님의 지혜에 의해 극복된다. 그리고 이러한 과정 속에서 우주가 진보하여 감에 따라, 하나님도 또한 진보하여 가는 것이다. 전자는 물리적 세계가 하나님의 결과적 본성 속에서 그 자신의 개념적 완성을 획득하게 되는 것을 가리키고, 후자는 하나님의 원초적 혹은 개념적 본성이 세계로부터 물리적 느낌 혹은 미학적 색조를 받아들여 확장하게 되는 것을 가리킨다. 세계는 물리적 축에서 개념적 축으로 전진하게 되는 것이고, 하나님은 개념적 축에서 물리적 축으로 전진하게 되는 것이다. 세계가 객체적 불멸성을 지니도록 하나님이 자신의 마음속에서 세계를 보존하는 것을 화이트헤드는 신학에서 말하는 "세계의 신격화"(the Apotheosis of the World)라고 본다.[25] 문자적으로, 세계는 하

---

22) Whitehead, "Immortality," 688.
23) Ibid., 693.
24) *PR* 517; cf. 《과정과 실재》, 585.

나님 존재의 한 부분이 되는 것이다. 한편으로 세계는 하나님의 영속적인 기억을 통해 끊임없는 소멸에서 구출되며, 다른 한편으로 하나님은 "자신의 단지 개념적인 현실태가 가지는 결여성"을 세계의 물리적 느낌을 통해 보완하고 완성시키게 되는 것이다.[26] 결과적으로 우리의 관점에서 볼 때, "존재할 수 없는 것임에도 여전히 존재한다"라는 믿기지 않는 사실 즉 불멸성의 기적을 경험하게 되는 것이다.[27] 하나님의 관점에서 볼 때, 우주 속에서 발생하는 삶의 고통, 실패, 그리고 황폐뿐 아니라 또한 함께 발생하는 삶의 새로운 가치의 창조와 그 아름다움을 물리적으로 같이 느낄 수 있게 되는 것이다. 화이트헤드의 하나님은 "부동의 동자"(the unmoved mover)가 아니라, "참 좋은 동반자—이해하며 같이 고통 받는 자"(the great companion—the fellow-sufferer who understands)이다.[28]

결론적으로, 스쳐지나가며 강렬하게 소멸하는 세계의 가을적 아름다움이 하나님 존재의 기억 속에서 영원불멸하는 수학적 아름다움으로 모아들여진다는 것이 화이트헤드의 미학적 신정론의 핵심을 이루고 있다. 화이트헤드의 미학신학은 악의 문제에 대해 종래의 보복적 정의(報復的 正義 retributive justice)라는 전통적인 도덕적 접근법과는 다른 새로운 미학적 접근법을 가능케 한다. 하나님이 원하는 것은 보복이 아니라 아름다움의 전진이다: "우주의 목적론적 구조는 아름다움의 생산을 지향한다"(The teleology of the Universe is directed to the production of Beauty).[29] 이러한 화이트헤드의 존재와 하나님에 대한 사유를 간략하게 도표화시켜보면 다음과 같을 것이다.

---

25) *PR* 529; cf.《과정과 실재》, 599.
26) *PR* 530; cf.《과정과 실재》, 600.
27) *PR* 531; cf.《과정과 실재》, 601.
28) *PR* 520과 532; cf.《과정과 실재》, 588과 603.
29) *AI* 341; cf.《관념의 모험》, 405-406.

도표: 화이트헤드의 신정론

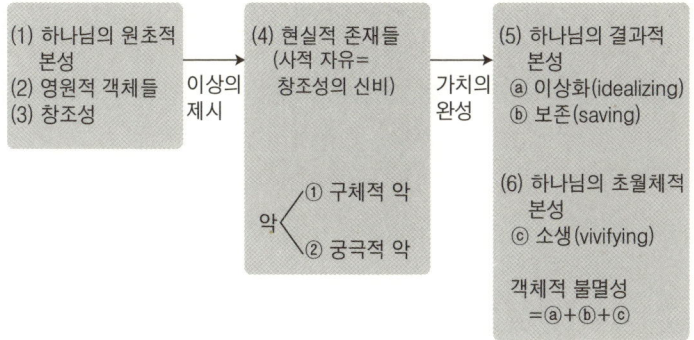

II. 사적(私的) 에필로그

화이트헤드의 미학적 신정론에 대한 분석을 마감하며 필자의 개인적이고 인상주의적인 비조직적 성찰을 간략하게 추가하고자 한다. 화이트헤드의 유기체적 세계관은 우리의 사유습관이 지니는 인간중심주의의 편협성을 깨뜨리는 동시에, 우리 시대 현대과학의 발견들을 그 이론화의 작업에 철저하게 도입함으로써 새롭고 대안적인 형이상학적 틀을 제공하고 있다는 사실을 아무도 반박할 수는 없을 것이다. 나아가 화이트헤드의 과정신정론은 도덕적 가치가 신학의 담론을 독점하고 있는 상황에서 미학적 가치의 궁극성을 주제화함으로써, 어떻게 하나님이 형벌적 보복 없이도 세계를 시적으로 아름답게 변화시킬 수 있는지 그 가능성을 일관성 있고 설득력 있게 제공한다. 화이트헤드만큼 진리나 선보다 아름다움을 신학의 머리말에 둔 이도 없을 것이다. 필자를 포함한 많은 신정론자들이 여러 형이상학적이고 실존적인 이유들에서 화이트헤드의 과정적 우주를 정말 거주할 만한 곳으로 여기리라 진심으로 생각한다. 필자의 한쪽 발은 항상 과정사상의 물속에 담그고 있다.

하지만 필자가 과정사상에 진 엄청난 사유의 빚을 갚기 위한 한 방편으로 몇몇 비판적 질문들을 제기하고자 한다. 화이트헤드의 과정 신정론이 보여주는 역사적 종말론(historical eschatology)의 부재는 그것이 기독교 신앙의 표현으로서의 역할을 하는데 있어 제한을 가지는 것이 아닐까? 물론 기독교는 이전 형태의 기독교와 항상 동일성과 차이성을 동시에 가지는 역사적 변화 속의 종교이다. 과거의 기독교 사상과 이질적이라고 해서 반드시 그것이 비기독교적이거나 반기독교적이라고 버려져서는 안 될 것이다. 하지만 문제는 기독교의 신학적 스타일을 어느 정도 변화 가운데의 정체성으로 체화시키고 있는가이다. 그것이 기독교의 신학이 되기 위해서는 이러한 스타일의 문제를 무시할 수는 없는 것이다. 여기에는 독자들 개개인의 판단이 다를 수밖에 없을 것이다. 예를 들어, 하나님 외에 다른 궁극자들을 전제하는 화이트헤드의 형이상학적 다원주의가 기독교의 신학적 문법이 되기에는 지나치게 플라톤적이라고 혹자는 생각할 것이다. 필자는 개인적으로 기독교의 가장 고유한 관심인 역사와 그 종결에의 집중이 화이트헤드의 사상에는 희석되고 있다고 생각한다. 이러한 염려는 조금 설명이 필요한 듯하다.

화이트헤드는 악의 극복 혹은 변환을 일종의 비시간적, 비역사적 과정으로 보고 있는 것은 아닐까? 이러한 질문은 화이트헤드의 다소 도시적 혹은 '시(詩)적 고요함'과, 또한 이와는 경쟁적인 헤겔의 '역사의 열정'이라는 필자의 대조적 관심에서 유래한다. 화이트헤드의 사유 속에서는 역사와 세계 내 악의 극복이 불가능하다는 메든과 헤어 그리고 엘리의 비판을 과정 신정론자들이 완전히 대답한 것은 아닌 듯하다. 우리가 기억하듯이 화이트헤드는 끊임없는 소멸이라는 궁극적 악이 현실적 존재들의 하나님을 만들어가고 완성시켜가는 과정에서 극복되는 것으로 보았다. 기쁨 혹은 고통의 순간적인 개개의 느낌들이 하나님 존재의 진화론적 팽창을 위한 구성요소로서 긍정적으로 보존되고 불멸화되는 것이다. 비극적 악의 존재에 대한 궁극적인 정당화는 "유한한 사실이 가지고 오는 개별적이고 유동적인 만족들에 의해 하나님은 완성된다"(God is completed)"는 사실에 놓여있는 것이다.[30] 화이트헤드의 유명한 여섯 가지 역설적 명제는 이러한 하나님의 미학적 성장 혹은 진화를 깊은 통찰로 드러내고 있다. 여기서 화이트헤드는 정통신학의 진리를 과정신학의 진리로 거꾸로 전환시켜서 해석하고 있다. 하나님이 세계를 창조했듯이, 세계도 하나님을 창조한다는 것이다.

> 神은 영원하고 세계는 변화한다고 말하는 것이 참이듯이, 세계는 영원하고 神은 변화한다고 말함도 참이다. 神은 유일무이하신 하나요 세계는 무수한 多로서 그 특징이 드러난다고 말함이 참이듯이, 세계는 하나(一)요 神은 多로서 현시된다고 말함 또한 진리다. 세계와 비교해 볼 때 神은 탁월하게 현실적이라고 말함이 참이듯이, 神과 비교할 때 세계가 뛰어나게 현실적이라고 말함도 진리이다. 세계는 神 안에 내재한다고 말함이 참이듯이 神은 세계 안에 내재한다고 말함도 진리다. 神이 세계를 창조하신다고 말함이 진리이듯이, 세계는 神을 창조한다고 말함도 진리이다.[31]

아우구스티누스가 하나님의 세계-만들기에서 발생하는 아름다움에서 악의 극복을 보았다면, 화이트헤드는 이를 역설적으로 뒤집어 세계의 하나님-만들기라는 아름다움이 소멸의 추한 악을 극복하는 것을 본다. 세계와 역사의 가을적 아름다움을 하나님은 자신의 수학적 아름다움 속으로 추수하여 들이는 것이다. 아름다움의 전진은 하나님 존재의 미학적 성장이다.

그러나 문제는 화이트헤드가 하나님을 창조성의 "비시간적"(非時間的, non-temporal) 혹은 "비역사적"(非歷史的, non-historical) 예로서 정의한다는 것이다. 하나님은 시간세계와 구분되는 가치세계의 존재이다. 악의 극복과정으로서의 화이트헤드의 하나님-만들기 과정은 결과적으로

---

30) *PR* 527; cf.《과정과 실재》, 597.
31) *PR* 528; 김경재, "화이트헤드의 過程思想과 栗谷의 理氣論", 545에 나오는 번역을 따랐다. cf.《과정과 실재》, 597-598.

비시간적이고 비역사적인 가치세계의 사건이 되어버린다.[32] 악이 극복되는 구속의 궁극적 자리가 비시간적이고 비역사적인 것으로 이해될 때, 시간과 역사는 그 신학적 중요성을 박탈당하게 되는 것이다. 시간과 역사는 악의 문제가 해결되는 장소로서의 지위가 박탈될 뿐만 아니라, 그 종결을 가지지 않는 영원한 미결의 것이 된다. 이는 악의 극복을 하나님만이 향유할 수 있다는 엘리의 대체적 만족에 대한 비판을 자연스레 가져올 뿐 아니라, 이것보다 더 심각한 것은 매든과 헤어가 지적했듯 역사 속에서의 가해자와 희생자 사이의 사회적 화해가 부재하다는 것이다. 다시 나치 수용소의 두 사람의 예로 돌아가 보자. 가해자도 피해자도 하나님의 본성 안에서 객체적 불멸성을 획득하게 된다. 하지만 문제는 가해자와 피해자, 이 둘은 결코 실제로 화해한 적이 없다는 것이다. 이러한 간주관적인 사회적 화해가 역사 속에서 종말론적으로 일어나던지, 혹은 역사 너머에서 일어나던지, 중요한 질문은 악의 극복으로서의 용서와 화해는 어떤 종말론적인 결말을 가져야한다는 것이다. 물론 화이트헤드의 사유체계는 이러한 종말론을 요구하지 않고도 악의 문제를 해결하는 것으로 여겨질 수 있다. 종말 없는 하나님의 무한한 미학적 진화는 충분히 악의 비극을 설명할 수 있다고 주장할 수 있다. 그러나 그것이 기독교의 신학적 스타일을 유지하고 있는가는 미리 언급했듯 각자의 신학적 판단에 달려있다.

화이트헤드의 사유는 비록 그것이 전통적인 무우주론적(acosmic) 유신론의 형태는 아니라고 하더라도, 종말론의 부재로 시간과 역사가 그 신학적 의미를 중요한 측면에서 잃어버리게 되는 듯하다. 이런 맥락에서 화이트헤드의 단일한 현실적 존재로서의 무시간적 하나님이라는 개념을

---

32) *PR* 11 그리고 개정판 페이지 393의 editors' note 7.22;《과정과 실재》, 56. 화이트헤드는 모든 존재하는 구체적 실재는 "현실적 존재"(actual entity) 혹은 "현실적 경우"(actual occasion)라고 서로 바꾸어 부를 수 있다고 주장하지만, 하나님의 경우만은 시간의 지평 안의 현실적 존재를 의미하는 "현실적 경우"라고 부를 수 없기 때문에 항상 "현실적 존재"라고만 부른다. *PR* 135;

하트숀이 수정하려고 시도한 것은 중요한 의미를 가진다. "화이트헤드와 달리 나는 이러한 앞의 견해가 하나님을 단일한 현실적 존재(a single actuality)가 아니라 현실적 존재들의 한 영속적인 사회(an enduring society of actualities)로 정의하도록 요구한다고 생각한다. 여기서 화이트헤드가 단지 실수를 했다고 난 생각한다."[33] 화이트헤드가 주장하듯 하나님이 만약 비시간적이고 비역사적인 단일한 한 현실적 존재라고 한다면, 거기서 이루어지는 악의 극복은 전통적인 천국의 개념과 그리 다르지 않거나 오히려 그보다 설득력이 떨어지는 듯하다. 하트숀은 화이트헤드가 교육받았던 신학이 고전적 유신론이었다면 그는 신고전적 유신론을 믿는 아버지 밑에서 자랐다고 비교한다. 화이트헤드가 획득하기 위해 싸웠던 것이 하트숀에게는 태어나면서부터 너무도 당연한 권리였다. 하트숀은 화이트헤드의 신학이 여전히 지나치게 고전적이라는 의심을 품는다. 만약 하트숀의 이러한 의심이 옳다면 세계에는 또 다시 하나

---

33) Hartshorne, "The Dipolar Conception of Deity," 286-287. 하트숀은 "Whitehead's Idea of God," 546-550에서 처음으로 이러한 수정을 제안한다. 여기서의 하트숀의 주장에 따르면 만약 하나님이 시간의 지평 안에 있는 "한 인격적 사회"가 아니라고 한다면, 하나님은 시간의 질서 속에서 어떠한 존재론적 자리도 가지지 못할 것이다 (ibid., 547). 단순히 말해 하나님은 시간 안에서는 존재하지 않을 것이다. 따라서 하트숀은 하나님의 결과적 본성뿐 아니라 원초적 본성도 시간 안에 존재하는 경험들의 순차적인 한 인격적 사회이며, 이 둘은 단지 설명을 위한 시간의 선상에서의 논리적 구분이라고 보는 듯하다. "하나님은 전체의 자기-초월적인 초월자(the self-transcending transcender of all)이며, 완벽한 가치의 단순한 상태(the mere state of complete value)는 아니다. 달리 말해 그는 자기-대조적이고 따라서 중요한 의미에서 자기-동일적인 주체이며, 항상 부분적으로 새로운 자기-초월체이다. 그는 결코 단일한 자기-관계성이-부재한 혹은 순전히 '단순한' 존재의 상태가 아니다.····그렇다면 하나님은 사회들을 포괄하는 사회로서의 '인격적 질서'(the 'personal order' of the inculsive society of societies)이며, 우주는 하나님의 몸이 아닐까?"(ibid., 548-549) 이러한 시간적 지평 안의 사회들의 사회로서의 신 개념에 대한 신학적 대차대조표는 그리 간단하지 않아 보인다. 이 문제에 대한 논의로는 토마스 호진스키 / 장왕식·이경호 옮김, 《화이트헤드 철학 풀어 읽기》(대구: 이문출판사, 2003), 370-375를 참조하라. 필자는 개인적으로 이렇게 수정된 하나님 개념은 헤겔의 하나님 개념과 유사하다고 본다.

님이 부재하게 되는 것이 아닐까? 우리는 역사를 하나님의 활동의 장으로뿐 아니라 하나님의 존재의 장으로 볼 수는 없는 것일까? 이 둘의 일치가 바로 기독교의 성육신의 진리가 보여주는 하나님의 세계와의 존재론적 연대를 가리키는 것이다. 필자는 어떻게 악의 시간적이고 역사적인 상처가 비시간적이고 비역사적인 해결에 의해 아물어질 수 있는지 아직 이해하지 못한다. 물론 이것도 하나의 가능성일 수는 있을 것이다. 하지만 그 논리는 '치유'(治癒, healing)의 논리라기보다는, '대체'(代替, substitution)의 논리에 가까운 것 같다. 역사적 상처는 역사적으로 해결되어야 하지 않을까? 기독교가 시간 안에서의 부활과 종말을 이야기하는 이유도 여기에 있지 않을까? 아우구스티누스나 헤겔의 시대와는 달리 과정신학자들은 핵재난이 실제로 인류의 멸종을 가져올 수도 있는 우리의 암울한 상황에서 일종의 비역사적인 구속의 방법을 고민할 필요가 있음을 필자는 인정한다.[34] 어쩌면 화이트헤드가 말했듯이 "시간적 세계 내에서의 객체적 불멸성은 보다 섬세한 종교적 통찰에 의해 제기되는 문제를 해결하지는 못한다."[35] 그럼에도 불구하고 필자는 기독교 신학을 함에 있어서, 기독교의 신학자로 남음에 있어서, 하나님은 모든 존재하는 것의 궁극적 설명의 끝이라는 철저한 유일신론과 더불어 헤겔주의적인 역사의 열정적 긍정이 생략될 수 없는 것이라고 생각한다. 기독교의 가장 근본적인 생각 중 하나는 하나님이 성육신이라는 역사적 세계와 가지는 존재론적 교제를 통해서 악을 극복한다는, 즉 하나님 자신이 역사 속에서 시간적 훼손을 직접 경험하심을 통해서 궁극적으로 악을 극복한다는 생각이다. 그것이 하나님이 짊어진 역사의 십자가(歷史的 十字架, the cross of history)가 아닌가?

---

34) 물론 필자는 지금 화이트헤드 자신이 아니라 그 이후의 과정신학자들에 대해 생각하고 있다. 또한 필자도 핵재난이 가능한 현대에 어떻게 역사적이고 시간적인 인간의 구속이 가능한지 알지 못한다. 그래서 그리핀이 그렇게 느꼈던 것처럼 다음 세계에서의 영혼의 순례라는 휙의 제안은 언제나 매력적이다.

35) PR 527; cf. 《과정과 실재》, 597.

인류의 느린 혹은 급격한 멸종이라는 그리핀의 생각이 매우 실제적인 가능성임에도 불구하고, 이것이 어떠한 악의 역사적(歷史的) 해결도 제안되지는 않았다는 사실을 부정할 수는 없다. 오히려 논리적으로 그리고 형이상학적으로 보장된 것은 하나님의 형이상학적 궁극성을 부정함으로 인해 하나님의 설득과 현실적 존재들의 반응 사이에는 어떠한 완벽한 일치도 존재하지 않을 것이라는 사실이다. 하트숀의 표현을 따르면 "모두가 조화를 목표로 할 수는 있지만 아무도 그것을 보장할 수는 없다."[36] 결과적으로 역사는 강한 의미에서의 신적인 플롯(divine plot)은 부재하게 되며, 이러한 플롯에 대한 필요성은 개별적 느낌들과 미학적 가치들의 하나님의 비시간적 존재 속에서의 증가 혹은 팽창에 의해 대체된다. 하지만 아름다움의 미학적 전진도 종결을 향한 일종의 드라마적 플롯을 요구하지 않을까?

결론적으로 필자는 과정사상의 우주 속에서 우리의 삶이 의미를 가질 수 있는지 두 가지 이유에서 불분명하게 질문으로 남는다고 본다. 한편으로, '역사'라는 신학적 장소는 평가절하된다. 역사 내에서의 나의 가치의 창조가 하나님의 기억 속에 저장되지 않기 때문에 위협이 된다는 것이 아니라, 실현된 가치로서의 나의 정체성이 다른 인간 존재들에 대한 어떠한 사회적 혹은 관계적 의미도 상실될 것이기 때문에 위협이 된다는 것이다. 마치 단테의 신곡에 나오는 가장 밑바닥의 얼음 지옥에서처럼, 나는 영원히 홀로 얼어있을 것이다. 가치와 의미의 근본적인 관계성에 대한 과정사상의 강조를 고려할 때, 나에 의해 실현되어진 가치가 인류 자체의 역사적 존재 없이 단지 하나님 속에서 객체적으로 불멸한다면, 그것은 매우 추상적이고 그리 의미를 가지지 않는 것으로 필자는 생각한다. 그리핀도 인정하듯, 우리는 인간중심주의의 어떠한 흔적도 없이 신학을 할 만큼 그렇게 성숙한 것은 아닐 것이다.[37] 이런 맥락에서

---

36) Charles Hartshorne, "A New Look at the Problem of Evil," Frederic C. Dommeyer ed., *Current Philosophical Issues: Essays in Honor of Curt John Ducasse* (Springfield, Illinois: Charles C. Thomas Publisher, 1966), 205.

볼 때 앞에서 이미 살펴본 하트숀의 객체적 불멸성에 대한 요약은 도움이 되면서도 불운한 면이 없지는 않다: "우리는 하나님의 집 벽에 영원히 걸리게 될 그림을 만드는 것이다."[38] 그런데 그 집은 역사 너머에 있는 것이다. 반면 필자는 역사적 신정론의 가능성에 좀 더 머무르고 싶다. 하나님의 역사와의 존재론적 연대(ontological solidarity)는 포기될 수 없는 기독교 진리의 중심으로 이해하기 때문이다. 우리가 하나님의 존재 속으로 신격화된다면, 또한 그것이 궁극적으로 악의 해결책이라면, 포드나 수하키가 의도했듯 우리도 하나님 존재 속에 비록 최소한 부분적으로나마 주체로서 잔존할 수 있어야 할 것이다. 역사가 시간으로 환원될 수 없다면, 시간의 종말에 가서도 하나님의 존재 속에서 하나님과 피조물 사이의 사회적 교제로서의 신학적 역사는 지속되어야 할 것이다. 삼위일체의 교리가 바로 이러한 신적 사회성에 대한 증언이라고 필자는 본다.

다른 한편으로, 화이트헤드의 형이상학적 사유에서 우주의 역사는 종말론적 '플롯'이 부재하게 된다. 만약에 신학적 드라마가 어떠한 역사적 혹은 우주적 목적론이나 궁극적인 완결을 가지지도 않는다면, 우리가 실현시킨 가치들이 어떤 방식으로 어떤 목적을 향해 하나님의 전체 가치 속으로 통합되는지 이해할 수 있을까? 부분의 완성은 오직 전체의 완성이 가정될 때 부분적 완성이라고 부를 수 있지 않을까? 물론 하트숀은 화이트헤드의 사유가 충분히 우주의 드라마성을 표현하고 있다고 본다. 가장 미세한 원자의 떨림에서부터 가장 거대한 하나님의 마음에 이르기까지 "마음들의 상호관계성(the interrelations of minds)이 가장 광범위한 의미에서 우리가 드라마(*drama*)라고 부르는 것을 형성한다. 드라마는 가장 본질적인 예술이고, 다른 모든 예술은 드라마에 봉사하는 경향성을 가진다"라고 하트숀은 말한다.[39] 이러한 드라마의 과정은 하나님

---

37) Cf. Griffin, *Evil Revisited*, 36-37.
38) Charles Hartshorne, *The Logic of Perfection and Other Essays in Neoclassical Metaphysics* (La Salle, Illinois: Open Court Publishing Company, 1962), 259.

혼자 결정하는 것이 아니라 모두가 조금씩 자신의 가치의 몫을 보탠다. "우주의 드라마에서 아무리 사소한 존재라고 하더라도 모든 배우들은 드라마 작가에 의해 결정되지 않은 채 남겨진 무엇인가를 그 연극에 공헌한다."[40] 하지만 이러한 드라마의 과정이 과연 종결될 수 있을까? 그리고 아무도 끝낼 수 없는 이러한 우주의 드라마가 과연 의미가 있었는지 그렇지 않았는지 궁극적으로 평가할 수 있을까? 모든 드라마는 플롯 구조와 그것에 따른 완결을 통해 의미를 창출하는 듯하다. 그리고 의미의 창출 없이 악은 극복되었다고 볼 수 없는 것이다. 다시 말해서 하나님의 보존-이상화의 기능 그 자체도 우리가 실현시킨 중요성을 한 부분으로 통합시킬 수 있는 일종의 플롯 혹은 이야기의 줄거리를 요구한다고 필자는 생각한다. 만약 역사적인 혹은 역사초월적인 어떤 신학적 드라마의 완결(完結)이 존재하지 않는다고 한다면, 어떻게 나의 부분적이고 파편적인 가치 실현이 다른 요소들과의 관계 속에서 이상화될 수 있는지 필자는 이해하지 못한다. 의미는 비록 하나님의 진화적 드라마 속에서도 어떤 관계적 플롯과 종결을 요구하는 것 같다. 이러한 플롯과 그 완결이 과정사상에서 제공되고 있지 않기 때문에 필자는 과정사상의 우주 속에는 일종의 '새로움의 권태'(ennui of novelty)가 발생할 수도 있다고 본다. 우주는 항상 새롭다. 그리고 하나님은 마치 거대한 스펀지처럼 가치의 저장소로 영속적인 미학적 진화를 한다. 그러나 끊임없는 새로움과 진화도 플롯의 긴장과 종결이 없다면 지루할 수 있는 것이다. 물론 하트숀이나 포드의 지적처럼, 필자가 욕구하는 우주적 목적론이 단지 하나의 전통적 유신론의 잔재일 수도 있다. 하지만 끝이 없는 드라마가 있을 수 없듯이, 종말적 완결 없는 우주의 진행이 가치의 성장과 보존을

---

39) Hartshorne, *Man's Vision of God and the Logic of Theism*, 214.
40) Charles Hartshorne, *Creative Synthesis & Philosophic Method*, 239. 하트숀은 이러한 유한한 존재들의 하나님-만들기 과정에의 공헌을 삼위일체론과 관련시키기도 한다. Idem, "God as Composer-Director, Enjoyer, and, in a Sense, Player of the Cosmic Drama," 243 참조.

보증할 수는 없을 것 같다. 나는 가치를 실현하였다. 하지만 무엇을 위해서?

이런 이유에서 필자는 미학적 가치들의 단순한 진화적 팽창이 그 가치들 자체의 뛰어남을 의미하는 것은 아니라는 러브조이의 생각에 동의한다.[41] 실현되지 않았으면 차라리 나았을 꿈들도 있는 것이다. 하지만 일종의 역사적(세계적, 우주적, 혹은 초시간적) 플롯이 하나님의 형이상학적 궁극성 없이 가능할 수 있을까? 하나님의 형이상학적 궁극성이란 반드시 모든 것을 결정한다(all-determining)는 고전적 의미를 가리킬 필요는 없을 것이다. 헤겔의 '교활한 이성'(cunning of reason)이라는 관념이 제시하듯, 우주에 대한 어떤 거스를 수 없는 깊은 플롯구조 혹은 방향성을 궁극적으로 제시하는 것(plot-directive)으로 이해될 수는 없을까? 마리땡은 우리 시대에 있어 소설이나 드라마의 깊이의 부재를 슬퍼하며 이렇게 말한 적이 있다. "등장인물들은 시계공 하나님의 미리 설정된 계획을 실행에 옮기는 자유를 박탈당한 피조물이거나, 혹은 무력한 하나님의 연약한 계획을 끊임없이 망쳐놓고 방황하는 피조물일 뿐이다."[42] 과연 제3의 역사, 제3의 하나님은 없는 것일까?

---

41) Lovejoy, *The Great Chain of Being*, 222.
42) Jacques Maritain, *Creative Intuition in Art and Poetry* (New York: Pantheon Books, 1953), 138. Cf. 짜끄 마리땡/ 김태관 옮김,《詩와 美와 創造的 直觀》(서울: 성바오로출판사, 1982), 155.

참고문헌

김경재. "화이트헤드의 過程思想과 栗谷의 理氣論". 〈신학사상〉 제54집. 1986 가을.
데이빗 그리핀 / 장왕식 · 이경호 옮김. 《화이트헤드 철학과 자연주의적 종교론》. 서울: 동과서, 2004.
손호현. 《하나님, 왜 세상에 악이 존재합니까: 화이트헤드의 신정론(神正論)》. 서울: 열린서원, 2005.
오영환. 《화이트헤드와 인간의 시간경험》. 서울: 통나무, 1997.
윤자정. "화이트헤드의 미학적 관점: '중요성의 범주' 및 '가치 유형들'을 중심으로". 한국미학회 편집. 〈美學〉 제46집. 2006 여름.
이경호. "신정론(Theodicy)에 있어서 어거스틴과 과정사상의 비교연구: In Whiteheadian Perspective." 감리교신학대학교 석사학위논문, 1994.
장왕식. "동서 문명론의 문제점과 화이트헤드적 대안: David Hall과 Roger Ames의 분석에 기초하여." 한국화이트헤드학회 편. 《화이트헤드연구 2: 화이트헤드와 현대문명》. 서울: 동과서, 1999.
짜끄 마리땡/ 김태관 옮김. 《詩와 美와 創造的 直觀》. 서울: 성바오로출판사, 1982.
존 캅 · 데이비드 그리핀/ 류기종 옮김. 《과정신학》. 서울: 황소와 소나무, 2002.
토마스 쿤/ 김명자 옮김. 《과학혁명의 구조》. 서울: 까치, 1999.
토마스 호진스키 / 장왕식 · 이경호 옮김. 《화이트헤드 철학 풀어 읽기》. 대구: 이문출판사, 2003.
한국문화신학회 엮음. 《한국문화와 풍류신학: 유동식 신학의 조감도》. 서울: 한들출판사, 2002.
화이트헤드 / 오영환 옮김. 《과학과 근대세계》. 서울: 서광사, 1989.
화이트헤드 / 정강길 옮김. 《형성과정에 있는 종교》. 서울: 동과서, 2003.
화이트헤드 / 오영환 옮김. 《과정과 실재》. 서울: 민음사, 1991.
화이트헤드 / 오영환 옮김. 《관념의 모험》. 서울: 한길사, 1996.
화이트헤드 / 오영환 · 문창옥 옮김. 《사고의 양태》. 서울: 다산글방, 2003.

Adams, Marilyn McCord. *Horrendous Evils and the Goodness of God*. Ithaca and London: Cornell University Press, 1999.

Barineau, R. Maurice. T*he Theodicy of Alfred North Whitehead: A Logical and Ethical Vindication*. Lanham and New York: University Press of America, Inc., 1991.

Barth, Karl. *Dogmatics in Outline*. Trans. G. T. Thomson. London: SCM Press, 1949.

Bixler, Julius Seelye. "Whitehead's Philosophy of Religion." Paul Arthur Schilpp ed. *The Philosophy of Alfred North Whitehead*. 1941; New York: Tudor Publishing Company, 1951, second edition.

Cobb, John B. *A Christian Natural Theology: Based on the Thought of Alfred North Whitehead*. Philadelphia: The Westminster Press, 1965.

_____. *God and the World*. Philadelphia: The Westminster Press, 1969.

Cobb, John B. and David Ray Griffin. *Process Theology: An Introductory Exposition*. Philadelphia: The Westminster Press, 1976.

Dostoevsky, Fyodor. *The Idiot*. Trans. Alan Myers. Oxford: Oxford University Press, 1992.

Eco, Umberto. *The Aesthetics of Thomas Aquinas*. Cambridge, Mass.: Harvard University Press, 1988.

Ely, Stephen Lee. *The Religious Availability of Whitehead's God: A Critical Analysis*. Madison: University of Wisconsin Press, 1942.

Emmet, Dorothy M. "Alfred North Whitehead." Donald M. Borchert ed. *Encyclopedia of Philosophy*. 2nd edition. Detroit: Thomson Gale, 2006, 9:746-754.

Farrer, Austin Marsden. *Love Almighty and Ills Unlimited*. Garden City, New York: Doubleday, 1961.

Ford, Lewis S. *The Emergence of Whitehead's Metaphysics 1925-1929*. Albany, N. Y.: State University of New York Press, 1984.

_____. "Divine Persuasion and the Triumph of Good." *Christian Scholar*. vol. 50. Fall 1967.

Ford, Lewis S. and Marjorie Suchocki. "A Whiteheadian Reflection on Subjective Immortality." *Process Studies*. vol. 7. No. 1. Spring 1977.

Griffin, David Ray. *God, Power, and Evil: A Process Theodicy*. Philadelphia: The Westminster Press, 1976.

_____. "Actuality, Possibility, and Theodicy: A Response to Nelson Pike." *Process Studies*. Vol. 12. No. 3. Fall 1982.

_____. *Evil Revisited: Responses and Reconsiderations*. Albany: State University of New York Press, 1991.

Hahn, Lewis Edwin ed. *The Philosophy of Charles Hartshorne*. La Salle, Illinois: Open Court, 1991.

Hartshorne, Charles. *Man's Vision of God and the Logic of Theism*. Chicago and New York: Willett, Clark & Company, 1941.

_____. "Whitehead's Idea of God." *Paul Arthur Schilpp ed. The Philosophy of Alfred North Whitehead*. 1941; New York: Tudor Publishing Company, 1951, second edition.

_____. *The Divine Relativity: A Social Conception of God*. New Haven and London: Yale University Press, 1948.

_____. *The Logic of Perfection and Other Essays in Neoclassical Metaphysics*. La Salle, Illinois: Open Court Publishing Company, 1962.

_____. "A New Look at the Problem of Evil." Frederic C. Dommeyer ed.. *Current Philosophical Issues: Essays in Honor of Curt John Ducasse*. Springfield, Illinois: Charles C. Thomas Publisher, 1966.

_____. *Reality as Social Process: Studies in Metaphysics and Religion*. 1953; New York: Hafner Publishing Company, 1971.

_____. *A Natural Theology for Our Time*. La Salle, Illinois: Open Court, 1967.

_____. "The Dipolar Conception of Deity." *The Review of Metaphysics*. vol. 21. No. 2. December 1967.

_____. "The Aesthetics of Birdsong." *The Journal of Aesthetics and Art Criticism*. vol. 26. No. 3. Spring 1968.

_____. *Creative Synthesis & Philsophic Method*. La Salle, Illinois: The Open Court Publishing Co., 1970.

_____. *Born to Sing: An Interpretation and World Survey of Bird Song*. Bloomington and London: Indiana University Press, 1973.

_____. *Insights and Oversights of Great Thinkers: An Evaluation of Western Philosophy*. Albany: State University of New York Press, 1983.

_____. *Omnipotence and Other Theological Mistakes*. Albany, N. Y.: State

University of New York, 1984.

_____. "The Aesthetic Dimensions of Religious Experience." James Franklin Harris ed. Logic, *God and Metaphysics*. Dordrecht, Boston, and London: Kluwer Academic Publishers, 1992.

_____. *The Zero Fallacy and Other Essays in Neoclassical Philosophy*. Chicago and La Salle, Illinois: Open Court, 1997.

_____. "God as Composer-Director, Enjoyer, and, in a Sense, Player of the Cosmic Drama." *Process Studies*. vol. 30. No. 2. 2001.

Hefner, Philip. "Is Theodicy a Question of Power?" *Journal of Religion*. vol. 59. No. 1. January 1979.

Hegel, G. W. F. *Phenomenology of Spirit*. Trans. A. V. Miller. Oxford: Oxford University Press, 1977.

_____. *Lectures on the History of Philosophy, vol. 3: Medieval and Modern Philosophy*. Trans. E. S. Haldane and F H. Simson. Lincoln and London: University of Nebraska Press, 1995.

Hick, John. *Philosophy of Religion*. 4th edition. Englewood Cliffs, New Jersey: Prentice Hall, 1990.

Hocking, William Ernest. "Whitehead on Mind and Nature." Paul Arthur Schilpp ed. *The Philosophy of Alfred North Whitehead*. 1941; New York: Tudor Publishing Company, 1951, second edition.

Krafte, Lori E. "Subjective Immortality Revisited." *Process Studies*. Vol. 9. No. 1-2. Spring-Summer 1979.

Kuhn, Thomas S. *The Structure of Scientific Revolutions*. Chicago: University of Chicago Press, 1962.

Kuntz, Paul G. "Whitehead's Category of Harmony: Analogous Meanings in Every Realm of Being and Culture." *Process Studies*. vol. 29. No. 1. 2000.

Loomer, Bernard M. "Ely on Whitehead's God." *Journal of Religion*. vol. 24. No. 3. July 1944.

Lovejoy, Arthur O. *The Great Chain of Being*. Cambridge, MA: Harvard University Press, 1939.

Lowe, Victor. "The Development of Whitehead's Philosophy." Paul Arthur Schilpp ed. *The Philosophy of Alfred North Whitehead*. 1941; New

York: Tudor Publishing Company, 1951, second edition.

Madden, Edward H. and Peter H. Hare. "Evil and Unlimited Power." *Review of Metaphysics*. vol. 20. No. 2. December 1966.

_____. *Evil and the Concept of God*. Springfield, Illinois: Charles C. Thomas, 1968.

Maritain, Jacques. *Creative Intuition in Art and Poetry*. New York: Pantheon Books, 1953.

McAllister, James W. *Beauty and Revolution in Science*. Ithaca: Cornell University Press, 1996.

Morris, Bertram. "The Art-Process and the Aesthetic Fact in Whitehead's Philosophy." *Paul Arthur Schilpp ed. The Philosophy of Alfred North Whitehead*. 1941; New York: Tudor Publishing Company, 1951, second edition.

Murphy, Arthur E. "Whitehead and the Method of Speculative Philosophy." *Paul Arthur Schilpp ed. The Philosophy of Alfred North Whitehead*. 1941; New York: Tudor Publishing Company, 1951, second edition.

Sir Isaac Newton's Mathematical Principles of Natural Philosophy and His System of the World. Trans. by Andrew Motte (1729) and revised by Florian Cajori. Norwalk, Connecticut: The Easton Press, 1992.

Odin, Steve. "The Penumbral Shadow: A Whiteheadian Perspective on the Yugen Style of Art and Literature in Japanese Aesthetics." *Japanese Journal of Religious Studies*. vol. 12. N. 1. March 1985.

Quinn, Philip. "God, Moral Perfection, and Possible Worlds." *God: The Contemporary Discussion*. F. Sontag and M. Bryant eds. New York: The Rose of Sharon Press, 1982.

Peterson, Michael L. ed. *The Problem of Evil: Selected Reading*. Notre Dame, Indiana: University of Notre Dame Press, 1992.

Pike, Nelson. "Process Theodicy and the Concept of Power." Process Studies. vol. 12. No. 3. Fall 1982.

Price, Lucien. *Dialogues of Alfred North Whitehead*. Boston: Little, Brown, 1954.

Rilke, *Rainer Maria. Book of Hours*. New York: Riverhead Books, 1996.

Schilpp, Paul Arthur. "Whitehead's Moral Philosophy." Schilpp ed. *The*

Philosophy of Alfred North Whitehead. 1941; New York: Tudor Publishing Company, 1951, second edition.

Schulweis, Harold M. *Evil and the Morality of God*. Cincinnati: Hebrew Union College Press, 1984.

Sherburne, Donald W. *A Whiteheadian Aesthetic: Some Implications of Whitehead's Metaphysical Speculation*. 1961; Archon Books, 1970.

Suchocki, Marjorie Hewitt. "Charles Hartshorne and Subjective Immortality." *Process Studies*. vol. 21, No. 2. Summer 1992.

Taylor, A. E. "Dr. Whitehead's Philosophy of Religion." *Dublin Review*. vol. 181. No. 362. July 1927.

Urban, Wilbur M. "Whitehead's Philosophy of Language and Its Relation to His Metaphysics." Paul Arthur Schilpp ed. *The Philosophy of Alfred North Whitehead*. 1941; New York: Tudor Publishing Company, 1951, second edition.

Whitehead, Alfred North. *A Treatise on Universal Algebra: with applications*. Cambridge: Cambridge University Press, 1898.

_____. *The Axioms of Projective Geometry*. Cambridge: Cambridge University Press, 1906.

_____. On Mathematical Concepts of the Material World. Philosophical Transactions of the Royal Society of London, Series A. 1906.

_____. *The Axioms of Descriptive Geometry*. Cambridge: Cambridge University Press, 1907.

_____. *An Introduction to Mathematics*. London: Williams and Norgate, 1911.

_____. *The Organization of Thought*. London: Williams and Norgate, 1917.

_____. *An Inquiry Concerning the Principles of Natural Knowledge*. Cambridge: Cambridge University Press, 1919.

_____. *The Concept of Nature*. Cambridge: Cambridge University Press, 1920.

_____. *The Principle of Relativity with Applications to Physical Science*. Cambridge: Cambridge University Press, 1922.

_____. *Science and the Modern World*. New York: Macmillan, 1925.

_____. *Religion in the Making*. New York: Macmillan Company, and Cambridge, U.K.: Cambridge University Press, 1926. New York: Fordham University Press, 1996, second edition.

_____. *Symbolism, Its Meaning and Effect*. New York: Macmillan, 1927; Cambridge, U.K.: Cambridge University Press, 1928.

_____. *Process and Reality*. New York: Macmillan, and Cambridge, U.K.: Cambridge University Press, 1929. David Ray Griffin and Donald W. Sherburne eds. *Process and Reality,* Corrected Edition. New York: The Free Press, and London: Collier Macmillan Publishers, 1978.

_____. *The Function of Reason*. Princeton, NJ: Princeton University Press, 1929.

_____. *The Aims of Education and Other Essays*. New York: Macmillan, and London: Williams and Norgate, 1929.

_____. *Adventures of Ideas*. New York: Macmillan, and Cambridge, U.K.: Cambridge University Press, 1933.

_____. *Nature and Life*. Chicago: University of Chicago Press, and Cambridge, U.K.: Cambridge University Press, 1934.

_____. "Remarks." *Philosophical Review*. vol. 46. No. 2. March 1937.

_____. *Modes of Thought*. New York: Macmillan, and Cambridge, U.K.: Cambridge University Press, 1938.

_____. "Autobiographical Notes." *Paul Arthur Schilpp ed. The Philosophy of Alfred North Whitehead*. 1941; New York: Tudor Publishing Company, 1951, second edition.

_____. "Immortality." *Paul Arthur Schilpp ed. The Philosophy of Alfred North Whitehead*. 1941; New York: Tudor Publishing Company, 1951, second edition.

_____. *Essays in Science and Philosophy*. New York: Philosophical Library, 1947.

Whitehead, Alfred North and Bertrand Russell. *Principia Mathematica*. vol. 1. Cambridge: Cambridge University Press, 1910.

_____. *Principia Mathematica*. vol. 2. Cambridge: Cambridge University Press, 1912.

_____. *Principia Mathematica*. vol. 3. Cambridge: Cambridge University Press, 1913.

Whitney, Barry L. *Evil and the Process God*. New York: The Edwin Mellen Press, 1985.